¿Se elige?

300 preguntas y respuestas sobre la homosexualidad

ERIC MARCUS

Random House Español
Una división de Random House, Inc.

UN LIBRO RANDOM HOUSE ESPAÑOL, MARZO 2001
PRIMERA EDICIÓN

Publicado por Random House Español, una división de Random House Information Group, 280 Park Avenue, New York, New York 10017. Miembro de Random House Company. Fue publicado por primera vez, en inglés, en 1999 por HarperSanFrancisco, bajo el título *Is It a Choice?: Answers to the 300 Most Frequently Asked Questions About Gay and Lesbian People.*
Random House, Inc. Nueva York, Toronto, London, Sydney, Auckland.
www.randomhouse.com

Impreso en los Estados Unidos de América.
Traducido del inglés al español por David Salas Mezquita
Edición a cargo de José Lucas Badué
Producción del libro a cargo de Marina Padakis
Diseño por Vincent Gagliostro

Library of Congress Cataloging-in-Publication Data
Marcus, Eric
1. Homosexualidad. 2. Gay. 3. Lesbianas.
Título

ISBN 0-609-81080-4
10 9 8 7 6 5 4 3 2 1

Contenido

Agradecimientos

Quiero darle muchas gracias a mi editora, Barbara Moulton, porque ha compartido mi entusiasmo por *¿Se elige?*; a Alison Ames, por ofrecerme un lugar para trabajar; a Barry Owen, por su ayuda a la propuesta; y a Ann Northrop, por sus conocimientos, su ánimo y su apoyo. Y quiero darles las gracias en especial a todos los que sugirieron preguntas, dieron buenos consejos, y que leyeron el manuscrito, entre los que se encuentran Lisa Bach, la Dra. Betty Berzon, Mark Burstein, Cate Corcoran, Christine Egan, Ilan Greenberg, Cynthia Grossman, la abuela de Fred Hertz, Alex Lash, Aaron Levaco, Peggy Levine, Matthew Lore, Cecilia Marcus, Steven Mazzola, Bill Megevick, Judy Montague, Jessica Morris, Joel Roselin, Phil Roselin, Bill Russell, Stuart Schear, Bill Smith, Scott Terranella y Nick Wingfield.

En cuanto a la segunda edición, le doy muchas gracias a mi editora Liz Perle, y a su perspicaz ayudante, David Hennessy, por su apoyo y gran ayuda. Quiero también darles las gracias a mis investigadores Jennifer Finlay y Stephen Milioti, por asegurarse que esta última edición de *¿Se elige?* contiene la información más actualizada y precisa disponible. Gracias a Nancy Kokolj por revisar el manuscrito terminado. Un agradecimiento especial para mi meticuloso editor Carl Walesa. Y, como siempre, gracias a mi *H.B.,* Barney Karpfinger, por tantas cosas.

Introducción

No hace mucho, mientras volaba a Siracusa desde Nueva York, la pasajera sentada a mi derecha me preguntó a dónde iba. Le dije que iba a la Universidad Estatal de Oswego para dar una charla. "¿Sobre qué"?, preguntó. Ojalá que no me lo hubiera preguntado, porque habiendo ya pasado por ello, sabía que nunca se puede estar seguro de quién se sienta al lado de uno en un avión, aunque tenga una apariencia totalmente benigna. Pero, teniendo en cuenta que estábamos al final de nuestro corto vuelo, creí que si le hablaba de mi charla, no nos meteríamos en problema alguno en el tiempo que nos quedaba antes de aterrizar.

Le expliqué a mi "vecina" que mi charla era sobre lo difícil que es para los homosexuales mantener sus vidas en secreto y sobre por qué es importante que aquéllos de nosotros que pueden ser sinceros sobre la orientación sexual, la vivan abiertamente. Mi compañera de viaje entonces se identificó como una cristiana evangélica. Cuando me dijo eso, recordé un encuentro reciente en otro vuelo con una mujer que era socia de una organización religiosa conservadora que difunde propaganda, y mis ánimos se vinieron abajo.

Los fundamentalistas religiosos, sobre todo los afiliados a las organizaciones políticas conservadoras de extrema derecha, suelen tener ideas fijas—y negativas—sobre la homosexualidad. Esta mujer, que era militante del grupo "Enfoque sobre la Familia", me sugirió que tomara uno de sus cursos sobre cómo "abandonar la vida homosexual". Sin tratar de explicarle que la homosexualidad no es un estilo de vida y sin preguntarle si había pensado alguna vez en tomar un curso sobre cómo convertirse en lesbiana, rechacé decididamente la oferta.

Así que, habiendo ya pasado por ello, después de que mi compañera de viaje a Siracusa me hablara sobre su religión, no albergaba demasiadas esperanzas de que nuestra conversación pudiera llegar a buen puerto. Pero, como me sucede a menudo, había juzgado demasiado pronto. Mi compañera de viaje tenía un montón de preguntas sinceras, aunque difíciles de contestar, sobre la fe religiosa y la homosexualidad. Para empezar, quería saber cómo pueden los homosexuales "reconciliar sus acciones con la palabra de Dios tal como está expresada en la Biblia". Prácticamente no había tiempo para hablar como es debido sobre algo tan complejo, y yo no soy experto en el cristianismo, pero hice un esfuerzo en los pocos minutos que teníamos.

Creo llevar mucho tiempo contestando preguntas sobre la homosexualidad. Pero hasta el año 1988, cuando se publicó mi primer libro sobre las parejas homosexuales (*The Male Couple's Guide*), no me di cuenta de lo poco que se sabía sobre la homosexualidad. En una gira que hice durante diez días por los medios de comunicación de todo el país, no tuve oportunidad de hablar sobre las relaciones de pareja porque todas las preguntas que me hacían eran sobre temas básicos: "¿Cómo sabe uno si es homosexual"? "¿Cómo reaccionan los padres ante un hijo homosexual"? "¿Por qué quieren casarse los homosexuales"? "¿Suelen criar los padres homosexuales a hijos homosexuales"? "¿Quién hace de marido y quién hace de mujer"? "¿Por qué los homosexuales tienen que anunciar su sexualidad"? Y, por supuesto, estaba el típico participante por teléfono en un programa de micrófono abierto de radio que insistía en decirme que Dios creó a Adán y a Eva, no a Adán y a Esteban.

Lo que me hizo ver claro que había una enorme necesidad de dar respuestas claras y precisas sobre las personas homosexuales y la vida que llevamos fue durante una cena con unas amistades durante los últimos días de mi gira. Me sentía frustrado por mis experiencias durante la gira y les dije: "No se imaginan las tonterías que tengo que contestar". Mi amigo, Duffie, me preguntó: "¿Qué tipo de preguntas tontas te hacen"? Y yo le di una larga lista de las cosas que suele preguntar la gente, incluyendo la más frecuente: "¿Se elige ser un homosexual"? Mi amigo se puso rojísimo, y se quedó un momento sin decir nada y despues dijo: "A mí no me parecen preguntas tontas". Otro amigo, Simeón, dijo: "No me digas que no se elige ser homosexual". Casi me caigo de la silla. Aquéllos eran mis amigos. ¿No lo sabían? Al fin y al cabo, me conocían desde hacía cinco años, desde que Duffie y yo nos conocimos en la universidad. Nunca había salido el tema de que yo soy homosexual. Pero me di cuenta de que nunca habíamos hablado de ello desde que le confesé a Duffie que soy homosexual. Suponía que ya sabían las respuestas.

Una semana después, fui a cenar con otro par de amigos. Son algo mayores que Duffie y Simeón y sencillamente pensé que se quedarían tan sorprendidos como me quedé yo al saber lo poco que Duffie y Simeón sabían acerca de las personas homosexuales. Así que les expliqué lo que había pasado la semana anterior. Llegué al momento de la historia en el que Duffie comentó: "A mí no me parecen preguntas tontas", y Kate me preguntó: "¿Qué preguntas hace la gente"? Le respondí y me dijo: "A mí tampoco me parecen preguntas tontas". De nuevo, me sorprendí. Incluso mis amigos conocían muy poco sobre la homosexualidad.

Después de aquella noche, me decidí a escribir un libro que incluyera todas las preguntas que me habían hecho hasta el momento. Pero me di cuenta enseguida que el problema era encontrar una editorial que considerara necesario publicar dicho libro. A pesar de las muchas negativas, no desistí, y cinco años más después de aquella cena con Duffie y Simeón se publicó *¿Se elige?* Ahora, seis años y cincuenta mil copias después, ya es hora de publicar una nueva versión actualizada de *¿Se elige?*

Muchas cosas han cambiado para las personas gays y lesbianas desde que la primera edición de *¿Se elige?* salió a la venta en el año 1993. Muchas cosas no han cambiado. Primero los cambios, los buenos y los malos.

El SIDA continúa siendo una preocupación importante, pero con la llegada de nuevos fármacos para tratar la enfermedad y un consiguiente descenso del nivel de mortalidad, el SIDA ya no representa una trágica catástrofe para los homosexuales como lo había sido. Junto con las buenas noticias, llega una creciente preocupación por el alarmante incremento de infectados por el VIH entre jóvenes hombres gay, sobre todo entre hombres hispanos y afroamericanos, y por la creciente despreocupación por la práctica del sexo seguro.

Desde el año 1993, los matrimonios homosexuales han pasado a ocupar un lugar cada vez más predominante en la lucha por los derechos civiles de los homosexuales. Las personas gays y lesbianas de todo el país han iniciado la batalla por el matrimonio al amparo de la ley, resultando en gran repercusiones en algunos casos judiciales, referendos estatales, leyes federales y estatales en contra de los matrimonios gay, protestas públicas y encendidos debates públicos y privados en los Estados Unidos. Mientras que en los países de Europa occidental se suele darles los mismos privilegios a las parejas de gays y lesbianas que a los matrimonios heterosexuales, en los Estados Unidos el resultado es, en el mejor de los casos, incierto. Lo que sí es cierto, sin embargo, es que el debate en curso se calentará aún más, y todavía dará que hablar durante muchos años.

Sea cual sea el resultado de la lucha por el matrimonio entre los homosexuales, pequeñas empresas y grandes corporaciones les ofrecen ventajas a las parejas homosexuales. Y debido en gran parte a los esfuerzos de los empleados homosexuales, y a las cada vez más poderosas agrupaciones de trabajadores homosexuales de las grandes corporaciones, el número de negocios europeos y estadounidenses que ofrecen dichas ventajas sigue creciendo a un buen ritmo.

En los últimos seis años, las organizaciones estadounidenses de homosexuales no han dejado de crecer en número y fuerza. En mi opinión, lo más alentador ha sido el increíble aumento del número de alianzas de estudiantes homosexuales y heterosexuales en las escuelas secundarias, y el creciente apoyo de amigos heterosexuales a los homosexuales.

El internet ha traído un cambio espectacular que ha ayudado a fomentar la formación de nuevas organizaciones y el crecimiento de otras más antiguas. El internet les ha ofrecido a los homosexuales, muchos de los cuales a menudo están aislados, una conexión directa entre ellos y la comunidad homosexual organizada. Las personas homosexuales, independientemente de dónde vivan y de lo escondidos que estén, pueden encontrar información y amistad en una gran variedad de portales cibernéticos.

La percepción pública de las personas homosexuales y la opinión que tienen los heterosexuales sobre nosotros y los temas que afectan a nuestras vidas continúan en una dirección positiva desde que empezaron a cambiar en los años 70. Aunque los homosexuales continuamos siendo uno de los grupos que cuenta con menos simpatía en el país, la situación no es tan difícil como en el pasado. En los Estados Unidos actualmente sólo una ligera mayoría de la población desaprueban de la homosexualidad, y una sólida mayoría apoya el derecho de igualdad de oportunidades de trabajo para los homosexuales. Y a pesar de la prohibición de servir en el ejército para los que declaran abiertamente la homosexualidad, el 66% de la opinión pública estadounidense apoya la inclusión de los homosexuales en dicha institución. Pero todavía queda mucho por hacer a respecto de las actitudes de los estadounidenses hacia la homosexualidad. Una encuesta realizada en 1998 por la revista *Newsweek* concluyó que el 56% de los encuestados creían que los homosexuales "pueden cambiar su orientación sexual mediante tratamiento, fuerza de voluntad o convicciones religiosas". Sólo un 33% "aprueban de los matrimonios legales entre homosexuales". Y sólo el 36% cree que las personas homosexuales "deberían poder adoptar niños".

Lo que no ha cambiado en los últimos seis años es el odio y la violencia hacia los homosexuales; desde los jóvenes pandilleros que maliciosamente salen a buscar a homosexuales para hacerlos víctimas de sus palizas, hasta los líderes políticos y religiosos a los que no importa inflamar los sentimientos antihomosexuales a través de sus declaraciones públicas de fanatismo e ignorancia. Y a pesar de que el público ha recibido información acerca de temas concernientes a la homosexualidad a través de sus programas televisivos favoritos, así como en charlas con homosexuales apreciados y queridos por el público, la mayoría de las personas continúan siendo lamentablemente ignorantes sobre la homosexualidad y sobre la vida que llevamos. Además, los jóvenes homosexuales siguen buscando respuestas a las muchas preguntas que tienen sobre ellos mismos y sobre la vida que pueden aspirar a llevar.

Puede ser que llegue un día en el que un libro como *¿Se elige?* ya no sea necesario; espero—y deseo—que llegue ese día. Pero mientras los jóvenes homosexuales crezcan con miedo a sus propios padres, y a los líderes políticos no les importe hacer declaraciones ignorantes sobre los homosexuales, ese día sigue quedando muy lejos. Hasta que llegue ese momento, espero que las preguntas y las respuestas de estas páginas continúen iluminando un tema que sigue nublado por la ignorancia, el odio y los mitos destructivos.

Las preguntas y las respuestas que encontrará en *¿Se elige?* provienen de muchas fuentes. La mayoría de las preguntas son mías, mientras que otras vienen de los amigos, de la familia y de completos desconocidos. Por lo que respecta a las respuestas a las casi trescientas preguntas reunidas aquí, hablé con muchas personas, incluyendo expertos de muchos campos. Además de basarme en artículos de revistas y periódicos, también leí montones de libros. Entre mis respuestas, las hay desde excesivamente cortas hasta detalladas y enrevesadas. Encontrará gran cantidad de anécdotas, opiniones y conjeturas, y un puñado de preguntas le dejarán con más preguntas, porque he incluido preguntas que todavía no tienen respuestas definitivas.

Las repuestas que doy aquí no son las únicas posibles a las preguntas que planteo. Es posible que otras personas homosexuales dieran otras respuestas ya que los homosexuales somos distintos y tenemos valores diferentes y maneras diferentes de ver las cosas.

Algunas personas pueden sentirse decepcionadas al descubrir en mis respuestas que los homosexuales no somos tan exóticos como a menudo nos representan, especialmente los grupos que quieren dar a entender que siempre estamos haciendo desfiles, andamos siempre "casi desnudos", o con cuero negro o lentejuelas o emplumados. De hecho, algunos homosexuales son bastante exóticos, como lo son algunas personas heterosexuales ¿Acaso no han visto alguna vez el carnaval de Río de Janeiro o el de las Islas Canarias?

¿Se elige? incluye más de trescientas preguntas, pero no todas las posibles preguntas sobre homosexualidad están aquí, ni tampoco todas las respuestas. Si hay alguna pregunta que no he incluido y le gustaría ver respuesta o si tiene una respuesta a una pregunta para la que no tenía respuesta o para la que cree que no respondí de modo adecuado, escríbame a través de mi editor o póngase en contacto conmigo mediante mi portal cibernético. Y recuerde que las únicas preguntas tontas son las que no se hacen.

Eric Marcus

¿Se elige?

1 Preguntas básicas

¿Qué es un homosexual?

Una persona homosexual es un hombre o una mujer que se siente atraído sexualmente por otra persona del mismo sexo. La palabra homosexual fue utilizada por primera vez en el año 1869 por Karl Maria Kertbeny en un panfleto en el que abogaba por la revocación de las leyes antihomosexuales de Prusia. El término "homosexual" combina la palabra griega "mismo" con la latina "sexo". Al contrario, un heterosexual es un hombre o una mujer que se siente atraído sexualmente por el sexo opuesto.

Las personas homosexuales son de todo tipo y de toda condición, al igual que las heterosexuales. Algunas son solteras y otras mantienen relaciones afectivas duraderas con parejas de su mismo sexo. Algunas tienen hijos y nietos, y otras no. Las personas homosexuales forman parte de toda comunidad y toda familia, lo que significa que todo el mundo conoce a alguien que es homosexual. La mayoría de la gente simplemente no se da cuenta de que lo son, y quizás aman a alguien que es homosexual, porque muchos homosexuales—si no la mayoría—mantienen en secreto su orientación sexual.

Ojalá hubiera sabido lo que es un homosexual cuando era chico y durante mi adolescencia. Al principio no sabía exactamente qué era ser un homosexual. Sólo sabía que eran hombres malos y depravados que les hacían cosas terribles a los niños y que sólo andaban en busca del sexo.

Cuando llegué a la adolescencia todavía no estaba seguro de lo que era un homosexual, ya que nunca había conocido a uno, pero sabía que lo peor que podías decirle a alguien era "maricón". En los campamentos de verano, siempre había al menos un chico al que le colgábamos esa etiqueta. Solía ser alguien que no podía lanzar una pelota y siempre era eliminado del béisbol. O sea, era un "débil", despreciado por los otros niños y rechazado por las niñas. Un verano, yo fui ese niño que todos despreciaban, y si bien no creía ser *maricón* en el sentido de querer tener relaciones sexuales con otros niños, sabía que había algo de verdad en lo que me decían. Me preguntaba: "Cuando crezca, ¿voy a ser uno de esos señores degenerados"?

Cuando al fin conocí a alguien que sabía que era homosexual, me sentí aliviado. Bob era un universitario listo, guapo y sin complejos, que vivía en mi cuadra. No escondía ser homosexual y nunca me ofreció caramelos. Sin embargo, ayudó a disipar todos los mitos sobre los homosexuales y la homosexualidad con los que yo había crecido. Fue la primera persona que me explicó que un homosexual es simplemente un hombre o una mujer que se siente atraído sexualmente por alguien de su mismo sexo. Un hombre podía encontrar a otro hombre y enamorarse, me explicaba mi amigo, y una mujer podía enamorarse de otra mujer. Así de sencillo. Sin embargo, para mí fue una idea revolucionaria y cambió mi vida.

¿Qué es una lesbiana?

Una lesbiana es una mujer homosexual. La palabra proviene del nombre de una isla griega, Lesbos, donde Safo, una maestra conocida por su poesía que exaltaba el amor entre mujeres, fundó una escuela para muchachas en el siglo VI a.C. Con el pasar del tiempo, la palabra "lesbiana", que había significado sencillamente alguien que vivía en Lesbos, pasó a significar una mujer que, al igual que Safo y sus seguidoras, amaba a otras mujeres.

¿Qué es una persona gay?

La palabra "gay" se ha convertido en sinónimo de homosexual. En español, su significado es "ser alegre". Desde finales de los años 60, la palabra "gay" ha pasado a utilizarse públicamente por hombres y mujeres homosexuales como una alternativa positiva al término aséptico "homosexual". "Gay" se utilizaba en argot en lugar de la palabra "homosexual" ya en los años 20, pero casi exclusivamente en la subcultura homosexual estadounidense e inglesa. Por ejemplo, cuando Lisa Ben—editora de la primera revista para lesbianas en los Estados Unidos—publicó un boletín informativo para lesbianas titulada *Vice Versa* en el año 1947, la llamó "la revista más gay de los Estados Unidos". Otras personas homosexuales sabían que Lisa no quería decir que su revista que era muy alegre. Cuando Lisa hablaba de ella misma, o de otras lesbianas, utilizaba el término "chica gay". Y también describió lugares de Los Ángeles, California donde ella y sus amigas se la pasaban bien entre "gente muy gay".

No a todas las personas homosexuales les gusta la palabra "gay"; algunas prefieren la palabra "homosexual". Y puesto que "gay" ha pasado a utilizarse mayoritariamente en referencia a hombres homosexuales, muchas mujeres homosexuales, si no todas, prefieren la palabra "lesbiana".

¿Qué es un bisexual?

Una persona bisexual tiene una gran atracción sexual tanto por los hombres como para las mujeres. Esos sentimientos pueden ser más fuertes por uno de los dos sexos. Todo depende exclusivamente de la persona.

Hay gente que cree, equivocadamente, que las personas que son bisexuales mantienen relaciones con hombres y mujeres a la vez. Si bien eso es cierto en algunos casos, la mayoría de los hombres y las mujeres bisexuales que mantienen una relación tienen sólo una pareja.

¿Los bisexuales son personas que tienen miedo de reconocer que son homosexuales?

Algunas personas homosexuales, cuando se enfrentan al hecho de aceptar sus sentimientos, pueden afirmar al principio que son bisexuales. Eso lo que hice yo. En mi último año en la escuela secundaria le confesé a un amigo íntimo—que yo creía que era gay—que yo era bisexual. Por aquel entonces yo ya sabía que era gay porque sentía una gran atracción por Bob, el universitario que vivía en mi cuadra, y además, yo no estaba interesado en lo más mínimo en tener una relación física con una mujer. Pero para mí, "bisexual" no sonaba tan mal como "gay". Si decía que era bisexual, me decía a mí mismo que al menos era mitad heterosexual. Podía poner un pie en el mundo homosexual y mantener el otro seguro en el mundo heterosexual; de palabra, sino de hecho. Me imaginaba que la gente me aceptaría mejor si pensaba que me gustaban tantos las mujeres como los hombres. Pero en un par de años, cuando me sentí mejor siendo gay, dejé de decir que era bisexual.

Por desgracia, a causa de que gran cantidad de personas gays y lesbianas que se denominan a sí mismos bisexuales como modo de aceptar su orientación homosexual, mucha gente tiene la idea equivocada de que todos los hombres y mujeres que dicen que son bisexuales son homosexuales que tienen miedo de reconocer la verdad sobre ellos mismos. Es sólo una idea equivocada. Hay muchas personas que se sienten atraídas sexualmente por tanto los hombres como las mujeres.

¿Qué es la escala Kinsey?

Alfred Kinsey, cuyos estudios pioneros de los años 40 y 50 sobre la sexualidad masculina y femenina sacaron a la luz por vez primera la rica variedad de la expresión sexual humana, creó una escala de siete puntos para representar la atracción sexual humana. La escala de Kinsey va del cero al seis. El cero corresponde a las personas que son exclusivamente heterosexuales y que no han tenido atracción o experiencias homosexuales. El número seis corresponde a aquéllos con experiencias y atracción exclusivamente homosexuales. Todos los demás quedan por la mitad de la escala.

¿Cómo se sabe si uno es gay o lesbiana?

La clave para saber si eres heterosexual, homosexual o bisexual es prestar atención a los sentimientos. El reto para muchos gays, lesbianas y bisexuales es ser honestos con ellos mismos acerca de qué sienten, ya que la sociedad, por lo general, suele a no aceptarlos.

Uno de los retos más duros que tuve que afrontar en la universidad, cuando empecé a decirles a mis amigos que era gay, fue explicarles cómo supe que lo era. Querían saber cómo lo supe, lo que me parecía algo razonable. Una manera rápida de contestar a la pregunta era preguntarles cómo sabían que ellos eran heterosexuales. Solían contestar que nunca habían pensado en ello o que simplemente lo sabían. Por ejemplo, contestaban diciéndome que desde que tenían uso de conciencia, siempre habían considerado atractivos a los miembros del sexo opuesto. Entonces yo les contestaba que era lo mismo para mí, si se sustituía las palabras"el sexo opuesto" por "el mismo sexo".

Más allá de la explicación, yo trataba de buscar un mejor ejemplo para que mis amigo entendieran mejor. Una de las primeras personas que me hizo esa pregunta fue mi amiga Cindy. La pregunta me la hizo durante un viaje que hicimos a Nueva York para ver una función del ballet durante nuestro penúltimo año univesitario. Decidí utilizar el ballet a modo de ejemplo de cómo supe que era gay. Durante el entreacto, le pregunté a Cindy cómo le parecía la bailarina principal. Cindy dijo que actuaba muy bien y que era muy hermosa. Yo le dije que yo pensaba lo mismo.

Entonces le pregunté qué pensaba del bailarín principal. Conocía suficientemente bien a Cindy como para saber que diría: "¡Dios mío, es guapísimo! ¡Es muy sexy"! Le dije que yo pensaba lo mismo. Con ese ejemplo pude transmitirle a mi amiga que la experiencia de sentirse atraído por alguien (un hombre, en este caso) no era distinta para mí que para ella. Fue una experiencia tan automática que no tuvimos tiempo ni de pensar en ello antes de ser arrollados por la aceleración del corazón. Por supuesto, la diferencia era que para casi todo el mundo lo que sentía Cindy por el bailarín era algo totalmente normal.

¿Se puede ser gay o lesbiana sin haber tenido una experiencia o relación sexual con alguien del mismo sexo?

La orientación sexual, ya sea homosexual, heterosexual o bisexual, no tiene nada que ver con la experiencia sexual, sino con el sentimiento de atracción. A medida que vamos creciendo en la infancia, vamos siendo conscientes de nuestros sentimientos de atracción. Esa conciencia, ya sea atracción por el mismo sexo, por el opuesto o por ambos, no implica experiencia física. Si retrocedemos hasta cuando empezamos a tomar conciencia de la atracción que sentíamos, lo más probable es que supiéramos si sentíamos atracción por miembros de nuestro sexo, del sexo opuesto o de ambos mucho antes de ser sexualmente activos.

¿Se puede sentir atracción por miembros del mismo sexo y no ser homosexual?

¿Se puede sentir atracción por miembros del sexo opuesto y no ser heterosexual?

La sexualidad humana es enormemente compleja y no se puede clasificar fácilmente según rígidas categorías, tal como lo demuestra la escala de Kinsley. Así que no debería sorprender a nadie que sea totalmente normal que un homosexual se sienta atraído por alguien del sexo opuesto, de la misma manera que es totalmente normal que un heterosexual se sienta atraído por alguien de su mismo sexo.

Sin embargo, aunque casi todo el mundo siente atracción por las personas de su mismo sexo en algún momento de su vida, esto realmente puede causar gran confusión. Por ejemplo, la primera vez que tuve un sueño erótico sobre una mujer, debería tener diecinueve o veinte años. Me levanté por la mañana atónito y me pregunté cómo era posible que hubiera tenido aquel sueño después de aceptar finalmente que era gay. ¿Me habría equivocado? ¿Era en realidad heterosexual? Entonces me di cuenta de que un sueño erótico heterosexual no era más que eso: un sueño erótico heterosexual, nada por lo que consternarme. Mis sentimientos hacia los hombres no habían cambiado, y más allá de un sueño, yo no tenía sentimientos de atracción sexual fuerte hacia las mujeres. Después de hablar con algunos de mis amigos, descubrí que yo no era el único gay que había tenido sueños eróticos heterosexuales, y algunos de mis amigos heterosexuales reconocieron haber tenido sueños eróticos homosexuales.

¿Uno es gay o lesbiana por haber tenido una experiencia homosexual?

¿Uno es heterosexual por haber tenido una experiencia heterosexual?

Muchas personas heterosexuales han tenido relaciones sexuales con alguien de su mismo sexo, y muchos gays y lesbianas han tenido relaciones sexuales con alguien del sexo opuesto. Estas experiencias no han cambiado la orientación básica de nadie.

Sólo les han bridando la oportunidad de explorar la sexualidad y saciar la curiosidad.

¿Existen heterosexuales que por falta de miembros del sexo opuesto tienen relaciones homosexuales?

¿Eso quiere decir que son homosexuales?

No es raro que los heterosexuales que estén limitados a entornos con personas exclusivamente del mismo sexo, como en las cárceles, adopten comportamientos homosexuales. La orientación sexual continúa siendo la misma; todavía son heterosexuales y, si hubiera la oportunidad, escogerían una pareja del sexo opuesto.

¿Qué hay que hacer si uno es heterosexual y se enamora de alguien del sexo opuesto que es gay o lesbiana?

Esta pregunta me la hizo una mujer que se había enamorado de su mejor amigo, un muchacho gay. En la carta que me mandó, explicaba que ella y su amigo compartían muchos intereses, pasaban mucho tiempo juntos, sobre todo durante los fines de semana, y también sentían un afecto mutuo. Por lo que ella sabía, su amigo no tenía interés sexual por ella y no había tenido relaciones físicas con una mujer. Su esperanza era que si le confesaba su interés romántico y físico, él podía corresponderle recíprocamente.

En mi carta de respuesta, le expliqué que por lo que me había explicado era poco probable que su amigo estuviera interesado en una relación romántica y física con ella. Pero también le dije que debería considerar la posibilidad de explicarle sus sentimientos a su amigo. De ese modo él podría explicarle hasta dónde llegaban sus sentimientos por ella, y si sus sentimientos eran platónicos (cosa que yo sospechaba), eso le daría la oportunidad a la mujer de abandonar los anhelos de una relación más profunda. Le advertí, sin embargo, de que no había garantías de que su amigo aceptara hablar de ello, y de que, aunque aceptara, la conversación podría resultar dolorosa para ella.

En general, si eres heterosexual, no es una buena idea enamorarte de alguien del sexo opuesto que es homosexual, ya que es difícil que tus sentimientos sean correspondidos. Si no lo puedes evitar y empiezas a hacerte ilusiones acerca de convertir en heterosexuales a tus intereses amorosos gays o lesbianos, puedes necesitar la ayuda de un sicoterapeuta para estudiar qué es lo que te impulsa a perseguir algo fundamentalmente inalcanzable.

¿Cuántos gays y lesbianas hay en el mundo?

Durante muchos años se aceptó la idea de que una de cada diez personas era gay o lesbiana. Esa cifra se basaba en la interpretación de los estudios pioneros de Alfred Kinsey de los años 40 y 50. Nunca me gustó citar dichas cifras porque siempre pensé que eran exageradas, incluso si se tiene en cuenta que la mayoría de los gays y las lesbianas continúan escondidos.

Otros estudios de época reciente sugieren que las cifras del estudio de Kinsey no se interpretaron correctamente, y que ese 10% es demasiado alto. De todos los estudios y encuestas que he leído, los que me parecen más sensatos son los resultados de un estudio que publicó la editorial de la Universidad de Chicago bajo el título *The Social Organization of Sexuality* (*La organización social de la sexualidad*). El estudio fue realizado en el año 1993, y dio a conocer que el porcentaje de gays en la población estadounidense variaba mucho entre las grandes ciudades, los suburbios y las zonas rurales. Por ejemplo, en las doce ciudades más grandes, el 10,2% de los hombres y el 2,1% de las mujeres afirmaban haber tenido una pareja sexual de su mismo sexo en el último año. En los suburbios de las doce ciudades más grandes, el 2,7% de los hombres y el 1,2% de las mujeres afirmaban haber tenido una pareja sexual de su propio sexo en el último año. Y en las zonas rurales, las cifras eran del 1,0% para los hombres y del 0,6% para las mujeres.

En conjunto, el estudio reveló que el 2,6% de los hombres y el 1,1% de las mujeres afirmaban haber tenido una pareja sexual de su mismo sexo en el último año. Los autores del estudio indicaron inmediatamente que no había que considerar aquellos resultados como fidedignos, en parte porque muchos gays y lesbianas eran seguramente reacios a hablar de ciertos comportamientos o sentimientos con los encuestadores. Por esa y por otras razones, incluyendo el hecho que las cifras del estudio estaban basadas en comportamientos y no en sentimientos de atracción, las cifras reales de personas gays y lesbianas probablemente sean más altas que las que indica el estudio.

Mis cálculos son que aproximadamente el 5% de los hombres y alrededor de la mitad de ese número de mujeres sienten atracción sexual hacia las personas del mismo sexo, independientemente de si expresan dicha orientación teniendo relaciones de algún tipo con una persona del mismo sexo. Este estudio se podría usar como base para calcular el porcentaje de homosexuales en el mundo entero. Sin embargo, sean cuales sean las cifras reales, no hay duda que hay millones de gays y lesbianas en el mundo.

¿Siempre han habido gays y lesbianas?

Hay motivos suficientes para pensar que siempre han habido personas que han tenido sentimientos de atracción hacia aquellas personas de su mismo sexo y algunas personas que han tenido relaciones sexuales con personas de su mismo sexo. Sea como fuere, sabemos que hace miles de años que existen, a tenor de escritos históricos y escenas de arte antiguo.

¿Por qué hay mucha más gente homosexual hoy en día que hace unos años?

Esta es una pregunta que me hizo mi abuela. Me dijo que recordaba a un hombre que vio en los años 40 en el andén del metro en Brooklyn que "fumaba su cigarrillo de una determinada manera, estaba algo maquillado y vestía impecablemente". Por su aspecto y su manera de vestir supuso que era gay, basándose en el estereotipo con el que había crecido. "Ahora ves personas homosexuales en televisión, lees sobre ellos en los periódicos y hacen desfiles. ¿De dónde han salido"?, preguntaba.

Los gays y las lesbianas siempre han estado ahí, pero mi abuela no tenía manera de saber que en el andén del metro en el que se encontraba había muchos gays y lesbianas, porque la mayoría actúan como personas no homosexuales, y además, tenían la misma apariencia que las personas no homosexuales. La diferencia respecto al pasado es que muchos gays y lesbianas han reconocido públicamente ante sus amigos, familia y colegas que son homosexuales.

¿Cómo se convierte uno en homosexual?

Del mismo modo que un hombre o una mujer no se convierten en heterosexuales, tampoco se convierten en homosexuales. Los sentimientos de atracción hacia un sexo o el otro son algo de lo que nos damos cuenta al crecer. Dónde empiezan exactamente dichos sentimientos y por qué algunos tienen marcados sentimientos heterosexuales mientras otros tienen marcados sentimientos homosexuales está relacionado con la genética y la biología, y no con el pecado o la moralidad, aunque muchos fundamentalistas religiosos quieren hacer creer lo contrario. (Véase "¿Se nace homosexual"? para una respuesta más completa.)

¿Se elige ser gay o lesbiana? ¿Por qué elegiste ser gay?

Ojalá hubiera una respuesta sencilla y declarativa para esa pregunta, pero decir "No, no se elige" no contesta totalmente la pregunta. Están, por supuesto, los que insisten que hay una respuesta sencilla y declarativa a la pregunta: "Sí, los gays y las lesbianas eligen voluntariamente ser homosexuales para desafiar las normas culturales y religiosas fundamentales". Esas personas, que por lo general no entienden nada de la homosexualidad, suelen a estar equivocadas.

Los gays y las lesbianas no eligen sus sentimientos de atracción sexual, al igual que los heterosexuales tampoco eligen sus sentimientos. Todos nosotros nos damos cuenta de nuestros sentimientos de atracción cuando crecemos, independientemente de si dichos sentimientos son hacia alguien del mismo sexo, del sexo opuesto o de ambos sexos. Para los homosexuales, la única elección real es entre reprimir esos sentimientos de atracción hacia el propio sexo—y aparentar ser asexuales o heterosexuales—o vivir una vida física y emocional de un hombre o una mujer homosexual.

Aunque la mayoría de la gente que lleva una vida gay o lesbiana no puede elegir realmente entre una pareja del mismo sexo o del sexo opuesto, hay algunos hombres y mujeres que tienen sentimientos de atracción sexual hacia ambos sexos y, por lo tanto, tienen la opción de elegir. Así que, en el fondo, en algunos casos se elige. Una mujer que conozco, que estuvo casada con un hombre, me explicaba que después de divorciarse, la primera persona de la que se enamoró resultó ser una mujer. "Si me hubiera enamorado de un hombre primero, me habría embarcado en una relación heterosexual", decía. Tengan en cuenta que ésta no es la experiencia de la mayoría de las personas que llevan una vida homosexual. Es decir, es la exepción y no la norma.

¿Se nace homosexual?

Este debate se remonta a finales del siglo XIX, cuando Magnus Hirschfeld, fundador del primer movimiento para los derechos de los homosexuales en Alemania, publicó su opinión que la homosexualidad tenía matices biológicos. Ahora, tras algunas generaciones de aceptar el modelo siquiátrico del origen de la homosexualidad, los científicos se centran de nuevo en los orígenes biológicos y genéticos de la sexualidad humana. Aunque ningún estudio puede afirmar todavía inequívocamente que la orientación sexual tiene una base biológica o genética, los indicios apuntan hacia esa dirección.

Según Chandler Burr, autor de *A Separate Creation: The Search for the Biological Origins of Sexual Orientation* (*Una creación aparte: la búsqueda por los orígenes biológicos de la orientación sexual*), "Los indicios, aunque preliminares, indican claramente una base genética y biológica en la orientación sexual". Ello se deduce de la obra de los científicos Michael Bailey y Richard Pillard, que habían realizado estudios en gemelos y hermanos gays y lesbianas. Por ejemplo, descubrieron que en gemelos idénticos, en los que uno es homosexual, el otro tenía aproximadamente un 50% de posibilidades de serlo también. En gemelos bivitelinos, o sea, que provienen de óvulos distintos, si un hermano es homosexual, existe un 16% de posibilidad de que el otro hermano también lo sea. Y en hermanos adoptados sin relación genética en los que un hermano es gay o lesbiana, existe el 9% de probabilidades de que el otro hermano sea homosexual, cifra que se acerca a la incidencia estadística en la población general. Estos resultados, que indican que la orientación sexual está gobernada primordialmente por la genética, se han confirmado de forma llamativa en otros laboratorios de los Estados Unidos.

Burr añade que hay otros factores que influyen en la orientación sexual "que pueden ser factores biológicos (a parte de la genética) o 'factores ambientales'". Factores ambientales, Burr explica, "es un término que ha sufrido una metamorfosis radical en su significado. Antes significaba experiencias identificables, discretas y extensas, como entrar en contacto con una persona homosexual en la infancia. Ahora, por 'ambiente', entendemos sencillamente cualquier tipo de estimulación sensorial que reciben todas las personas por el solo hecho de estar vivos y vivir en sociedad".

Burr concluye: "El componente biológico de la orientación sexual se determina efectivamente al nacer. Y sabemos positivamente que la orientación sexual no es ni cambiable ni una cuestión de elección".

También me gusta lo que tiene que decir sobre este asunto Abigail Van Buren, o "Dear Abby", la famosa consejera estadounidense que cuenta con un amplio respeto internacional por sus sabios consejos de sentido común: "Siempre he sabido que no hay nada de malo en las personas homosexuales, que para ellas es una manera natural de vivir. Nadie abusó de ellos, nadie los sonsacó. Sencillamente nacieron así".

¿La homosexualidad es una enfermedad mental?

No. En respuesta a pruebas convincentes, a presiones coordinadas de eminentes siquiatras, así como de activistas en la defensa de los derechos de los homosexuales, el consejo de administración de la Asociación Americana de Siquiatría aprobó por votación en el año diciembre de 1973 dejar de clasificar la homosexualidad como una enfermedad mental en el *Manual estadístico y diagnóstico*. La Asociación Americana de Sicología siguió el ejemplo al cabo de poco más de un año.

A mitad de los años 50, la doctora Evelyn Hooker, sicóloga, demostró por vez primera en un estudio pionero que los hombres homosexuales no eran distintos sicológicamente que los heterosexuales. En otras palabras, los gays eran, en término medio, tan cuerdos como los heterosexuales.

¿Existen siquiatras y sicólogos que dicen que pueden "curar" la homosexualidad?

A pesar de la posición de la Asociación Americana de Siquiatría y de La Asociación Americana de Sicología y de la desbordante cantidad de pruebas en sentido contrario, todavía hay siquiatras, sicoanalistas y sicólogos que aseguran que la homosexualidad es una enfermedad mental que se puede"curar". Otros, que no llegan a sugerir una curación para la atracción hacia personal del mismo sexo, afirman que han conseguido "una disminución de los sentimientos homosexuales" entre sus pacientes homosexuales, permitiéndoles alcanzar el matrimonio heterosexual y tener hijos. Pero digan lo que digan, no se puede cambiar la orientación sexual de una persona. En otras palabras, no se pueden eliminar los sentimientos de atracción de una persona hacia otros miembros de su propio sexo del mismo modo que no se pueden eliminar los sentimientos de atracción hacia personas del sexo opuesto.

"Dear Abby" una vez más proporciona mi comentario favorito acerca de los profesionales de la salud mental que intentan transformar a los homosexuales en heterosexuales: "Un terapeuta que intentara cambiar a una persona homosexual debería ir preso. Lo que debería hacer el siquiatra es hacer que el paciente se sienta más cómodo con lo que es. Es decir, ser uno mismo". ¡Amén!

¿Cómo han intentado los expertos en salud mental y los médicos "curar" a los homosexuales?

Algunos profesionales de la salud mental que creían que los homosexuales eran enfermos mentales o físicos intentaron "curar" a los gays y lesbianas utilizando una gran variedad de técnicas, incluyendo la terapia de electrochoque, cirugía cerebral, inyecciones de hormonas e incluso la castración. Otros métodos incluían terapia de aversión en la que, por ejemplo, se provocaban vómitos a los hombres homosexuales o se les aplicaba descargas eléctricas en los genitales al mismo tiempo que se les hacía contemplar imágenes eróticas de hombres.

Aunque el objetivo de la mayoría de profesionales de la salud mental ya no es "curar" la homosexualidad, existen organizaciones que tienen programas para ayudar a personas homosexuales a "cambiar" su orientación, y algunos de esos grupos emplean un gran número de métodos hoy en día desprestigiados.

¿Te pueden convencer para ser homosexual?

Cuando me hacen esta pregunta no puedo evitar pensar en la imagen de un hombre gordo y degenerado, viejo y algo calvo, vestido con una gabardina, que se esconde en los matorrales para seducir a muchachos jóvenes con caramelos. A pesar de este y de otros falsos estereotipos de cómo los muchachos y las muchachas son supuestamente "seducidos" hacia una vida homosexual, la verdad es que no es cierto que se pueda convencer a una persona para que sea gay. No se puede convencer a una persona heterosexual para que sea gay del mismo modo que no se puede convencer a un gay o una lesbiana para que sean heterosexuales.

¿Los gays y las lesbianas reclutan a personas para que se hagan homosexuales?

No, los gays y las lesbianas no reclutan a personas para que se hagan homosexuales. En todo caso, los gays y las lesbianas pueden servir como modelo positivo para aquéllos que están luchando para aceptar su identidad homosexual. Con su ejemplo pueden demostrar que se puede ser gay o lesbiana y llevar una vida plena y feliz. O al menos, tan feliz como cualquier otra persona. A pesar de lo que puedan decir muchas personas, los gays y las lesbianas no andan reclutando a niños o a adultos heterosexuales a "su bando".

¿Los gays y las lesbianas violan a más niños que los heterosexuales?

Rotundamente no. Quien abusa más de los niños son los varones heterosexuales. Las víctimas más habituales son las niñas. Por ejemplo, un estudio dirigido por el Hospital Infantil de Denver (EE.UU.) descubrió que entre el primero de julio de 1991 y el 30 de junio de 1992, en sólo uno de los 387 casos de presuntos abusos infantiles había un homosexual involucrado. En la gran mayoría, el estudio revelaba que los muchachos y muchachas por igual decían que habían sufrido abusos de miembros heterosexuales masculinos de su propia familia, incluyendo a padres, padrastros, abuelos y tíos.

Según Frank Bruni, periodista que ha escrito extensamente sobre abusos a menores, "Los hombres que abusan de muchachos prepubescentes son más habitualmente—y en la gran mayoría—heterosexuales en sus relaciones sexuales adultas". Bruni es coautor, junto con Ellinor Burkett, de *A Gospel of Shame: Children, Sexual Abuse, and the Catholic Church* (*Un evangelio de vergüenza: los niños, el abuso sexual y la iglesia católica*).

¿Los padres crían a sus hijos e hijas para que sean homosexuales?

¿Acaso son las madres dominantes y padres pasivos los culpables de la homosexualidad de sus hijos?

No puedes "críar" a un hijo para que sea homosexual. Esta idea equivocada, por desgracia, fue respaldada por la teoría incorrecta y actualmente desfasada de Sigmund Freud. Según Freud, un niño homosexual es el resultado de una madre fuerte y un padre pasivo, indiferente u hostil. Entre los muchas errores de la teoría de Freud está el no poder de explicar los incontables ejemplos de hijos heterosexuales educados por madres fuertes y padres pasivos y de hijos gays educados por padres fuertes y madres pasivas. Freud tampoco puede explicar qué combinación de características de la personalidad de los padres provoca una hija lesbiana.

Mi madre y mi padre eran fuertes, así que según la teoría de la homosexualidad de Freud, probablemente yo debería ser bisexual. Pero no lo soy, y mi hermana y mi hermano son heterosexuales. ¿Qué les parece?

¿Una persona gay es alguien que ha sido violada?

No hay indicios que sugieran que el abuso sexual influye en la orientación hacia el propio sexo o hacia el sexo opuesto en los niños.

¿Las mujeres se convierten en lesbianas porque han tenido una experiencia negativa con los hombres?

¿Los hombres se convierten en gays porque han tenido una experiencia negativa con las mujeres?

Si todas las mujeres que han tenido experiencias negativas con hombres se convirtieran en lesbianas, no habría mujeres heterosexuales. La realidad es que las experiencias negativas con hombres no "convierten" en lesbianas a las mujeres heterosexuales. Así como las experiencias negativas con mujeres tampoco "convierten" en gays a los hombres heterosexuales. Lo mismo se puede aplicar a los gays como a las lesbianas. Una experiencia negativa con alguien del mismo sexo no les "convierte" en heterosexuales.

¿Los homosexuales lo son porque no han encontrado al hombre o la mujer adecuados?

No. ¿Cuántos hombres y mujeres heterosexuales se han embarcado en la difícil tarea de "transformar" a un gay o una lesbiana en heterosexual porque pensaban que eran "el hombre adecuado" o "la mujer adecuada"? Antes de que lo intente—y le aconsejo que no lo haga—debería saber que una mujer heterosexual no puede convertir en heterosexual a un gay, del mismo modo que una lesbiana tampoco puede convertir una heterosexual en lesbiana. Y un hombre heterosexual no puede convertir a una lesbiana en mujer heterosexual, del mismo modo que un gay tampoco puede convertir en homosexual a un heterosexual.

¿Por qué hay mujeres que quieren ser lesbianas cuando ya son oprimidas en nuestra sociedad por el hecho de ser mujeres?

¿Por qué hay gente que quiere ser gay cuando existe la amenaza del SIDA?

El hecho de que una persona homosexual quiera sentirse atraída hacia su mismo sexo depende de cómo se sienta. Independientemente de la dificultad de las circunstancias, ya sea el sexismo, la amenaza del SIDA, la violencia antihomosexual, la discriminación laboral o el rechazo familiar, los sentimientos de atracción hacia el propio sexo no cambian. Lo vuelvo a repetir, los homosexuales no "escogimos" la orientación sexual.

¿Los homosexuales pueden ser heterosexuales si lo quieren?

No, pero muchos llevan una vida heterosexual. La condena de la homosexualidad en nuestra sociedad es tan fuerte que muchos, o la mayoría de los gays y las lesbianas, aparentan que son heterosexuales, al menos durante una parte de su vida. Muchos llevan una vida heterosexual con un cónyuge del sexo opuesto y una casa llena de niños. Algunos disimulan durante toda la vida, sin responder nunca a sus sentimientos de atracción, y quizás sin compartir nunca sus verdaderos sentimientos con nadie y llevándose el secreto a la tumba. Otros encuentran maneras de calmar sus sentimientos hacia miembros de su mismo sexo con relaciones clandestinas. A esto es lo que se le llama "estar en el *closet*" o "estar en el armario". Otros consiguen continuar casados durante años, pero finalmente se divorcian y buscan relaciones con personas de su mismo sexo, es decir, "salen del *closet*" o "salen del armario".

¿Los homosexuales son personas normales?

Si por "normal" uno quiere decir "como la mayoría" entonces los gays y las lesbianas no son "normales". Del mismo modo, tendríamos que decir que los zurdos o los miopes no son "normales", y aun así, hoy en día aceptamos esta variación física como algo totalmente normal. Al igual que ser zurdo o miope, el ser homosexual no hace disminuir la humanidad de nadie; es decir, el deseo normal de amar, de ser amado y de contribuir a la sociedad.

¿No es innatural la homosexualidad?

Los gays y las lesbianas que se sienten bien con su sexualidad dicen que estar con alguien de su mismo sexo es absolutamente normal para ellos, mientras que estar con alguien del sexo opuesto es innatural. Pero a menudo la convicción subyacente de aquéllos que defienden que la homosexualidad es innatural es que la relación pene-vagina es la única manera natural de ser sexualmente activo. Si aceptamos esta convicción, entonces los heterosexuales que mantienen relaciones sexuales que no sean pene-vagina también son innaturales.

También están los que defienden que el acto sexual es innatural si no tiene por finalidad la procreación. Pero ese argumento no reconoce a los muchos heterosexuales que practican métodos de control de natalidad o que, por las razones que sean, no pueden procrear.

¿Los humanos son los únicos animales que adoptan comportamientos homosexuales?

Los científicos han observado frecuentes comportamientos homosexuales en muchas especies del reino animal, desde las cabras montesas y gaviotas hasta los gorilas. Sin embargo, hasta el momento nadie ha apuntado que ello sea el resultado de un padre pasivo y una madre dominante.

¿La homosexualidad es el modo que tiene la naturaleza de controlar la población?

Si ese fuera el propósito de la naturaleza, no habría tenido éxito, en primer lugar porque muchos, o lo que es más, la mayoría de los gays y las lesbianas, incluso hoy en día, esconden sus sentimientos sexuales, forman parte de un matrimonio heterosexual y tienen hijos. Aparte de que cada vez más individuos y parejas gays y lesbianas que viven abiertamente como tal han decidido tener hijos.

¿Cómo se sabe quién es homosexual?

¿Por qué los hombres gays son afeminados y las mujeres lesbianas son masculinas?

En la mayoría de los casos, no se sabe quién es gay o lesbiana sólo por las apariencias, de no ser que el hombre o la mujer en cuestión lleve un botón, un símbolo o una manera de vestir que le identifique explícitamente como gay o lesbiana.

Tiempo atrás, existía la creencia que los gays y las lesbianas se podían identificar fácilmente por gestos, afectación, maneras de vestir, y otras características estereotipadas y claras. Se creía que todas las lesbianas eran masculinas y todos los gays eran afeminados. De hecho, muchos hombres afeminados son gays, y muchas mujeres masculinas son lesbianas. Por lo general, entre los gays y las lesbianas, al igual que entre el resto de la gente, hay personas de todos los tamaños, formas, colores y edades, y también de varios grados de masculinidad y feminidad. Existen muchos hombres afeminados que no son gay como también existen muchas mujeres masculinas que no son lesbianas.

¿Por qué cecean los gays? ¿Es una afectación elegida?

Algunos gays cecean, del mismo modo que lo hacen también algunos heterosexuales. El ceceo es un defecto del habla—no una afectación elegida—en la que se pronuncia la letra "s" más fuerte. Por alguna razón este fenómeno se ha asociado al estereotipo de varón homosexual.

Ricardo, que fue torturado por otros estudiantes en la escuela porque ceceaba, trabajó con un logopeda durante años para librarse de su ceceo. Según su opinión, "es ridículo sugerir que alguien puede escoger voluntariamente algo que puede ser motivo de tanto sufrimiento. Los otros muchachos de la escuela me llamaban maricón, y ni siquiera soy gay".

Entre las personas que cecean, ¿hay más homosexuales o heterosexuales?

Esa es una de aquellas misteriosas preguntas humanas que está por contestar.

Entre los gays, ¿se valora más ser masculino o ser femenino?

En la cultura estadounidense, por lo general, se valora mucho la masculinidad en los hombres. Los gays son educados en la misma cultura que el resto de la gente, así que no debería sorprender que la masculinidad sea altamente valorada por muchos gays, o quizás por la mayoría de ellos.

Entre las lesbianas, ¿se valora más ser femenina o masculina?

La joven que me sugirió que incluyera esta pregunta dijo que entre las lesbianas se valoran la masculinidad y la feminidad por igual. La masculinidad—características que están típicamente asociadas con el comportamiento, como la agresividad y la confianza en uno mismo—es algo que valoran todas las mujeres en general, dijo. La feminidad—características físicamente femeninas—es valorada por muchas lesbianas porque les permite encajar cómodamente en la sociedad.

Pero otra mujer con la que hablé pensaba que esta cuestión simplificaba en exceso las cosas. Dijo: "¿Qué es femenino? ¿Qué es masculino? Mi objetivo es redefinir esas cosas. Si tuviéramos una definición más amplia de lo que es un hombre y de lo que es la masculinidad, no nos sentiríamos molestos por las personas que son distintas de un pequeño y limitado estereotipo". Añadió: "No soy el tipo de persona que suele obsesionarse sobre definirse a sí misma como femenina o masculina. Sea lo que sea, soy lo que es una mujer, y no tengo por qué corresponder a categorías de feminidad y masculinidad. Ahora todo el mundo es distinto. Formamos parte de una población enormemente grande. Piense en el tipo de persona que piense, lo tenemos. Están las lesbianas que llevan pantalones y chaleco, y que fuman tabacos. Están las bailarinas, azafatas y secretarias que también son lesbianas. Existe todo un espectro de personas de todas las comunidades, y el problema es que en lugar de reconocer nuestra diversidad, pensamos que somos el canon, y entonces señalamos a otras personas e intentamos restringirlas y estereotiparlas. Esto no está bien".

¿Por qué no se maquillan las lesbianas? ¿Por qué no se depilan?

Algunas lesbianas se maquillan, otras no, por distintos motivos. Jane no lleva maquillaje. "Se me corre por la cara", dijo. "Me molesta". Katharine dijo que se maquillaba porque se ve "mucho mejor". Otra mujer añadió que entre algunas mujeres "se cree que maquillarse es algo que se hace para seducir a los hombres por medio de algún juego, por lo que no es importante para las lesbianas". Las mismas consideraciones se aplican a la depilación. Debería añadir que hay muchas mujeres que no se maquillan o depilan, y que no son lesbianas. También existen muchos hombres que visten bien, se preocupan por su apariencia, usan aretes y hasta usan maquillaje, pero no son homosexuales.

¿Por qué las lesbianas tienen debilidad por los gatos?

A algunas lesbianas les gustan los gatos. Algunas lesbianas los odian. Nunca se ha realizado un estudio científico para determinar si las lesbianas tienen más gatos por persona que otros grupos de personas. Esto suena a tema ideal de investigación de mercado para la gente que vende comida para gatos y productos relacionados.

¿Por qué los gays tienen mejor gusto y sentido de la moda que los hombres heterosexuales?

Algunos gays tienen realmente mejor gusto y sentido de la moda que muchos hombres heterosexuales. Pero por lo que he visto también hay hombres gays que tienen un gusto pésimo y un terrible sentido de la moda, y algunos hombres heterosexuales que tienen mucho gusto y un excelente sentido de la moda.

¿Existe una cultura gay y lesbiana?

Iba a dar una explicación sobre la cultura homosexual que me dio el desaparecido Chuck Rowland, uno de los fundadores de la Mattachine Society, una organización gay que empezó en Los Ángeles en el año 1950. Rowland fue una de las primeras personas que dijo que había una cultura gay y lesbiana. Cuando lo entrevisté en el 1989, me dijo que en los años 50, le costó mucho explicarle a otras personas homosexuales lo que quería decir con cultura homosexual. "La gente decía: '¿Cultura homosexual? ¿Qué quieres decir? ¿Realmente crees que somos más cultos que los demás'? Yo les explicaba que utilizaba el término cultura en el sentido sociológico, como un cuerpo de lenguaje, sentimientos, pensamiento y experiencias que compartimos. Del mismo modo que hablamos de una cultura mexicana. Del mismo modo que hablamos de una cultura indígena americana".

"Teníamos que decir que la cultura homosexual era una cultura emergente. Por ejemplo, en nuestra calidad de homosexuales, utilizábamos cierto lenguaje, ciertas palabras. La misma palabra "gay" es un ejemplo maravilloso de lo que entiendo por cultura homosexual. Se puede discutir mucho sobre esto. Pero sé que "gay" ya se utilizaba en los años 30, y no la aplicábamos en el sentido de 'alegre' o 'festivo'. Queramos decir 'homosexual'. Esto no constituye un lenguaje propiamente dicho, como el inglés o el francés, pero se acerca más a la cultura judía. Muchos de lengua inglesa, judíos y no judíos, utilizan palabras yídish como *schlepp*, *meshuga* y muchas otras. Esto me separa culturalmente de mi madre, por ejemplo, que nunca habría oído esas palabras. Aún hay mucha gente que no está de acuerdo con el tema de la cultura homosexual. Pero ahora ves la expresión 'cultura homosexual' constantemente".

En las décadas que han pasado desde que Chuck Rowland planteó su tesis sobre la existencia de una cultura homosexual, escritores, artistas, fotógrafos, dramaturgos, coreógrafos, cineastas, etcétera, han creado un gran cuerpo de trabajo que normalmente se asociaría con la vida cultural de una comunidad básicamente para gays y lesbianas.

¿Por qué algunas personas homosexuales se llaman a sí mismos "maricones" y "tortilleras"?

Al igual que otros grupos minoritarios, algunos homosexuales utilizan en broma palabras que una masa de población más grande utiliza para humillarlos. Hay quien dice que es una manera de quitar el veneno que llevan esas palabras.

Pero sólo use las palabras "maricón" y "tortillera" con cautela. En general, se pueden utilizar en broma sólo si uno es gay o lesbiana. No se puede olvidar que hay muchos homosexuales a los que no les gustan las palabras "maricón" y "tortillera", independientemente de la orientación sexual de las personas que las utilicen. Como en todo, hay excepciones. Un amigo mío gay que vive en una ciudad con una abundante población de gays, tiene amigas heterosexuales, que también viven en la zona, que utilizan la palabra "maricón" cuando están con él. Sabe que bromean y no le molesta. Sin embargo existen otros homosexuales que se ofenden profundamente si alguien les llama "maricón" o "tortillera".

¿Por qué entre los anglohablantes algunas personas homosexuales se llaman entre ellos mismos "queer" ("raro" en español)?

Muchos gays y lesbianas se quedan perplejos ante esta pregunta. A principios de los años 90, algunos gays y algunas lesbianas en los

Estados Unidos, especialmente estudiantes universitarios y los más radicales políticamente, decidieron utilizar la palabra "queer" como identificación porque creían que era más inclusivo que "gay" y "lesbiana". Creían que al "apoderarse" de una palabra que había sido utilizada por aquéllos que odian a los homosexuales, la desposeían de su intención dañina original y la transformaban en algo positivo.

Según una mujer a la que entrevisté que entonces debía tener alrededor de veinticinco años, "Mientras que para algunas personas esta palabra es ofensiva, para muchos de nosotros es liberadora porque es una palabra que nos abraza a todos. La utilizamos como palabra de orgullo, de inclusión y de comunidad. La palabra refleja la dolorosa realidad que, independientemente de cómo nos identifiquemos, todos nosotros estamos fuera de la mayoría heterosexual, y todos sufrimos los prejuicios, la discriminación, el odio y la ignorancia de la mayoría de la población".

Después de gozar de cierta popularidad durante algunos años, la palabra "queer" ahora se utiliza básicamente en contexto académico, como en "estudios queer". (Véase el capítulo 16, "La educación".) Sin embargo, el vocábulo continúa manteniendo su papel tradicional como epíteto.

¿Qué hago si una persona homosexual se me insinúa o trata de seducirme?

Deberías de reaccionar de la misma manera que reaccionarías si una persona heterosexual se te insinúa o trata de seducirte. Si no estás interesado, dile: "No, gracias". Si estás interesado, puedes mostrar tu interés de muchas formas. (Véase capítulo 5, "Cuando se sale con alguien".)

¿Qué es el "estilo de vida homosexual"?

No existe un estilo de vida homosexual, del mismo modo que no existe un estilo de vida heterosexual. La homosexualidad, al igual que la heterosexualidad, es una orientación sexual, no un estilo de vida. Los gays y las lesbianas, al igual que las personas no homosexuales, siguen distintos estilos de vida, que pueden ser parecidos al nuestro o no.

Años atrás, después de terminar una larga relación con otro hombre, una amiga mía me dijo que estaba preocupada que ahora que yo estaba "soltero" iba a sumergirme en una gay "sórdida y pecaminosa". Basándose en una idea erronea de la vida que llevan los gays, mi amiga temía que me fuera a un club gay, bailara toda la noche, bebiera demasiado, tomara drogas, probablemente me quitara la camisa cuando subiera la temperatura, y quizás incluso practicara el sexo sin precauciones en la galería que da a la pista de baile. Es verdad que algunos hombres homosexuales llevan una vida individual, urbana y salvaje—del mismo modo que algunos heterosexuales lo hacen—pero dado lo que mi amiga sabía de mí y la vida que había llevado en el pasado, esa era una situación poco probable para mí.

¿Los homosexuales ganan más dinero?

Aunque es difícil encontrar las estadísticas exactas, en cuanto al dinero que ganan, los homosexuales son tan variados como los heterosexuales. Sin embargo, las personas gays y lesbianas que no tienen hijos que criar, al igual que los heterosexuales que no tienen hijos, disponen de mayor capacidad adquisitiva y así suelen tener más dinero para gastar en sí mismos.

En cuanto a las parejas de gays y lesbianas, existe una notable diferencia en los ingresos combinados en comparación con las parejas heterosexuales, tengan o no hijos que mantener. Es probable que las parejas de hombres gays ganen más conjuntamente que las parejas heterosexuales porque es probable que dos hombres ganen más dinero que un hombre y una mujer; por término medio, las mujeres cobran menos que los hombres. Por contraste, las parejas lesbianas, por término medio, tienen menos ingresos conjuntamente que las parejas heterosexuales porque es probable que dos mujeres ganen menos dinero que un hombre y una mujer.

¿Los gays odian a las mujeres?

¿Las lesbianas odian a los hombres?

En general no. Pero algunos gays odian a las mujeres, del mismo modo que algunos hombres heterosexuales odian a las mujeres y algunos gays odian a los hombres a pesar de que se sienten atraídos por ellos. Y algunas lesbianas odian a los hombres, del mismo modo que algunas mujeres heterosexuales odian a los hombres y algunas lesbianas odian a las mujeres, a pesar de que se sientan atraídas por ellas. La conclusión es que todo el mundo es capaz de odiar, independientemente de su orientación sexual o su sexo.

¿Los homosexuales odian a los heterosexuales?

Algunas personas homosexuales albergan sentimientos hostiles hacia las personas heterosexuales. Esto no debería ser una sorpresa, a tenor de las terribles experiencias que han tenido que sufrir de manos de personas heterosexuales. (Véase el capítulo 12, "La discriminación y violencia en contra de los homosexuales".) Pero por lo general, los gays y las lesbianas no odian a los heterosexuales.

2 Cuando uno se descubre a sí mismo: crecer y madurar

¿Cuándo te das cuenta por primera vez de tus sentimientos homosexuales?

¿Hay alguna diferencia entre hombres y mujeres respecto a cuándo se dan cuenta de sus sentimientos homosexuales?

Las personas que se sienten atraídas por otras del mismo sexo normalmente se dan cuenta de ello al mismo tiempo que el resto de las personas se dan cuenta de sus sentimientos de atracción, ya sea a una temprana edad, durante la preadolescencia o adolescencia, o más tarde. Sin embargo, hay diferencias. Para la gente heterosexual estos sentimientos de atracción son reafirmados por la familia, la sociedad, la cultura o la religión, desde la más temprana edad. Por ejemplo, ¿cuántas veces has oído a un pariente cariñoso preguntarle a un niño pequeño si tiene novia o a una niña si tiene novio? Aunque se pregunte de la manera más inocente, esto reafirma la idea de que es aceptable que los niños tengan novia y las niñas tengan novio.

Para un niño gay o una niña lesbiana que está creciendo la experiencia es muy distinta. Incluso antes de darse cuenta de sus sentimientos de atracción, o de las implicaciones de estos sentimientos, los niños gay y las niñas lesbianas perciben que lo que sienten no es lo que se supone que deberían sentir. Esta fue la experiencia de Débora: "Crecer fue bastante traumático para mí porque estaba convencida de que era un niño atrapado en el cuerpo de una niña. Yo siempre me sentí más masculina que femenina. Se suponía que debía ser dulce y dócil, y en cambio, era una marimacha. Además, tuve sentimientos a muy temprana edad, pero los muchachos no me interesaban. Cuando las otras niñas empezaron a fijarse en los niños y a hablar del matrimonio, yo siempre supe que quería casarme con una niña; siempre, siempre, siempre. Cuando tenía siete años, recuerdo haberles dicho a mis padres que nunca me casaría con un hombre y todas las razones del por qué no lo haría, y cuando cumplí los diez les conté que estaba enamorada de una niña. Mi padre me dijo que sólo era una fase y que ya se me pasaría".

"No sabía que existía algo llamado lesbianismo, mujeres con mujeres, así que di por sentido que para poder estar con mujeres tenía que ser un hombre. Era muy confuso. Fue al leer la obra *La calumnia* en séptimo curso cuando me enteré de que había mujeres con mujeres. Estaba representando una escena con una mujer por la que sentía una fuerte atracción, y ella llegó a la parte en que explicaba qué se sentía verdaderamente por su compañera de trabajo femenina. Fue como si me hubiesen abofeteado: '¡Es esto' "!

Además de la confusión de no entender por qué no eres como los demás, y de la confusión de tener un padre que te dice que "ya se te pasará", por ejemplo, los niños gays y las niñas lesbianas a menudo reciben reafirmaciones negativas a diario de lo que están sintiendo, ya sea la condenación religiosa de la homosexualidad, oír a los niños utilizar las palabras marica, joto, tortillera, marimacha y manflora en la escuela u oír chistes acerca de personas homosexuales en las películas. Debido a estas reafirmaciones negativas, la mayoría de los gays y las lesbianas esconden sus inclinaciones sexuales, pretenden ser heterosexuales, y esperan al menos hasta acabar la enseñanza secundaria para enfrentarse a sus sentimientos y hacer algo al respecto. Mi amigo mexicano, Oscar, me contó: "En mi familia—y en la comunidad latina—un niño que demuestra interés en las cosas 'femeninas' es inmediatamente calificado como 'joto'. Desde niño me acuerdo que me gustaban las muñecas y jugar a la casita, sin embargo, es algo que nunca expresaba por miedo a ser marginalizado por mi familia y comunidad—me di cuenta de esto a los cinco años"! Algunos gays y lesbianas reprimen sus sentimientos de atracción sexual durante años, llegando a llevar vidas heterosexuales que incluyen casarse, tener hijos y nietos, sin llegar a hablar jamás con nadie de su tendencia homosexual.

Algunos homosexuales—y por lo general esto me lo dicen más las mujeres que los hombres—no se dan cuenta de sus sentimientos de atracción hasta que llegan a los treinta, los cuarenta o incluso más tarde. Esta fue la experiencia de María: "Cuando era todavía una adolescente, mi madre solía decirme que no llevase el pelo corto o ropa apretada. Nunca entendí lo que quería decir. No me enteré de qué iba la cosa hasta casi los cuarenta y cinco años, cuando estaba casada y con dos hijos mayores. Mi madre tenía miedo de que si me vestía y me peinaba como una lesbiana me volvería lesbiana. ¡Mi madre sabía que yo era lesbiana antes de que yo me diera cuenta! Ojalá me hubiera dicho algo antes de morir, ya que tardé media vida en enterarme de lo que ella siempre había sabido. Sé que hay gente que no me creerá, pero en verdad yo no sabía que tenía estos sentimientos hasta que me enamoré de Elena. ¡Y ella también estaba casada"!

¿Se avergüenzan los hombres gays y las mujeres lesbianas por ser homosexuales?

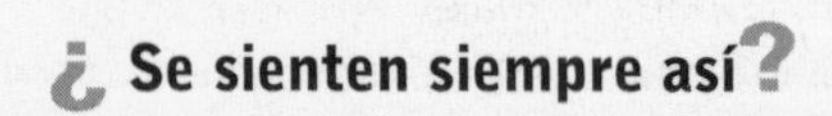

¿Se sienten siempre así?

¿Porqué los gays y las lesbianas están tan "amargados"?

¿Sentirse mal? Cuando era un adolescente pensaba que mi vida se había terminado. ¿Cómo podía yo ser algo que se consideraba tan asqueroso, tan odiado, tan desagradable? ¿Cómo podía yo ser lo que la gente llamaba joto, puto, pedófilo y marica? En la época en que yo crecí prácticamente no había imágenes positivas de homosexuales o modelos a seguir. Lo que no supe hasta más tarde fue que sentirme mal hacia mi atracción por los hombres era el resultado de lo que mi familia y la sociedad en general me había inculcado: "¡Te debería dar vergüenza"!

Hay muchos gays y lesbianas que llegan a aceptar sus inclinaciones sexuales, como lo hice yo a los veinte y tantos años. Sin embargo, hay gente que descubre que los sentimientos de temor, culpabilidad, y vergüenza y odio hacia uno mismo se ven transformados en sentimientos de rabia y rencor. La gente se siente amargada por haber sido engañada por líderes religiosos, juzgada por los padres, engañada por siquiatras y condenada por la sociedad en general. Está enfurecida por haber perdido la adolescencia o, en el caso de personas que no llegan a aceptar su sexualidad hasta bien entrada la madurez, sienten rencor por haber "desperdiciado" las vidas viviendo una mentira. Con el tiempo, para la mayoría de los gays y las lesbianas, esta rabia disminuye, pero no necesariamente desaparece.

Los gays y las lesbianas también pueden sentirse enfurecidos en cualquier momento de sus vidas al enfrentarse con la discriminación, propaganda y violencia antihomosexual. Por ejemplo, en 1998, el asesinato en el estado de Wyoming (EE.UU.) de Matthew Shepard, un joven estudiante a quien mataron a golpes de la manera más cruel y sadística por ser homosexual, enfureció a los homosexuales así como a muchos heterosexuales en todo el país. La situación es todavía peor en los paíces de habla hispana. El 6 de junio de 1997, homosexuales brasileños fueron abatidos a tiros. Dos agentes de la policía civil y un civil fueron acusados posteriormente del delito. Al parecer, la policía civil les cobraba protección a las prostitutas, y los tres fueron asesinados por no haber pagado su "tasa" equivalente a diez dólares estadounidenses por noche.

En los últimos años han habido una serie de asesinatos en contra de la comunidad homosexual en México. Estos asesinatos tienen varios factores comunes que hacen cuestionar y preocupan de manera alarmante a los defensores de los derechos humanos de esta comunidad. Estos crímenes muchas veces son ignorados por las autoridades y catalogados como "crímenes pasionales" además de que quedan impugnes y por lo tanto, sin resolver. La comunidad homosexual tanto en México como en los Estados Unidos, activistas, legisladores y personas interesadas en derechos humanos, poco a poco empiezan a unirse y a organizar manifestaciones contra la represíon y violencia hacia los homosexuales.

¿Se sienten mal los hombres gay y las mujeres lesbianas cuando se dan cuenta de sus inclinaciones homosexuales?

No. No toda persona gay o lesbiana pasa por la experiencia de sentirse mal consigo misma. Esto es cierto especialmente en años recientes, en que los gays y las lesbianas son más visibles en la sociedad y proporcionan modelos positivos a seguir para muchachos y muchachas homosexuales. Daniel, un joven hispano, sabía exactamente lo que era desde el segundo grado de primaria, y también sabía que no había tenía nada de malo: "No sé cómo sabía que yo estaba en lo cierto y que el mundo se equivocaba, pero de todas formas lo sabía. En la escuela primaria me gustaban otros niños, y eso no me parecía monstruoso, así que desde entonces nunca presté atención a los insultos. Y además de eso, mi tío es gay y todo el mundo lo quiere, así que ser gay nunca fue un problema en mi familia. Claro que mis padres no dieron saltos de alegría cuando se los conté, pero era más que nada porque les preocupaba la discriminación y el SIDA".

¿Cómo aceptan las personas homosexuales que son gays o lesbianas?

Muchos, por no decir la mayoría, de los hombres gay y las mujeres lesbianas tienen dificultad en aceptar su sexualidad, puesto que aceptar estos sentimientos de atracción hacia el mismo sexo significa ignorar ideas negativas hacia los homosexuales y la homosexualidad que se les inculcó desde la niñez, no sólo por sus familia, sino que también por la sociedad y la iglesia.

Los homosexuales aprenden a aceptarse a sí mismos a través de varios medios. Puede que ellos mismos investiguen al respecto, leyendo todo lo que puedan encontrar sobre el tema de la homosexualidad, o puede que sigan el modelo de alguien de la familia o de su comunidad. También puede que se unan a grupos de ayuda para gente homosexual o que sigan algún tipo de sicoterapia.

Ahora, no todas las personas que son homosexual llegan a aceptarlo. Hay personas que se esfuerzan por reprimir lo que sienten, negándose incluso a sí mismos lo que el corazón y la mente no puede negar. Hay quien busca una "cura" a través de la sicoterapia, religión o una organización que promete enseñarles "la manera de olvidar la homosexualidad". Por supuesto no hay "remedio" para la homosexualidad, pues no se pueden curar los sentimientos de atracción de una persona hacia otras de su mismo sexo de la misma manera que no se pueden curar los sentimientos de atracción de una persona hacia otras de distinto sexo.

¿Les gusta ser homosexuales a los gays y las lesbianas?

Esta pregunta me recuerda a otra similar que me hacen a menudo: Si pudieses tomarte una píldora y volverte heterosexual, ¿lo harías? Esta pregunta presume que la vida sería mejor como heterosexual. Cuando tenía diecisiete años, habría dicho que sí en un segundo. No me gustaba ser gay. Quería ser "normal". Quería ser como los demás. Quería empezar una relación, casarme, ir por la calle de la mano, y poder proclamar mi amor por otra persona en público. No quería ser diferente. Cuando pasé de los veinte ya no me sentía tan seguro de querer tomar dicha píldora, porque mi vida como gay no estaba tan mal y ya me estaba acostumbrando. Además, por lo que podía ver, sabía que no había ninguna garantía de que la vida fuese mejor siendo heterosexual, y a veces incluso iba peor. Alrededor de los veinticinco años me di cuenta de lo ridícula que era esta pregunta, ya que dicha píldora no existía, y por aquel entonces ya había decidido que había cosas mucho más difíciles en la vida que ser homosexual y que tenía que sacarle el máximo partido a lo que yo era, incluso si era algo que no le gustaba a la sociedad. Ahora no me gustaría ser nada distinto porque me gusto tal como soy, y parte de ello es ser homosexual. Además, he sido bendecido con una relación feliz, una familia que me ayuda mucho y una buena vida. Así que ¿por qué querría ser algo distinto?

No pretendo hablar por todo el mundo, pero cuando Ann Landers (Dear Abby) pidió a sus lectores que le escribieran diciendo si estaban contentos de ser homosexuales, recibió decenas de miles de cartas en respuesta, la mayoría de ellas (treinta a una) de gays y lesbianas que estaban contentos de ser lo que eran. Por supuesto, hay también muchos gays y lesbianas que no son felices de ser lo que son, pero supongo que se sintieron menos inclinados a responder a la columna de Ann Landers.

Expuse esta pregunta a distintos gays y lesbianas y me ofrecieron distintas respuestas. Entre los que les gusta ser homosexuales, algunos dicen que no pueden imaginarse ser algo distinto. Otros creen que son personas más sensibles e intuitivas, debido a la experiencia de haber crecido en un mundo en el que se les dejaba de lado. Otros se sienten afortunados de haber tenido la oportunidad de llevar una vida diferente a una vida tradicional, en la que se pasa de una vida de soltero al matrimonio y los hijos sin pensar siquiera si eso es verdaderamente lo que uno quiere hacer. Muchos me han dicho que la experiencia de hacerse mayor siendo homosexual les llevó a plantearse aspectos de la vida, como, por ejemplo, casarse y tener hijos, que la mayoría de la gente heterosexual nunca cuestiona.

Aquéllos que mostraban sentimientos negativos con respecto a su homosexualidad también justificaron sus sentimientos de varias maneras. Algunos dijeron que tendrían más suerte buscando una pareja si fuesen heterosexuales, o que ser homosexual les había impedido progresar en sus carreras, o que ser homosexual había sido una dificultad para tener hijos.

¿Cómo es ser un adolescente gay o una adolescente lesbiana?

¿Cómo lo pasan los jóvenes homosexuales en la enseñanza secundaria?

Los recuerdos vívidos de mis años de enseñanza secundaria en los Estados Unidos los puedo contar con los dedos de una mano. Fue una época en la que estaba empezando a aceptar el hecho de ser homosexual. Uno de esos recuerdos es de una fiesta, un domingo por la tarde, en la primavera de 1976, durante mi último año de estudios en la Escuela Secundaria Hillcrest en Nueva York. Había unos veinte amigos esparcidos por la sala de estar del apartamento de un compañero. Al otro lado de donde me encontraba yo de pie, estaba mi amiga Ruth, sentada en una gran butaca con su novio sentado en uno de los brazos de la butaca y nuestro amigo Dave en el otro. Por aquel entonces yo estaba casi seguro de que Dave era gay. Habíamos empezado a intercambiar indirectas hacía unas semanas. Incluso habíamos admitido el uno al otro que podríamos ser bisexuales. Todo el mundo estaba escuchando a Ruth, que de algún modo llevó la conversación hacia los homosexuales, y dijo: "A mí no me molestan los homosexuales, con que no se me acerquen". Al instante Dave y yo intercambiamos una mirada. Ruth no tenía ni idea de que el hombre sentado a su lado era homosexual (Dave me contó que era gay después de graduarnos), y que el amigo que caminó con ella a la escuela por tres años—¡yo!—también era homosexual. "¿Qué pensaría si lo supiera que soy gay"?, me pregunté. "¿Seguiría siendo mi amiga"?

Las dos emociones que más dominaron mi vida en aquella época fueron el temor y un sentimiento de aislamiento. Estaba atemorizado por lo que mi familia y amigos pensarían de mí si supieran la verdad, y me sentía tremendamente aislado porque no había nadie con quien pudiese hablar. Me habría gustado que esto hubiese cambiado para los adolescentes de hoy en día. Sin embargo, aunque sé que para algunos adolescentes homosexuales la situación es mucho mejor, especialmente para aquéllos que tienen la suerte de ir a una escuela secundaria donde hay consejeros y organizaciones a las que pueden pedir ayuda, muchas de las cartas que recibo de muchachos y muchachas de todo el país hoy en día son desgarradoras. La mayoría de los adolescentes de los que tengo noticias están asustados y aislados, viven atemorizados de su propia familia y amigos y no tienen a nadie con quien hablar de lo que les está pasando. Un gran número de ellos me ha escrito diciéndome: "Tú eres el único que lo sabe". La mayoría de ellos hace todo lo que puede para pasar por heterosexuales y mantener en secreto su sexualidad ante todos. Y por mis investigaciones, sé que—aquí y en la China—las experiencias para los jóvenes son iguales.

Elliot, que sale de su escuela secundaria en Dallas, Texas (EE.UU.) temprano para así escapar del maltrato y los insultos de sus compañeros, es sólo un ejemplo. Me dijo: "Desde el primer día algunos de los muchachos en la escuela me dicen "maricón" por los pasillos. Intentan hacerme la zancadilla continuamente, y una vez alguien escribió 'víctima de SIDA' en mi armario. Ha sido un infierno constante". Elliot no ha tenido mejor suerte con su madre. Se fue de casa al comienzo de su último curso y ahora vive con la familia de un amigo a unas cuadras de su casa: "Mi madre no quería que me juntara con otra gente homosexual, así que tenía que escaparme a escondidas. Naturalmente me pilló varias veces y la situación se puso muy fea. Tuve que irme de la casa".

Afortunadamente hay excepciones. Tammy, que ahora está en la universidad, encontró un grupo de amigos, homosexuales y heterosexuales, que la apoyaron en su equipo de vóleibol de la esuela secundaria. "Siempre supe que tenía mucha suerte de tener un grupo de amigos, siendo tan joven, con los que no tenía que tener secretos. Me ayudó mucho a aceptar el hecho de ser homosexual. Había dos lesbianas más en el equipo y nos pasábamos el día haciendo broma entre nosotras y con el resto del equipo. No sé, quizás era el momento apropiado o la gente apropiada, o quizás por fin se está aceptando que no tenemos nada de malo".

¿Hay organizaciones específicamente para adolescentes homosexuales?

En la sección titulada "Dónde acudir" encontrarán una larga lista de organizaciones para jóvenes gays y lesbianas en la mayoría de los países de habla hispana. Gracias al internet, los jóvenes y adultos tienen acceso a información y recursos nunca antes vistos. Las organizaciones más conocidas en los Estados Unidos para adolescentes gays, lesbianas, bisexuales y transexuales son las más de quinientas alianzas homo/hetero, conocidos como *GSA*, en escuelas secundarias de todo el país. La primera GSA se fundó en el 1991, y desde entonces, gracias a los esfuerzos de coordinación del programa Student Pride Program of the Gay, Lesbian & Straight Education Network (Programa de orgullo estudianti de la red de educación de homosexuales y heterosexuales) "GLSEN", la idea se ha extendido como el fuego. (Véase el capítulo 16, "La educación", para más información sobre las "GLSEN"). El propósito de las GSA es proporcionar un foro de soporte seguro para discusiones abiertas entre estudiantes homosexuales y no homosexuales acerca de los problemas que los estudiantes homosexuales tienen que enfrentar en la escuela, con sus familias, y en la comunidad donde residen. Los grupos están abiertos a todos los estudiantes y ninguno tiene que identificar su orientación sexual. Para más información acerca de cómo encontrar una GSA local, o empezar una nueva en tu escuela, ponte en contacto con el GLSEN (véase "Dónde acudir").

Además de las GSA hay más de noventa organizaciones distintas en los Estados Unidos que ofrecen una gran variedad de servicios para la juventud gay, lesbiana, bisexual, y transexual, desde educación hasta terapia de grupo. Estas organizaciones forman parte de la National Youth Advocacy Coalition (Coalición nacional para la defensa de la juventud) "NYAC", la cual, según su informe oficial, es la única organización nacional que se centra "únicamente en mejorar la vida de la juventud gay, lesbiana, bisexual y transexual, a través de apoyo, información y educación". La NYAC trabaja para la defensa de los jóvenes gays, lesbianas, bisexuales y transexuales, con su ayuda y a través de la colaboración de un amplio conjunto de organizaciones comunitarias y nacionales. A través de esta asociación, la NYAC busca acabar con la discriminación hacia la juventud gay, lesbiana, bisexual y transexual, y asegurar su bienestar físico y emocional. El Proyecto "Bridges" de la NYAC proporciona información, asistencia técnica, y referencias para jóvenes gays, lesbianas, bisexuales y transexuales y sus aliados".

Para encontrar una organización local para jóvenes y otros recursos, incluyendo líneas telefónicas abiertas de urgencia, publicaciones, y grupos de amigos por correspondencia, hay que ponerse en contacto con la NYAC (véase "Dónde acudir" al final del libro).

¿Qué piensan los adolescentes heterosexuales de sus compañeros gay?

Los adolescentes no homosexuales despliegan una infinidad de sentimientos distintos con respecto a sus compañeros gay, desde simple aceptación hasta actos físicos de violencia. Dos informes (una encuesta de 1997 a casi cuatro mil estudiantes de segunda enseñaza del estado de Massachussets (EE.UU.) y un estudio de 1998 de unos quinientos estudiantes universitarios del área de San Francisco) muestran un panorama descorazonador. Según apareció en el periódico *New York Times,* en el estudio de Massachussets, el 22% de los homosexuales encuestados respondieron que habían faltado a clase durante el pasado mes porque no se sentían a salvo en su escuela de segunda enseñanza, y el 31% dijeron que habían sido amenazados o heridos en la escuela durante el pasado año. Estos porcentajes eran unas cinco veces más altos que los porcentajes de los entrevistados heterosexuales.

En el estudio de San Francisco, el 32% de los entrevistados de sexo masculino dijeron que habían amenazado verbalmente a homosexuales, y el 18% dijeron que los habían amenazado físicamente o asaltado. A estos inquietantes informes hay que añadir un estudio de 1997 realizado en Des Moines, Iowa (EE.UU.), por un grupo de estudiantes llamados *Concerned Students* (*Estudiantes comprometidos*). El grupo grabó conversaciones en los pasillos y en las clases de cinco escuelas secundarias durante diez "días de grabaciones homofóbicas". Calcularon que el estudiante medio en la escuela de Des Moines oía un promedio de unos veinticinco comentarios contra los homosexuales cada día.

Estos estudios muestran lo que algunos adolescentes heterosexuales piensan de sus compañeros homosexuales. Sin embargo, hay muchas cosas más. Por ejemplo, una mujer con quien hablé, la cual se desplaza a las secundarias de Nueva York para educar a los alumnos sobre las personas homosexuales, me ofreció otra perspectiva. Me dijo: "Muchos de estos adolescentes heterosexuales están furiosos con sus compañeros homosexuales por esconderse. Piensan que son mentirosos, tramposos, manipuladores y de poca confianza. Pero la verdad es que estos jóvenes homosexuales tienen miedo, principalmente a ser rechaz-ados. Así que, cuando les explicas a los adolescentes lo que sucede en realidad, que estos muchachos y muchachas gays y lesbianas no son criminales ni traidores, y les explicas el dolor y el terror que están sintiendo, entonces dicen: 'Ah, ya lo entiendo. Yo no quiero ser malo con ellos por eso'. A estos muchachos y muchachas también les digo: 'Son ustedes los que tienen que dar el primer paso. No esperen que sus amigos y amigas gays y lesbianas vengan a confersarles que son homosexuales si no les han dado una señal de que lo aceptarían incondicionalmente' ".

¿Qué aprenden los estudiantes sobre la homosexualidad en la escuela primaria y secundaria?

¿Existen escuelas dedicadas especialmente a los adolescentes homosexuales?

Véase el capítulo 16, "La educación".

¿Los adolescentes homosexuales llevan parejas del mismo sexo a fiestas escolares y a los bailes de graduación? ¿Por qué? o ¿por qué no?

La mayoría de los adolescentes gays y lesbianas no llevan a parejas del mismo sexo a bailes de graduación o a fiestas, por varias razones: todavía no han aceptado completamente sus inclinaciones sexuales o todavía no se han dado cuenta completamente de esos sentimientos, así que no se les ocurriría llevar a una pareja del mismo sexo al baile. Ellos no quieren que los demás estudiantes sepan que son gays o lesbianas. Tienen miedo de la reacción de otros estudiantes. No quieren que sus padres sepan que son gays o lesbianas. No quieren ser el centro de atención o no pueden encontrar una pareja que lo quiera ser, ya que una pareja del mismo sexo sin duda sería el centro de atención. O simplemente no pueden encontrar pareja, como otros muchos adolescentes heterosexuales.

Las referencias más antiguas que tengo de estudiantes que llevaron parejas del mismo sexo al baile de graduación son las de dos muchachos de una secundaria de Medford, Massachussets (EE.UU.), en el año 1975, y dos muchachas en la escuela Girls High de Filadelfia en 1976. En el transcurso de los años, algunos estudiantes estadounidenses que han llevado parejas del mismo sexo al baile han sido aceptados, y otros—la mayoría—han tenido que luchar contra administraciones escolares dispuestas a evitar que un estudiante lleve a otro del mismo sexo al baile de graduación.

Los adolescentes que llevan a una pareja del mismo sexo al baile de graduación lo hacen normalmente por las mismas razones que los adolescentes heterosexuales: porque quieren ir con la pareja que han elegido. Como escribió Aaron Fricke en 1980 en su memorable libro *Reflections of a Rock Lobster* (*Recuerdos de un joven*), relativo a su experiencia de haber tenido que denunciar a su escuela de Cumberland, Rhode Island (EE.UU.), para poder llevar a su pareja masculina al baile: "Lo más sencillo y normal hubiese sido llevar a una chica al baile de graduación. Pero esto habría sido una mentira, una mentira a mí mismo, a la chica y a todos los demás estudiantes. Lo que yo quería hacer era llevar a una pareja masculina". Sin embargo, aparte del deseo de ser fiel a uno mismo, Fricke quería dejar claro quién era y cuáles eran sus derechos como persona homosexual. Escribió: "Decidí que llevar a un chico al baile de graduación sería una manifestación clara y efectiva acerca de la existencia de gente gay. Cualquier oposición a mi caso—y anticipé que habría muchas—mostraría la hipocrecía de la sociedad, no de la homosexualidad".

Aparte de algunos actos aislados de coraje, algunas organizaciones han patrocinado bailes de graduación homosexuales para gente joven. Por ejemplo, empezando en el año 1995, el grupo juvenil Lambda Youth Group de Hayward, California, con la ayuda de otros grupos como el United Way y Horizon Services, y también con donaciones particulares, patrocinó el Baile de Graduación Homosexual 1995, destinado a atraer a muchachos y muchachas gays y lesbianas de dieciséis a veintiún años de edad del área de San Francisco. El evento, sin alcohol ni drogas, atrajo a unos doscientos adolescentes y jóvenes adultos. Al año siguiente unas ochocientas personas asistieron al baile de graduación.

Si eres adolescente y crees que puedes ser gay o lesbiana, ¿qué deberías hacer?

Si crees que puedes ser gay, lesbiana, bisexual, etcétera, y no tienes a nadie con quien hablar de tus sentimientos, busca a alguien en quien puedas confiar y habla con él o ella. Te sentirás mejor si compartes lo que estás pensando con otra persona. Si no hay nadie a tu alrededor en quién puedas confiar (tu mejor amigo o amiga, tu hermano o hermana, o el consejero de la escuela) tienes otras opciones. En muchas ciudades, además de las alianzas ya mencionadas (veáse "Dónde acudir"), hay grupos de debate sólo para jóvenes gays, lesbianas y bisexuales, y una gran diversidad de organizaciones locales que proporcionan innumerables servicios para la juventud gay, lesbiana, bisexual y transexual. Puedes encontrar estos grupos buscando en internet, en la guía de teléfonos, llamando a una línea local de ayuda para homosexuales o poniéndote en contacto con la National Youth Advocacy Coalition, NYAC (véase "Dónde acudir"). También puedes ponerte en contacto con Parents, Families and Friends of Lesbians and Gays (Padres, familiares y amigos de lesbianas y gays) o PFLAG. En la PFLAG encontrarás a un padre o a una madre comprensivos, con mucha experiencia en estos asuntos, que estarán encantados de hablar contigo. Pregunta por la sección más cercana a donde vives (véase "Dónde acudir").

3 Declararse publicamente como homosexual/"Salir del *closet*"

¿Qué significa "salir del *closet*"?

Para comprender cómo "sale del *closet*" una persona gay o lesbiana, primero necesitas saber que es "el *closet*". "El *closet*" es simplemente una metáfora que se utiliza para describir el lugar donde las personas homosexuales guardan escondidas su orientación sexual, ya sea este lugar en su interior, en medio de un reducido grupo de amigos, o entre el gran colectivo de gays y lesbianas. La verdad se guarda "en el *closet*, detrás de la puerta cerrada".

Básicamente "salir del *closet*" significa ser sincero y honesto con las personas al tu alrededor, tus amigos, tu familia, tus compañeros de trabajo, etcétera, sobre tu orientación sexual y sobre quién eres en realidad. Un ejemplo sería hablar de tu pareja del mismo sexo si un compañero de trabajo nuevo te pregunta si estás casado. Sin embargo, salir del *closet* tiene distintos significados para distintas personas. Cuando se les pregunta a tres personas homosexuales diferentes acerca de sus experiencias al salir del *closet*, seguramente se obtendrán tres historias completamente distintas. Una persona hablará de descubrirse sexualmente, su primera experiencia sexual. Otra hablará de descubrirse ante sí misma, cuando aceptó por primera vez que era lesbiana. Y otra hablará de descubrirse ante su familia, cuando le contó por primera vez que era gay.

¿Qué se siente al vivir en el *closet*?

"Es agotador y aterrador", dijo Beverly, quien pasó más de doce años en el servicio militar escondiendo el hecho de que era lesbiana. "Nunca sabía cuando sería desenmascarada, cuando alguien me delataría. Sabía que en cualquier momento mi carrera podía acabar. Así que vigilaba todo lo que decía y todo lo que hacía para asegurarme que nadie descubriera la verdad. Sin lugar a dudas, fue la cosa más dura que he tenido que hacer en toda mi vida. Creí que me iba a volver loca".

Aunque tu trabajo no dependa de si mantienes tus inclinaciones sexuales escondidas, permanecer en el *closet* requiere mucho esfuerzo. Tienes que vivir dos vidas distintas, tu verdadera vida y una vida adecuada para el consumo público. Tienes que controlar lo que dices y tener cuidado con lo que haces, y tienes que asegurarte que tus dos vidas nunca se entrecruzan. Cuando vas a fiestas en la oficina tienes que llevar a una pareja del sexo opuesto aunque haga veinte años que vives con tu pareja del mismo sexo. Cuando tus hijos vienen a visitarte a ti y a tu pareja del mismo sexo durante el fin de semana, tienes que fingir que son compañeros de apartamento y deben sereiorarse que no hayan dejado pruebas acusadoras en ningún lugar de la casa, como por ejemplo un libro o revista. (Los niños son curiosos y si hay algo que encontrar, ellos lo encontrarán.) Por encima de todo, tienes que ser un experto contador de mentiras. Tienes que ser capaz de mentir constantemente y manter la compostura.

Cuando era un adolescente tenía un miedo espantoso a que la gente pudiese descubrir que yo era gay. Me convertí en un mentiroso de primera y me inventaba todo tipo de cuentos para que los demás nunca se dieran cuenta o descubrieran mi secreto. Una vez, estando de vacaciones en casa durante mi primer año en la universidad, salí con un grupo de amigos homosexuales un viernes por la noche. A mi madre le conté alguna historia sobre a dónde iba y con quién, y a mi ex-novia de la secundaria, que también estaba de vacaciones de la universidad, le conté que tenía que ir a una fiesta. No pretendía contar dos historias distintas, pero no podía recordar lo que le había dicho a mi madre. Así que al día siguiente estábamos los tres en la sala de estar de la casa de mi madre cuando Eileen me preguntó cómo había ido la fiesta de la noche anterior. No recordaba exactamente qué historia le había contado a mi madre, pero estaba claro por la expresión de su cara que no le había contado la verdad. Eileen vio la cara que puso mi madre y la expresión de horror en la mía y, en una fracción de segundo, todo el mundo se dio cuenta de la verdad. Fue en aquel momento cuando me di cuenta de que no tenía el talento necesario ni la memoria necesaria para mantener ese tipo de "doble vida". Había fracasado en permanecer en el *closet*. Afortunadamente tengo una familia que me acepta tal como soy y un trabajo que no requiere que me esconda o mienta.

Hay mucha gente que es experta en mantener su homosexualidad cuidadosamente escondida y no lo encuentran especialmente difícil. Tom tiene más de cincuenta años, mantiene una relación amorosa con un hombre desde hace más de dos décadas, y para el resto del mundo, excepto para su íntimo círculo de amigos homosexuales, sigue metido en el fondo del *closet*. Por lo que respecta a sus compañeros de trabajo, es un soltero empedernido sin otra vida más allá de su trabajo. Tom explica: "Aprendí hace mucho tiempo como mantener mis dos vidas, la personal y la profesional, completamente separadas. Nunca salgo con gente del trabajo y nunca hablo de mi vida personal con mis compañeros de trabajo. Mi pareja y yo tenemos distintos números de teléfono en casa, ambos privados, así que si alguien sospechara que tengo una pareja masculina, jamás podrían rastrearnos a través de la compañía telefónica".

"Nunca habría llegado tan lejos en mi carrera si se hubiese sabido que soy homosexual, y no pienso arriesgar todo lo que he conseguido sólo para poder llevar a mi pareja a las fiestas de la compañía. No vale la pena. Hace años, cuando yo era jovencito, no teníamos otra opción. Nadie hablaba nunca de salir del *closet*, ya que habría sido un tremendo escándalo. Solamente los que estaban locos no se escondían. Se debía mantener en secreto. Ahora se pude elegir, pero soy feliz y me siento muy cómodo con mi modo de vivir".

¿Por qué hay gente que no sale del *closet*?

Las personas homosexuales se quedan en el *closet* principalmente por tres motivos: por necesidad, por temor y porque simplemente prefieren o están acostumbradas a hablar de esta parte de sus vidas solamente con un selecto grupo de gente.

Aquéllos que permanecen en el *closet* por necesidad lo hacen porque sospechan que perderán su trabajo o, por ejemplo, porque creen que sus padres dejarán de pagarles la universidad o los echarán de casa si se enteran.

Aquéllos que esconden su orientación sexual por temor, quizás temen ser repudiados por sus familias, perder o comprometer sus carreras, perder la custodia de sus hijos, ser echados de casa, ser sometidos a violencia física por aquéllos que odian a la gente homosexual, o ser víctimas de prejuicios.

¿Por qué las personas homosexuales sienten la necesidad de decírselo a todo el mundo?

¿Por qué no son más discretos y se lo guardan para sí mismos?

La mayoría de los gays y las lesbianas no revelan a nadie su orientación sexual, y el precio de tener que esoconder su sexualidad es caro: el número de adolescentes gays y lesbianas que se suicidan o que padecen de alcoholismo y adicción a las drogas es mucho más alto que el de los heterosexuales. Por supuesto, también hay muchos hombres gays y muchas mujeres lesbianas que están acostumbrados a mantener escondida su homosexualidad y que se sienten a gusto con ello.

Aquellas personas homosexuales que deciden contárselo a sus amigos, a su familia y a sus compañeros de trabajo lo hacen por muchas razones. Sin embargo, lo hacen ante todo porque quieren ser fieles a sí mismos, porque quieren ser sinceros con las personas a las que quieren y en quienes confían, y porque puede ser difícil, agotador y personalmente destructivo hacerte pasar por alguien que no eres.

Imagina por un momento cómo sería guardártelo para ti mismo. Es lunes por la mañana en la oficina y un compañero de trabajo te pregunta qué hiciste el fin de semana. Tú respondes, como siempre, "No gran cosa", aunque te pasaste todo el fin de semana en el hospital con tu pareja gravemente enferma. Podrías haber dicho que pasaste el fin de semana en el hospital con una persona cercana a ti, pero a esto seguirían inevitablemente más preguntas y al final sería imposible esconder la verdad. Así que para proteger tu secreto, casi nunca respondes sinceramente a una pregunta o comentario inocente, tanto si la pregunta viene de un colega, de un pariente o incluso de un taxista. Tienes que controlar todo lo que dices.

Sólo para probarlo, toma nota durante un día normal de cuantas veces tu vida personal sale en conversación, tanto si estás en un centro comercial comprando ropa, como si estás hablando por teléfono con un vendedor. Imagina como responderías si tuvieses que esconder tu vida. Si fueses un hombre gay con una relación de años con tu pareja y un vendedor llamara por teléfono y preguntara por la "Señora de la casa", ¿cómo responderías? ¿Dirías "no nos interesa" y colgarías? O dirías, "soy un hombre y mi pareja también lo es, así que no hay 'señora de la casa' ". O podrías hacer lo que hace un amigo mío que está tan harto de vendedores por teléfono que en vez de decir simplemente que no hay señora de la casa, les responde con su profunda, resonante e inconfundible voz masculina, "están hablando con ella".

Los heterosexuales no tienen que "salir del *closet*". ¿Por qué la gente homosexual sí?

La gente heterosexual no tiene que salir del *closet* porque nunca han estado dentro de él. A los muchachos y muchachas heterosexuales, cuando están creciendo, no les importa nada proclamar que están enamorados de un amigo, de una estrella de rock o de su actor o actriz favoritos. Cuando tienen edad de empezar a tener citas, pueden presentar a sus parejas del sexo opuesto a sus padres y a sus amigos, y pueden pasear de la mano por la calle. En el trabajo, pueden hablar libremente de su novia, de su novio, de su marido o de su mujer sin tener miedo a perder el trabajo. Pueden colocar una foto de su pareja en el escritorio sin que nadie les haga preguntas. No tienen ninguna necesidad de comunicarle a la gente de manera específica su orientación sexual, puesto que sus palabras y acciones habituales dejan ver a todo el mundo que son heterosexuales.

La mayoría de los gays y las lesbianas crecen escondiendo sus pensamientos y sus relaciones amorosas. En general, llegan al final de la adolescencia o a la madurez con el secreto de que son gays o lesbianas muy bien guardado. Algunos han llegado a extremos extraordinarios para mantener su secreto, quizás saliendo con personas del sexo opuesto o incluso casándose. Al final muchos hombres y mujeres homosexuales acaban por revelar la verdad acerca de su orientación sexual, sin embargo, como han mantenido esta parte de sus vidas en secreto durante tanto tiempo, la revelación ocurre de repente y puede ser un choque para los amigos y para los seres queridos.

Espero que llegue el día en que los muchachos y las muchachas crezcan sin necesidad de ocultar sus verdaderos sentimientos, un día en que los muchachos gays y las muchachas lesbianas no tengan necesidad de salir del *closet* porque nunca hayan estado en él.

¿Por qué hay gente que decide salir del *closet* ante sus padres?

¿Por qué hay gente gay y lesbiana que decide no salir del *closet* ante sus padres?

La gente decide o no decir a los padres que es homosexual por todas las razones que la gente homosexual normalmente tiene para salir o no del *closet*. Sin embargo, la decisión de decirlo o no a los padres es a menudo más emocionalmente profunda y compleja que la decisión de destaparse ante los amigos y los compañeros de trabajo.

Michelle, una contadora pública de casi treinta años que vive en Atlanta (EE.UU.), les dijo finalmente a sus padres que era lesbiana después de darle vueltas durante casi diez años. "Al principio no podía sobreponerme al temor de que me rechazaran", dijo Michelle. "Cuando todavía vivía en casa pensaba que me echarían a la calle. Más tarde tenía miedo de que me sacaran de la universidad. Después de la universidad todavía tenía miedo de que me rechazaran, y el miedo a defraudarles lo empeoraba aún más; siempre habían estado muy orgullosos de todo lo que hacía. Nunca me había gustado tener secretos con ellos, sin embargo, no me fue terriblemente difícil ocultarlo, siempre y cuando no saliese con nadie. Pero entonces me enamoré, y empecé una relación seria. Había mucho que deseaba contarles a mis padres, pero siempre acabábamos hablando del tiempo y de las vacas (mis padres son productores de leche). Sabía que estaban preocupados de que estuviese sola, pero temía destruirles la vida si les decía que no estaba sola y que mi compañera de piso era mi amante. Finalmente me armé de valor y se lo conté. Fue durísimo articular las palabras, pero fue un auténtico alivio sacarlo finalmente a la luz. Esto fue hace varios años y mis padres lo llevan bien. No es fácil para ellos hablar del tema pero están haciendo un gran esfuerzo".

Steve, al igual que mucha gente que decide no destaparse ante sus padres, no ve ninguna razón por la cual debería discutir el hecho de que es gay con sus padres. "Tengo casi cuarenta años" dijo, "y nunca antes hemos hablado de ningún aspecto personal de mi vida así que ¿por qué debería empezar ahora con esto? Además viven al otro lado del país y por tanto sólo los veo una o dos veces al año. ¿Por qué causar problemas, por qué atribularles cuando no se conseguiría nada"? Steve resiente la presión que algunos de sus amigos han ejercido sobre él para que les contase la verdad a sus padres: "Es mi decisión y para mí es correcta. No hay ninguna ley que diga que tengo que destaparme ante ellos si yo no quiero. Si creyese que mi vida iba a mejorar, lo consideraría. Algunos de mis amigos dicen que tendría una relación más cercana con mis padres si se lo dijera, pero yo no quiero una relación más cercana con mis padres".

¿Cómo sale del *closet* la gente homosexual?

Hay muchas maneras diferentes de dar a entender a la gente que eres homosexual. Algunas personas escriben cartas a sus padres o a sus amigos, lo discuten por teléfono, o lo dicen cara a cara durante una conversación. Otros hacen insinuaciones esperando que alguien les haga una pregunta que les dé la oportunidad de responder con sinceridad. Otros, especialmente los famosos, lo hacen con la publicación de sus autobiografías, en programas de entrevistas de la televisión, o hablando de su orientación sexual en un entrevista para una revista. Cualquiera que sea la manera elegida, la decisión de salir del *closet* es probablemente una decisión en que una persona homosexual ha pensado mucho y ha sufrido por ello durante largo tiempo.

En general, salir del *closet* no es algo que se hace solamente una vez y luego se olvida. Para los gays y las lesbianas que deciden vivir fuera del *closet*, destaparse es algo que se hace prácticamente a diario. Hay todo tipo de eventos fortuitos y conversaciones que fuerzan a la gente homosexual a tomar una decisión sobre si responder sinceramente o no. Por ejemplo, hace algunos años, cuando era soltero, me senté al lado de una mujer en un tren de Nueva York a Washington, y al cabo de pocos minutos ella me preguntó si estaba casado. Le contesté que no. Luego me preguntó si tenía novia. Le dije que no y entonces me preguntó si estaría interesado en conocer a su hermana. Podría haberle dicho que no y dejarlo así, pero la verdad es que como soy gay hubiese sido un emparejamiento inapropiado. Así que le dije que me sentía halagado pero que era gay. Entonces me preguntó si estaría interesado en conocer a su jefe, que era soltero, homosexual y más o menos de mi edad.

No todos los gays y las lesbianas tienen que decir algo para dar a conocer que son homosexuales. Dave y Judy, grandes amigos y vecinos durante más de diez años, me dijeron que nunca tienen que decirle a nadie que son homosexuales. "No podríamos pasar por heterosexuales ni en pintura", dijo Judy, "aunque lo intentásemos durante toda la vida. Somos una prueba viviente de que el estereotipo del homosexual vino de alguna parte". Dave es muy menuda, tiene las facciones delicadas y es muy afeminada. Judy se describe a sí misma como un "gran macho". Su constitución es como la de un trabajador de la construcción, le encantan los jeans y a las sudaderas, y tiene una voz muy profunda. "Siempre nos están acosando porque la gente lo adivina", dijo Dave. "A veces envidiamos a la gente que puede pasar por heterosexual pero en muchos aspectos es más fácil para nosotros. Como no nos podemos esconder nunca hemos tenido que preocuparnos por salir del *closet*. Estábamos fuera de él antes incluso de saber lo que éramos".

¿Cómo se siente uno al salir del *closet*?

Cuando Gary, que se crió en una ciudad muy pequeña del suroeste del país, salió del *closet* ante su familia, sus amigos y sus compañeros de trabajo en un programa de entrevistas en la televisión nacional, sintió un profundo sentimiento de alivio y renovación. "Fue como nacer", dijo. "Me había quitado un peso de encima. Por primera vez me sentí como si tuviese una vida. Fue la primera vez que me levanté y dije, 'Este soy yo, y estoy orgulloso de ser quien soy'. Para ser alguien que siempre estuvo avergonzado de ser homosexual no fue nada fácil, especialmente en un programa de televisión nacional. Y no lo hice hasta los treinta y cinco años. No obstante era importante para mí hacerlo, por mí mismo y para crear un ejemplo para la gente joven, para mostrarles que hay una manera mejor, que no tienen que esconderse como hice yo y desperdiciar todos esos años. Mi único pesar sobre aquella experiencia fue no haberlo hecho antes. Claro que me sentí mal por hacer enfadar a mis padres, pero yo había llevado el peso desde que era un niño. Ya era hora de que se enfrentaran a ello. Ya no era mi problema".

No puedo hablar por toda la gente homosexual, pero prácticamente todos los cientos de hombres gays y mujeres lesbianas que he entrevistado a lo largo de los años me han dicho que salir del *closet* ha sido a fin de cuentas una experiencia positiva. Y este grupo incluye a personas que han perdido su trabajo o que han sido rechazadas por sus familias e incluso por sus hijos. La experiencia puede haber sido dolorosa, traumática, aterradora, y apabullante, pero ninguna de las personas a las que he entrevistado ha dicho que se arrepienta de haber salido del *closet*.

¿Cuándo sale del *closet* la gente homosexual?

Conozco a una mujer que les dijo a sus padres que quería casarse con otra niña cuando tenía siete años. No sé si se podría llamar a esto salir del *closet*, pero indudablemente alarmó a sus padres. Y conozco a un hombre que no le dijo nunca a nadie que era homosexual hasta que tuvo ochenta y cinco años. Por regla general, la gente gay y lesbiana que decide salir del *closet* empieza revelando la verdad sobre su orientación sexual a sus amigos y a su familia al final de la adolescencia y durante los primeros años de la madurez.

¿Si mi hijo me confieza su homosexualidad, qué debería decirle?

Véase el capítulo 4, "La familia y los hijos".

¿Si mi hermano me confieza su homosexualidad, significa esto que yo también voy a ser gay?

¿Si mi hermana me confieza su homosexualidad, significa esto que yo también voy a ser lesbiana?

No, pero quizás te haga cuestionar tu propia sexualidad. Esto es una respuesta perfectamente natural. Si no eres gay o lesbiana, no tienes de que preocuparte. Sin embargo, si lo eres, este sería el momento idóneo para hacer saber a tu hermano o hermana que él o ella no es el único en la familia.

¿Por qué las parejas homosexuales salen del *closet* tras años o décadas de matrimonio heterosexual?

Esta pregunta me la planteó una mujer cuyo marido le confezó su homosexualidad después de veinticinco años de matrimonio. Ella no podía entender por qué su marido no se lo había dicho antes o por qué no había guardado el secreto hasta el día de su muerte.

Después de haber entrevistado a hombres y a mujeres que salieron del *closet* tras años de matrimonio, sé que la decisión de revelar su sexualidad ante su pareja heterosexual es extremadamente difícil, y se lleva a cabo porque el cónyuge homosexual no puede mantener el secreto por más tiempo. Puede haber varias razones para ello. Por ejemplo, puede que se hayan enamorado de alguien del mismo sexo, o que no tengan fuerzas para seguir guardando un secreto tan grande, o puede que quieran la libertad de encontrar a una pareja del mismo sexo.

Para más información sobre este tema véase el capítulo 6, "Las relaciones amorosas y el matrimonio", también sugiero que se lea *The Other Side of the Closet* (*El otro lado del armario*), un libro sobre la crisis de revelar su homosexualidad a parejas heterosexuales, por Amity Pierce Buxton.

¿Por qué la gente homosexual tiene que ser tan obvia?

Hace varios años, mi tío me dijo: "De acuerdo, entiendo que se quiera ser fiel a lo que uno es, pero ¿por qué los homosexuales tienen que anunciarlo constantemente"? Cuando me hizo esa pregunta, mi tío y yo estábamos sentados a unos metros más allá de donde su suegra estaba jugando el juego de tabla "Scrabble" con mis amigos Dave e Irene, que se iban a casar en sólo un par de meses. En aquel momento, David estaba acariciando la espalda de Irene tiernamente y de una manera muy cariñosa. Le llamé la atención de mi tío sobre aquel despliegue de afecto en público—David e Irene estaban haciendo 'anunciando' su heterosexualidad a todo mundo—y le pregunté si consideraba lo que David estaba haciendo con Irene incorrecto. Inmediatamente entendió la injusticia de su pregunta.

Lo que habitualmente se considera comportamiento normal para la gente heterosexual, hablar de un interés o relación romántica, un pellizco afectuoso en la mejilla entre marido y mujer, abrazarse en público, o acariciar la espalda de tu amado o amada, lo llamamos "anunciar o ser obvio" cuando lo hacen los homosexuales.

La mayoría de los homosexuales, al igual que los heterosexuales, no desean hacer un espectáculo de sí mismos. Sólo quieren ser genuinos del mismo modo que lo son los heterosexuales. Muchas veces he oído decir a gays y lesbianas—y yo también lo he dicho—lo maravilloso que sería poder ir a pasear por la calle de la mano de un novio, una novia o una pareja, sin tener que preocuparse de ser insultado o de que alguien te meta una paliza con un bate de béisbol.

¿Por qué los activistas homosexuales urgen a la gente gay y lesbiana a salir del *closet*?

Esta llamada a salir del *closet* no es universal. Hay mucha gente que, debido a su trabajo o a circunstancias familiares, debe continuar escondiendo su orientación sexual, al menos parcialmente. Sin embargo, para aquéllos que pueden hacerlo sin poner en peligro su trabajo o sin riesgo a ser echados de casa, por ejemplo, hay varias razones para salir del *closet*, como señalan los activistas.

En primer lugar, estos activistas saben por propia experiencia que los gays y las lesbianas que viven dentro del *closet* se sentirán mejor con ellos mismos y con su vida cuando salgan del mismo. En segundo lugar, creen, y yo también lo creo, que revelándole nuestra homosexualidad uno por uno es la clave para asegurar aceptación en el ámbito mundial e igualdad de derechos ante la ley.

Durante años, las estadísticas han demostrado que aquellos heterosexuales que conocen a gente homosexual, ya sean amigos, compañeros de trabajo, o seres queridos, están mucho más inclinados a pensar positivamente sobre los hombres gays y las mujeres lesbianas, y a dar soporte a temas sobre los derechos de los homosexuales, como por ejemplo aceptar la legislación federal antidiscriminación. Sin embargo, los heterosexuales que no conocen a nadie homosexual, o no saben que lo conocen, se sienten más inclinados a aceptar los estereotipos y mitos negativos que tanta gente sigue creyendo.

¿Qué es National Coming Out Day (Día Nacional para Salir del *Closet*)?

El "National Coming Out Day" (Día Nacional para Salir del *Closet*), que se ha celebrado cada 11 de octubre desde 1988, conmemora la manifestación para los derechos de los gays y las lesbianas celebrada el 11 de octubre de 1987 en Washington, DC. La celebración anual está patrocinada por la Human Rights Campaign (Campaña para los Derechos Humanos), una organización polí-tica nacional que hace campaña a favor de los derechos de los gays y las lesbianas.

El "National Coming Out Day" es una campaña de exhibición que incita a los estadounidenses gays, lesbianas y bisexuales a salir del *closet* cada día con orgullo. El propósito del "National Coming Out Day" es que la gente diga la verdad acerca de sus vidas—salir del *closet*—para poder relegar al olvido los mitos que la sociedad ha usado contra la gente gay, lesbiana y bisexual.

El "National Coming Out Day" está marcado hoy en día por actos en lugares de todo el mundo, incluyendo Nueva Zelanda, la India, Tailandia, Gran Bretaña, el Canadá, y la Siberia. Por ejemplo, algunas comunidades recaudan fondos para poner anuncios en periódicos locales que listan los nombres de las personas que han decidido salir del *closet*. Un grupo en Denver, Colorado, pagó por poner anuncios en cinco vallas publicitarias que decían, "Salir del *closet* significa decir la verdad sobre tu vida, un verdadero valor familiar". Otro grupo en Filadelfia organiza una fiesta anual cada once de octubre.

4 La familia y los hijos

¿Qué constituye una familia gay o lesbiana?

Leslie y Joanna, y su pequeña hija Emily, son una familia. David y Edward, quienes acaban de celebrar su veinticinco aniversario como pareja, son una familia. Alberto, quien se divorció de su esposa porque es gay, y sus dos hijos adolescentes que viven con él permanentemente, son una familia. Evelyn, una profesora de matemáticas jubilada, y tres de sus amigas, todas ellas lesbianas, que comparten una gran casa en Cape Cod (EE.UU.), son una familia. Estas familias puede que no concuerden con el modelo de vida familiar estadounidense de la fantasía "Ozzie and Harriet" de los años 50, pero ninguna familia lo hace, y esto incluye a Ozzie y Harriet en la vida real. Lo que sí tienen estas familias es lo que deberían tener todas las familias: amor, cariño, consideración, y compromiso para la salud, felicidad y bienestar de cada uno de sus miembros.

¿Es la gente gay y lesbiana antifamilia?

¿Están intentando destruir las familias los grupos para los derechos de gays y lesbianas?

A pesar de lo que han dicho algunos activistas antihomosexuales, los gays y las lesbianas y las organizaciones para los derechos de los gays y las lesbianas no pretenden destruir los valores de la familia estadounidense o a la familia estadounidense, sobre todo ya que muchos de nosotros compartimos estos mismos valores familiares y valoramos nuestro lugar en la vida de nuestra propia familia. Y ya que estamos en el tema, ¿por qué querría cualquier grupo o cualquier organización fijar su objetivo en destruir la vida familiar? Sobre todo ya que muchas familias parecen estar haciendo un trabajo fantástico en destruirse a sí mismas sin la ayuda de nadie.

Lo que le gustaría a la mayoría de la gente homosexual es ser aceptada por sus familias como miembros íntegros e iguales; les gustaría que la definición de familia fuese ampliada para incluir las realidades de la vida familiar, una realidad que incluye familias gays y lesbianas de todo tipo; y les gustaría que sus relaciones con parejas del mismo sexo estuviesen protegidas por la ley de la misma manera que lo están las parejas casadas heterosexuales.

¿Cómo reaccionan los padres ante un hijo o una hija homosexual?

La reacción de los padres ante un hijo gay o una hija lesbiana tiene mucho que ver con quiénes son los padres: sus antecedentes, la comunidad de donde proceden, sus grupos étnicos o raciales, si son o no profundamente religiosos, etcétera. Sin embargo, no importa cuán abiertos sean los padres, incluso si la mitad de sus amigos son homosexuales, o si ya tienen otro hijo o hija homosexual, o si están involucrados activamente en trabajar por los derechos de la gente homosexual, generalmente los padres sienten rencor e ira cuando descubren que su hijo o su hija es homosexual.

Los padres probablemente tendrán gran variedad de reacciones, que incluyen conmoción, lágrimas, negación, decepción, culpa, y posiblemente enfado y hostilidad. Puede que tengan la esperanza de que esto sea sólo una fase, puede que se pregunten qué hicieron mal, puede que expresen preocupación sobre el SIDA, puede que piensen que esto es una tentativa a castigarles de algún modo, o puede que estén enfadados porque un hijo o una hija homosexual ha elegido mantenerles en la oscuridad durante tanto tiempo. Sus reacciones quizás no tienen nada que ver con la realidad, no obstante, cuando tienen que aceptar que un hijo es gay o una hija lesbiana, muchos padres reaccionan basándose en los mitos y estereotipos con los que todos crecimos. Y para padres con fuertes creencias religiosas tradicionales o fundamentalistas, el descubrimiento de que un hijo o una hija es homosexual puede provocar conflictos enormes entre lo que su religión les dice acerca de la gente homosexual y lo que saben de su propio hijo o hija.

Muchos padres, aunque molestos por la noticia de que un hijo es gay o una hija es lesbiana, consiguen aceptarlo de una manera cariñosa. El padre y la madre de Andrea reaccionaron con lágrimas ante la noticia de que era lesbiana. "No eran los únicos que lloraban", dijo Andrea, quien afirma que se siente más allegada a sus padres ahora que antes de destaparse ante ellos. "Había muchas cosas que no entendían, y sé que esto no es lo que querían para mí, pero a pesar de lo mucho que les dolía, consiguieron decirme que yo era su hija y que me querían. Todavía hay momentos en que no es fácil. Como la primera vez que traje a mi novia a cenar a casa, en realidad estaban muy nerviosos. Pero Penny y yo estábamos más nerviosas que ellos".

No todos los padres que reaccionan con lágrimas pasan a mostrar su amor por su hijo o su hija homosexual. Karen, una profesora de segunda enseñanza, también lloró cuando su hijo de veintisiete años, Alex, le dijo que era gay, sin embargo, no tuvo palabras de consuelo para él ya que sus lágrimas no eran de preocupación por su hijo o incluso de decepción. Karen estaba llorando porque se sentía traicionada y estaba furiosa: "Quería que se muriera, y así se lo dije. Por lo que a mí respectaba él estaba muerto. Había salido de mi vida". Para Karen, el hijo que había conocido murió en aquel momento de revelación. Y no se sentía nada feliz con su "nuevo" hijo.

Aunque la reacción de Karen fue muy dura, algunos padres reaccionan mucho más ferozmente. Kevin tenia diecisiete años y todavía vivía con sus padres cuando descubrieron que era gay. "Yo no se lo dije porque sabía que enloquecerían", dijo Kevin. "Están totalmente involucrados en la iglesia, así que para ellos ser homosexual es el pecado más inconcebible que uno puede cometer. Supongo que sospecharían algo ya que registraron mi habitación y encontraron una nota de mi novio. Deberías haber visto la cara de mi padre cuando volví de la escuela. Creí que iba a matarme". De hecho, el padre de Kevin casi le rompió un brazo antes de arrojarle fuera de casa. En el año siguiente a eso, a pesar de intentar varias veces contactar con ellos, el padre y la madre de Kevin no han querido tener nada que ver con él.

Afortunadamente, las experiencias de Alex y de Kevin no son comunes. Y en el caso de Alex, después de seis meses su madre empezó a llamarle casi a diario pidiéndole perdón y rogándole que fuese a casa por el día de acción de gracias.

A menudo, lo más difícil de aceptar para los padres de un hijo gay o de una hija lesbiana es un sentimiento de vergüenza o temor de lo que pensaran sus amigos, sus vecinos, sus parientes o incluso desconocidos cuando se enteren. Paradójicamente, aunque un hijo o hija homosexual que sale del *closet* se libra del peso de esconder la verdad, los padres a menudo se encuentran en un *closet* propio, escondiendo la verdad acerca de su hijo gay o de su hija lesbiana. Cada vez que se enfrentan a la pregunta "¿Está casado tu hijo"? o "¿Está saliendo con alguien tu hija"?, los padres tienen que decidir qué van a decir.

En los años siguientes a cuando Alex se destapó ante ella, Karen les ha dicho a varios de sus amigos y a un puñado de compañeros de trabajo que su hijo es gay. De momento todos han sido comprensivos, pero ella todavía lo está pasando mal. "Raramente transcurre un día sin que alguno de los otros profesores llegue a la escuela dando brincos hablando de su nuevo nieto o nieta", dice ella. " 'No te preocupes, esto pronto te sucederá a ti', me dicen. Solía salir corriendo al lavabo y llorar. Otros dicen, 'lo peor que podría pasar es que mi hijo fuese homosexual'. No quiero su lástima ni su rechazo. Sé que no debería sentirme de esta manera. Sé que debería ser madura, pero así es como me siento. Y estoy aterrorizada de que mis alumnos lo descubran. Casi cada día se llaman 'marica' el uno al otro. Por supuesto me siento obligada a regañarles. ¡Si lo supieran"!

Para mi propia madre pasaron años antes de que se sintiese cómoda al decir toda la verdad sobre mí. "Sé que muchos padres sienten que hicieron algo mal", me dijo, "y que la gente les culpará por haber criado a un hijo homosexual, así que no dicen nada por temor a ser juzgados. Sin embargo, este no era mi caso. Estaba decepcionada y confusa y no quería que nadie lo supiera. Pensaba que si alguien lo sabía entonces tú estarías estigmatizado, y serías rechazado y considerado defectuoso o inferior. De algún modo no soportaba el hecho de que alguien te juzgara. Antes de saber que eras gay siempre pensé en ti como una persona muy especial. Después de saberlo no era capaz de ver cómo podrías tener una vida completa, cómo podrías ser algo más que un marginado. Ya no eras el hijo que conocía. No sé si estaba avergonzada, pero ya no me sentía orgullosa de ti".

Años después, tras darse cuenta mi madre de que yo no era defectuoso y de que era el mismo hijo que siempre había tenido, se acostumbró a responder más sinceramente, pero las reacciones que la gente tenía eran embarazosas y molestas. Ella me dijo: "Cuando tu primer libro fue publicado (*The Male Couple's Guide*), lo llevé a una cena familiar. Estaba muy orgullosa y quería enseñárselo a todos los presentes. Empecé a hablar del libro pero antes de que pudiera decirles de qué iba, algunos parientes en la mesa pidieron verlo, y cuando llegó a sus manos lo miraron, no dijeron ni una palabra y cambiaron de tema. Fue como si me abofetearan en la cara. Me di cuenta de que para alguna gente sigue siendo un tema que no se debe ni se puede tocar".

Mi madre ve aquella cena familiar como el punto de inflexión. "Después de aquello, rechacé esconderte. Si hablaba de mis hijos tenía que hablar de todos mis hijos, de sus vidas, del hecho de que dos estuvieran casados, y de que uno era gay y mantenía una relación; de lo contrario me habría avergonzado por esconderlo. Los padres que todavía se sienten avergonzados de sus hijos gays o de sus hijas lesbianas necesitan preguntarse por qué no cuestionan lo que la sociedad les ha dicho. La mayoría de nuestros hijos son sanos, decentes, cariñosos y sensibles, y nosotros les fallamos cuando nos unimos al resto de la sociedad negando lo que son. Nosotros somos sus padres. Si no defendemos su derecho de vivir vidas completas, ¿quién lo hará"?

¿Los padres y las madres reaccionan de distinta manera ante un hijo gay o una hija lesbiana?

Las madres y los padres puede que reaccionen de distinto modo ante un hijo gay o una hija lesbiana, pero no lo suficiente como para generalizar que los padres siempre tienen más problemas con sus hijos gay o que las madres siempre tienen más problemas con sus hijas lesbianas. Lo que sí se puede decir es que los padres y las madres a menudo tienen expectativas diferentes para sus hijos, dependiendo de si es un niño o una niña, y que sus reacciones hacia un hijo homosexual pueden estar estrechamente relacionadas con estas expectativas distintas. Por ejemplo, un padre con quien hablé que tiene dos hijos gays y un hijo no gay, dijo: "Los padres enseñan a sus hijos a ser machos. Así que ser un hombre macho es una cosa muy importante. Los padres quizás esperan vivir su falta de éxito en aquel terreno a través de sus hijos. Creo que en el caso de un hijo gay puede ser el padre el que esté más decepcionado al principio. No creo que suceda lo mismo con las madres".

Si mi hijo me revela su homosexualidad, ¿qué debo decirle?

¿Qué deberías hacer si sospechas que tu hijo o tu hija es homosexual?

¿Qué deberías hacer si descubres que tu hijo o tu hija es homosexual?

Idealmente, si tu hijo o tu hija es homosexual tú deberías haberte dado cuenta, te deberías haber informado sobre los gays y las lesbianas y le deberías haber hablado de ello antes de que fuera él o ella quien te sentara a la mesa un día y te dijera que es homosexual. Eso, en un mundo ideal.

Cuando un hijo o una hija sale del *closet,* lo que busca generalmente es reafirmación. De este modo hay cosas que él o ella estarán deseando oír de sus padres. Idealmente tú deberías decir, "Gracias por contárnoslo. Te queremos. El hecho de que seas homosexual no cambia nada". A un hijo o a una hija también puede que le guste oír, "Debe haber sido muy difícil guardar el secreto ante nosotros". O también, "Ojalá lo hubiésemos sabido antes para haberte podido ayudar. ¿Cómo podemos ayudarte ahora"?

Hay cosas que sería mejor no decirle a un hijo o a una hija que acaba de salir del *closet*. No hables acerca de lo destrozado que estás. No hables sobre tu decepción. No le preguntes a tu hijo o a tu hija si están seguros. No sugieras que es sólo una fase o algo que se puede curar.

Este es uno de esos momentos de tu vida como padre en que tu hijo necesita que primero seas un padre o una madre, y esto significa primera y principalmente cuidar de las necesidades de tu hijo o de tu hija. Ya te preocuparás de tus propios asuntos en privado. Tu hijo o tu hija probablemente te enseñará a aprender lo que necesitas saber, pero ese primer diálogo debe ser sobre él o sobre ella, no sobre ti.

Por supuesto no hay dos familias iguales, así que no hay dos situaciones iguales, lo que significa que no hay sólo una manera de afrontar la noticia de que tu hijo es gay o tu hija lesbiana. Así que si crees que tu hijo es gay o tu hija es lesbiana, o si hace poco que lo has descubierto, necesitas encontrar la manera adecuada de vivir con ello. Esto significa hablar con otros padres que tienen hijos o hijas homosexuales y leer cualquier material apropiado que encuentres sobre el tema. El mejor lugar para empezar es por la sección local de la Federation of Parents, Families and Friends of Lesbians and Gays (PFLAG), donde puedes hablar con otros padres que tienen hijos gays o hijas lesbianas, y obtener consejo personal y específico sobre qué hacer en tu situación. Para encontrar tu sección local y para pedir información impresa, contacta con la sede nacional de la PFLAG (Véase "Dónde acudir"). También puedes buscar información en el Internet sobre organizaciones para padres de homosexuales, los cuales existen en varios países de America Latina y España.

¿Cómo reaccionan los abuelos ante un nieto o una nieta homosexual?

"¡Hagas lo que hagas no se lo digas a tus abuelos"! "Son viejos. Nunca lo entenderían. No necesitan saberlo. Déjales morir en paz". "Tú eres su favorito. ¿Por qué destruir su imagen de ti"? Estas son la clase de expresiones de miembros de la familia con buenas intenciones a los que se enfrentan muchos homosexuales cuando mencionan la posibilidad de contarles la verdad sobre sus vidas a sus abuelos. Y aunque los abuelos, como los padres, probablemente recibirán la noticia de un nieto o de una nieta homosexual con sorpresa, los abuelos a menudo demuestran ser más flexibles y comprensivos que los padres, exactamente por las mismas razones por las que los abuelos son casi siempre más comprensivos con lo que hacen sus nietos y sus nietas que con lo que hacen sus propios hijos e hijas.

Robert y Elaine, quienes son miembros activos de su sección local de la PFLAG, me contaron mi historia favorita de abuelos. Robert esperó un par de años después de que su hijo salió del *closet* para hablar con sus propios padres, los abuelos, sobre la homosexualidad de su hijo: "Fui a visitarlos a su casa y les dije que tenía algo que decirles. Mi madre me preguntó si pasaba algo malo, le dije que no pasaba nada malo pero que tenía que contarles algo. Así que dije: '¿Sabes todos esos domingos en que querías venir a visitarnos o querías que Elaine y yo viniéramos aquí y yo dije que tenía citas de negocios? No teníamos citas de negocios. Elaine y yo somos miembros de una organización y vamos a reuniones. La organización es para padres de homosexuales'. En aquel momento dejé de hablar, pero no reaccionaron. Así que pregunté, '¿sabes lo que significa 'homosexual' mamá?' y mi madre me miró. 'Claro, es cuando a un hombre le gusta otro hombre'. Yo añadí, 'Sí, y cuando a una mujer le gusta otra mujer'. 'Ah', dijo ella, '¿las muchachas también lo hacen?' "

"Así que procedí a explicarles la homosexualidad. Ellos dijeron: 'Está bien'. Y yo dije: 'Vamos a reuniones porque uno de nuestros hijos es homosexual'. Mi madre dijo: 'Ah, hace mucho tiempo que lo sabemos'. Les miré boquiabierto. Así que les pregunté cuál de mis hijos pensaban ellos que era homosexual. Y ellos contestaron que era Jonathan. Les dije: 'Tienen razón, pero ¿qué les hizo suponer que Jonathan era gay'? 'Bien', dijo mi madre, 'cuando habla tiene voz chillona, y es muy amanerado'. Yo dije: 'Mamá, esto no tiene nada que ver con el hecho de ser gay'. Les expliqué un poco más y en un momento dado comentaron: 'Tienen derecho a todo en la vida, como todos los demás' ".

No todos los abuelos son tan realistas, pero es importante recordar que los abuelos no son tan frágiles, ni están tan desinformados o son tan incapaces de aprender cosas nuevas como podemos pensar.

Cuando llegó el momento de decírselo a mi propia abuela, a mi familia no le hizo ninguna gracia, sin embargo, yo estaba preocupado por si lo descubría de todos modos ya que mi primer libro estaba a punto de publicarse. Y más importante, quería saber que mi abuela todavía me querría si supiese la verdad y quería tener la oportunidad de hablar con ella de algo más trascendente que del tiempo. Debido a que no podía hablar con ella de mi trabajo o de mi relación sentimental, no había mucho qué decir cuando nos veíamos o cuando hablábamos por teléfono. Escribí sobre mis experiencias con mi abuela en un artículo para la revista *Newsweek,* que se puede encontrar en mi portal cibernético: www.ericmarcus.com.

¿Qué se le debería decir a un niño o a una niña que tiene un tío o una tía homosexual?

Lo que dices depende de la edad del niño o de la niña, de las circunstancias, y de las preguntas que hace el niño o la niña. Por ejemplo, David tiene un sobrino y una sobrina pequeños. Está con su pareja Kevin desde antes de que los niños nacieran. "Desde el momento en que empezaron a hablar", dice David, "nos llamaron tío David y tío Kevin. Para ellos parecía la cosa más natural del mundo. Estoy seguro de que cuando se hagan mayores y se den cuenta que la mayoría de las parejas son hombre y mujer, tendrán algunas preguntas que hacer sobre sus dos tíos. Ya he hablado con mi hermano y con mi cuñada acerca de esto, y ellos tienen planeado decirles que a veces dos hombres se quieren igual que mamá y papá se quieren el uno al otro. No creo que los niños tengan ningún problema con eso. Los problemas pueden presentarse más tarde cuando empiecen a oír cosas acerca de 'maricones y las marimachas' en la escuela. Pero ya nos preocuparemos por ello cuando llegue el momento".

¿Los homosexuales quieren tener hijos?

Al igual que mucha gente heterosexual, muchas parejas homosexuales quieren ser padres, y exactamente por las mismas razones. Por ejemplo, David y Kevin sabían que querían ser padres, incluso antes de conocerse. "Vengo de una gran familia feliz", dijo David. "Desde muy temprano advertí la importancia de estar en un ambiente familiar. Desde que mi sobrino y mi sobrina nacieron y desde que muchos de mis amigos han tenido hijos, he visto cuán emocionalmente gratificante puede ser. Y al hacerme mayor, mi instinto paternal se ha hecho muy fuerte". David y Kevin aún están explorando sus opciones para tener hijos.

Cynthia y Helen, que tienen dos hijos, ambos a través de la inseminación artificial, sabían desde el comienzo de su relación que los niños formaban parte de sus planes a largo plazo. "Cuando imaginaba como sería mi vida", explicó Helen, "la imagen siempre incluía niños. Eso nunca cambió, incluso cuando me di cuenta que era lesbiana. Sabía que lo único que tenía que hacer era buscar una compañera que pensara de la misma forma. Le dejé muy claro a Cynthia cuando empezamos a salir juntas que yo quería tener hijos, y afortunadamente ella pensaba lo mismo que yo. Bien, quizás no exactamente lo mismo, pero para cuando llegó el momento de hacerlo ella estaba tan entusiasmada y comprometida como yo".

Por supuesto, no toda la gente homosexual quiere tener hijos, y casi siempre sus razones son las mismas de la gente heterosexual que decide no tener hijos. Sin embargo, hay diferencias. Por ejemplo, hay asuntos legales, como la dificultad—y en algunos lugares la imposibilidad—de que las parejas homosexuales puedan adoptar a un niño o a una niña. Y también puede haber preocupación sobre el trato que un hijo de homosexuales recibirá del resto de la sociedad.

¿Tiene hijos la gente homosexual? ¿Cómo lo hacen?

¿Pueden adoptar los homosexuales solos o en pareja?

Muchos gays y lesbianas tienen hijos, aunque la mayoría de las personas homosexuales que son padres, lo fueron cuando aún formaban parte de un matrimonio heterosexual. No obstante, cada vez más homosexuales, sobre todo parejas lesbianas, deciden tener hijos de maneras muy diversas, que incluyen la inseminación artificial, la adopción, la copaternidad y las madres de alquiler. Puesto que dos personas del mismo sexo no pueden quedarse embarazadas accidentalmente, la decisión de tener hijos requiere inevitablemente esfuerzo y reflexión considerables.

Para las lesbianas solas y para parejas lesbianas, la manera más común de tener un hijo ha sido a través de la inseminación artificial, utilizando esperma de un donante anónimo o de un donante conocido. Los hombres gay y las parejas gays suelen elegir la vía de la adopción, aunque la mayoría de los países le prohiben la adopción a homosexuales.

Algunas personas gays y lesbianas también han decidido ser padres a través de madres de alquiler o de acuerdos de copaternidad. En pocas palabras, una madre de alquiler es una mujer contratada por un hombre para que tenga un hijo con su esperma. Después del nacimiento del niño o de la niña la madre renuncia a sus derechos sobre el hijo. La copaternidad puede implicar de dos a cuatro personas. Por ejemplo, una pareja lesbiana y una pareja gay pueden acordar que uno de los hombres done su esperma para fecundar a una de las mujeres. En este caso, los cuatro padres comparten custodia del hijo según el acuerdo que hayan establecido. Estos dos métodos para tener hijos requieren, entre otras cosas, consejo legal muy sólido y contratos detallados.

Para las parejas gays y lesbianas, el problema más significativo con la mayoría de estos métodos es el tema de la custodia legal. Para parejas lesbianas que utilizan inseminación artificial o para parejas gays que recurren a madres de alquiler, una vez ha nacido el niño, el cónyuge no biológico puede solicitar adoptar al niño como su segundo padre.

Debido al coste y la complejidad potencial de finalizar una adopción del "segundo padre" (o de la ilegalidad de que los homosexuales adopten en los estados de New Hampshire y la Florida), muchas parejas gays y lesbianas se encuentran en las circunstancias que solamente uno de los dos padres tiene derechos legales respecto al hijo o hijos de la pareja. En el supuesto de que el padre adoptivo o la madre biológica muera o que la pareja se separe, el segundo padre no tiene ningún derecho legal como padre del niño o de los niños. Y entonces es cuando la pesadilla legal empieza de verdad.

¿Por qué alguna gente se opone a que los gays y las lesbianas tengan hijos?

¿Los padres homosexuales crían a hijos homosexuales?

Los mitos comunes sobre padres homosexuales—y enfatizo la palabra mitos—que expresan a menudo aquéllos que se oponen a que la gente gay y lesbiana tenga, adopte, y críe hijos son que los homosexuales son más propensos a abusar de sus hijos, que criarán a hijos gays o a hijas lesbianas, que los hijos criados por dos padres del mismo sexo se adaptarán pobremente, y que los hijos de personas homosexuales estarán automáticamente discriminados.

En primer lugar, los homosexuales no son más propensos a abusar sexualmente de sus hijos que los heterosexuales (y como sugiere el estudio, mencionado en el capítulo 1, realizado en el Hospital Infantil de Denver, los padres homosexuales son mucho menos propensos a ello). En segundo lugar, no se puede criar intencionadamente a un hijo homosexual del mismo modo que no se puede criar intencionadamente a un hijo heterosexual. Por todo lo que se sabe, un padre no puede afectar la orientación sexual de un hijo. En tercer lugar, si el niño se adapta bien o no, se debe más a si el niño es amado que al hecho de que haya dos padres, dos madres, un padre y una madre o un padre o madre solos.

El único argumento basado en hechos reales en contra de que los homosexuales críen hijos es el hecho de que los hijos de los gays y de las lesbianas probablemente tendrán que enfrentarse a retos especiales debido a los prejuicios de la sociedad contra sus padres. Es cierto que los hijos de los homosexuales puede que sientan que deben esconder el hecho de que sus padres sean homosexuales o deban enfrentarse a comentarios llenos de prejuicios o a reacciones negativas por parte de sus amigos o de los padres de sus amigos que no aprueban a los homosexuales. Pero esto no es más que un argumento racional en contra de que los gays y las lesbianas tengan hijos, como lo sería para cualquier otro grupo que sufra discriminación en nuestra sociedad. Esto es, sin embargo, una buena razón para trabajar en cambiar la actitud negativa de la gente.

¿Qué sucede cuando parejas gays o lesbianas que tienen hijos se separan?

¿Quién se queda con los hijos?

¿Hay derechos de visita?

¿Qué sucede cuando uno de los padres muere?

Muchas parejas gays y lesbianas se separan, igual que las parejas heterosexuales. Y cuando están envueltos los hijos puede ser especialmente complicado, porque para las parejas gays y las lesbianas, a menudo solo uno de los padres es el padre legal, ya sea adoptivo o biológico.

Cuando las parejas homosexuales en esta situación consiguen llegar a un acuerdo en cuanto a custodia, el cual idealmente habrán puesto por escrito antes del nacimiento del niño, no hay más problemas que los retos habituales a los que se enfrentan las parejas divorciadas con hijos. Sin embargo, cuando una pareja homosexual que tiene un hijo no se pone de acuerdo para arreglar la custodia, y sólo uno de los padres es el tutor legal, entonces el otro cónyuge probablemente se encontrará con que él o ella no tienen derechos legales.

En las parejas en las que ambos padres son tutores legales, lo que significa que ambos han adoptado legalmente al niño, o que uno es el padre o la madre biológico y el otro es el padre o la madre adoptiva, hay muchos precedentes legales a seguir en caso de que los padres no puedan ponerse de acuerdo para compartir la custodia.

En el caso de que uno de los padres muera, el padre que sobrevive tendrá custodia legal sobre el niño o los niños siempre y cuando sea el padre o la madre biológico o el tutor adoptivo legal. Si el padre que sobrevive no es el padre biológico o el padre adoptivo, las consecuencias pueden ser desastrosas, ya que ante los ojos de la ley éste padre no tiene ningún derecho legal sobre el niño. Si el segundo padre desea obtener la custodia del niño o de los niños, tendrá que enfrentarse a una batalla legal muy dificultosa, particularmente si el pariente más cercano al niño o niños quiere asumir la custodia legal.

¿Es mejor contárselo a los hijos si uno de los padres es homosexual o es mejor esconder la verdad?

¿Cuál es el mejor momento para decírselo a los hijos?

Creo que en la medida de lo posible, es mejor ser honrado con tus hijos acerca de tu homosexualidad. Creo que los secretos entre familia son como el veneno, cualquiera que sea su naturaleza. Pero esto es solamente mi opinión. He hablado con padres que insisten en que tengo razón, y he hablado con padres que insisten en que me equivoco y en que no me meta en sus asuntos.

A veces los padres ocultan su homosexualidad a sus hijos por necesidad. Si un padre o una madre están disputando una batalla legal para obtener custodia, en la cual la orientación sexual de los padres podría afectar el resultado, en este caso esconder la verdad es esencial. Para padres que no se enfrentan a este dilema, compartir o no la verdad con sus hijos es una cuestión de decisión personal.

Lo que deciden hacer los padres depende de muchas cosas, incluyendo sus circunstancias específicas. Por ejemplo, si una pareja abiertamente homosexual cría a un hijo junta desde la infancia, no es probable que escondan a su hijo la naturaleza de su relación, y, por tanto, no habrá nada que revelar. El niño o la niña habrá observado a sus padres como pareja, siendo afectuosos el uno con el otro y compartiendo la cama, y con el tiempo se dará cuenta de que son homosexuales.

Un padre que ha salido de un matrimonio heterosexual debe decidir si va a comunicar o no a su hijo que su padre o madre es algo distinto de lo que él creía que era. Si el padre o la madre homosexual tiene la custodia del hijo, puede llegar a ser muy difícil esconder la verdad, especialmente si el padre o la madre están saliendo con alguien o si tiene una nueva pareja. Los niños no son estúpidos, y si hay algún secreto por descubrir, harán todo lo posible para descubrirlo. Si por el contrario, el padre o la madre no tienen la custodia del hijo, y éste le visita sólo a horas concertadas, es más fácil esconder la verdad.

Para aquellos padres que deciden destaparse ante sus hijos la norma general es: cuanto más pronto mejor. Esto fue lo que Lloyd, padre de un chico y de una chica adolescentes, aprendió de otros padres homosexuales a los que conoció a través de un grupo de ayuda local: "Descubrí que cuanto más joven es el hijo, mejor, especialmente antes de que sean adolescentes y tengan que enfrentarse con su propia sexualidad, sean más conscientes de los asuntos sexuales y tengan presión de sus compañeros. Cuando son más jóvenes, aceptan mejor las cosas. Ni siquiera están muy seguros de lo que significa 'homosexual'. Solamente quieren saber que su padre todavía es su padre".

Joy Schulenburg, madre lesbiana y autora de *Gay Parenting*, dice que los niños se enfrentan mejor con la noticia de que uno de sus padres es homosexual cuando son más jóvenes: "Entre los niños con quienes hablé y mantuve correspondencia, había actitudes distintas según fueran mayores o menores de doce años cuando se enteraron de que uno de sus padres era homosexual. El grupo de los menores de doce años parecía bastante indiferente ante la orientación sexual de sus padres, lo mismo que los hijos de padres heterosexuales. La mayoría de ellos simplemente no entendían a qué se debía tanto alboroto. Los padres eran queridos porque eran padres, a pesar de sus rarezas personales y sin reservas. Una vez llegan a la pubertad, con el despertar a la sexualidad y a las presiones sociales, las reacciones varían y la incidencia de inquietud y rechazo personal aumentan".

¿Cómo reaccionan los niños y las niñas ante padres homosexuales?

La reacción de los niños a la orientación sexual de uno de sus progenitores depende mayoritariamente de cuando descubren que es homosexual. Para un niño que ha sido criado por padres homosexuales desde su nacimiento o temprana infancia, el descubrimiento es evolutivo. Primero puede que el niño se dé cuenta sólo de que tiene dos padres del mismo sexo que comparten la misma cama. Con el tiempo se dará cuenta de que la mayoría de sus amigos tiene padres de distinto sexo y seguramente preguntará a sus padres porque él tiene dos papás o dos mamás en vez de una mamá y un papá. Más tarde aprenderá las palabras que designan la orientación sexual de sus padres y adquirirá un completo entendimiento de lo que esto significa. Para un niño en esta situación, no hay un momento de revelación en el que descubre que su supuesto padre heterosexual es en realidad homosexual. Así que para este niño no hay ninguna novedad real ante la que reaccionar.

Cuando los niños son criados por un padre y una madre, y más tarde uno de los padres sale del *closet*, los niños reaccionan de diversas maneras, desde el choque y el rechazo hasta el alivio de que su padre haya confirmado finalmente lo que ya sabían. Los niños puede ser que se preocupen también por la posibilidad de que su padre o su madre homosexual contraiga el SIDA.

Algunos padres han tenido experiencias terribles, como una mujer que conozco cuya hija adolescente devotamente religiosa se negó a volver a verla jamás. Otros padres han tenido experiencias muy positivas, como un hombre que conozco cuyos dos hijos sólo querían estar seguros de que su padre todavía les quería. Lloyd, padre de dos hijos, dijo que lo que aprendió de su propia experiencia y de las experiencias de otros padres homosexuales a los que conoce es que "en casi todos los casos, cuando los niños lo descubrieron no hubo problemas. Este era su padre, él era homosexual. Tendrían algunos problemas pero al final llegarían a aceptarlo".

Tina, que ha sido madrastra de los dos hijos de su pareja, concluye por su experiencia que la manera en que los niños responden en último término ante la homosexualidad de sus padres tiene mucho que ver con el tipo de relación que los padres tienen con sus hijos: "El secreto de verdad resulta ser, ¿tienes una relación afectuosa con tus hijos? Y si tú los quieres y les respetas, ellos tienden a quererte y a respetarte a ti. Es algo que necesita mucha atención, trabajo y compromiso, como cualquier otra relación".

¿Qué tipo de problemas especiales tienen los hijos de padres homosexuales?

El mundo no siempre es un lugar amigable para los gays y las lesbianas, y esto lo convierte en un lugar desafiante también para sus hijos. No obstante, como informa Daniel Goleman en el *New York Times* de diciembre del 1992, "En relación con un análisis de nuevos estudios en el número actual de la gaceta *Child Development,* los hijos criados por parejas homosexuales no tienen tendencia a tener más problemas sicológicos que los hijos criados en circunstancias más convencionales. Mientras que puede que tengan que enfrentarse a burlas y al ridículo, especialmente durante la adolescencia, los estudios demuestran que, por encima de todo, no hay desventajas sicológicas para niños . . . criados por homosexuales".

Como informa el artículo, uno de los estudios, realizado por la Dra. Julie Gottman, sicóloga clínica en Seattle, encontró que como grupo, los hijos de lesbianas no se diferencian de los hijos de madres heterosexuales en su adaptación social o en su identidad como niño o como niña. Y los hijos de lesbianas no tienen más tendencia a ser homosexuales que los de madres heterosexuales. La Dra. Gottman dijo: "Lo más importante para su adaptación era si la madre tenía una pareja en la casa, tanto si era hombre como mujer. En este caso, los niños tendían a tener más confiança, autoaceptación e independencia que los demás. Sin embargo, la orientación sexual de madres lesbianas no tuvo efectos perjudiciales". De acuerdo con el artículo, esa conclusión "fue confirmada por unas tres docenas de estudios que Charlotte Patterson, sicóloga de la Universidad de Virginia, publicó en *Child Development*".

¿Cómo llaman los niños a sus dos padres del mismo sexo?

Lo que puede parecer un gran dilema para un adulto que está tratando de imaginarse cómo un niño puede descifrar la manera de llamar a dos mamás o a dos papás no ha sido un problema para los niños con quienes he hablado. Susan, de diez años, llama a sus dos padres, que la han criado desde su nacimiento, Papá Don y Papi David. Michael, de veinticuatro años, llama a su padre natural papá y al compañero de su padre, quien le crío, Mamá Chuck. (Aunque, Mamá Chuck mide casi dos metros y pesa 125 kilos). Ellen y Dough, de veinte y tantos años, llaman a su madre mamá y a la compañera de su madre, con quien está desde hace diez años, por su nombre propio.

¿Hay alguna organización para gays y lesbianas que tienen hijos?

Hay varias organizaciones por todo el país para homosexuales que tienen hijos. Una de las más antiguas es la Family Pride Coalition (Coalición para el orgullo familiar, antes conocida como GLPCI), una organización internacional que ayuda, educa y defiende a padres gays, lesbianas, bisexuales y transexuales y a sus familias. Hay también una organización filial para los hijos de estos padres, Children of Lesbians and Gays Everywhere (Hijos de gays y lesbianas en todas partes) o COLAGE. (Véase "Dónde acudir").

5 Cuando se sale con alguien

¿Cómo se conocen entre sí los homosexuales?

Cuando Barbara, una mecanógrafa de Filadelfia, era joven, allá por los años 50, quería desesperadamente conocer a otras mujeres homosexuales. Hasta entonces sólo había leído sobre lesbianas en las novelas. "No recuerdo exactamente cómo me enteré de que había bares para homosexuales, probablemente a través de todo lo que había leído", dijo ella, "pero de algún modo me enteré de que había un bar en la ciudad de Nueva York. Para ahorrarme el dinero del autobús, hice autostop desde donde vivía, en Filadelfia—evidentemente esto pasó hace mucho tiempo. Cuando finalmente hallé el lugar y encontré a mi gente, fue maravilloso. No me gustan los bares, pero estaba encantada de conocer a gente que era como yo".

Aunque estos bares eran casi el único lugar al que podía ir los homosexuales en los años 50 para conocer a otra gente como ellos, hoy en día, en todas las medianas y grandes ciudades, los gays y las lesbianas se conocen en gran variedad de ambientes para gays y lesbianas, desde clubes deportivos, equipos de softball hasta organizaciones religiosas y grupos de voluntarios—además de bares, restaurantes y clubes que ofrecen sus servicios específicamente a una clientela gay y lesbiana. Muchas ciudades tienen también centros sociales, donde se reúnen varias organizaciones y se celebran actos de todo tipo.

No obstante, estos no son los únicos lugares donde los homosexuales se conocen ni la única manera de conocerse. Al igual que el resto de las personas, los gays y las lesbianas se conocen en el trabajo, en actos sociales, a través de Internet y comprando en la carnicería, o pueden ser presentados a través de amigos o de la familia. Cuando tenía poco más de veinte años y no tenía pareja, mi madre y su amiga Fran decidieron que sus dos hijos gays debían conocerse. Pensaron que ya que no iban a tener hijas políticas, lo mejor sería que tuviesen hijos políticos judíos. Fue un buen intento, pero no pasamos de la segunda cita.

¿Cómo se reconocen entre ellas las personas homosexuales?

Averiguar si el hombre o la mujer con la que quieres salir es homosexual no suele ser fácil. A menos que os conozcáis en un ambiente en que sepas con toda seguridad que todo el mundo es homosexual, te encuentras en la difícil situación de tratar de descifrarlo. Recuerdo una vez en la universidad en que le dije a mi amiga Mary Ann que me sentía atraído por un estudiante del curso superior. Cada vez que mencioné su nombre durante los siguientes días, Mary Ann dijo: "No creo que le interesen los hombres". Cuanto más intentaba Mary Ann disuadirme, más insistía yo en que él era gay. Al final, hice una lista con todas las razones por las que creía que John era gay. Le dije a Mary Ann, "Es sensible; parece que disfruta de mi compañía; presta atención a su aspecto. Hay algo en él que me lo dice. Sé que es gay". Mary Ann puso los ojos en blanco y dijo: "Estoy segura de que no lo es". Le pregunté cómo podía estar tan segura, ella me miró como si no pudiese creer que fuese tan duro de mollera y dijo, "¡Porque estoy acostándome con él desde hace un mes"!

A veces es relativamente fácil descubrir si el hombre o la mujer en quien te has fijado es homosexual, por ejemplo si él o ella llevan puesto un botón o una insignia que indica que apoyan las causas homosexuales. Otra pista podría ser si su ropa o su estilo de peinado se ajustan al patrón popular entre los homosexuales, aunque esto puede llevar a confusión, ya que las modas homosexuales se acercan cada vez más a la tendencia general. Sin embargo, si no hay signos visibles o si los signos son poco concluyentes, puede ser un gran desafío. Si estás en un entorno de negocios, por ejemplo, tendrás que ser muy cuidadoso, por razones que van más allá de las habituales, para entablar relaciones románticas con gente de la oficina. Si has mantenido tu orientación sexual en secreto ante tus compañeros de trabajo, debes tener la certeza de que la persona en la que estás interesada también es homosexual, y de que, además, mantendrá tu secreto. Lo último que quieres hacer en un caso como este es revelar el hecho de que eres homosexual a alguien que no tendrá la sensibilidad que tú necesitas para guardar tu secreto.

Cuando Jane conoció a Justine en la cafetería de la compañía, fue un flechazo, sin embargo, Jane no tenía ni idea de si Justine era homosexual. Albergó esperanzas cuando Justine le dedicó una amplia sonrisa al conocerse, pero no estaba segura. En las dos semanas que siguieron, Jane reunió pruebas a través de sus conversaciones: "Averigüé que Justine vivía sola. Nunca hablaba de novios. Su conducta parecía ir de acuerdo a lo previsto. Sin embargo, no estuve absolutamente segura hasta que un día fui a buscarla a su apartamento para ir al cine. Sus libros la delataban completamente". Por supuesto, Justine también estaba reuniendo pruebas, así que cuando invitó a Jane a pasarla a buscar por su casa para ir al cine, estaba casi convencida de que Jane también era homosexual: "Lo sabía por la manera como me miraba. Jane quizá pensaba que estaba siendo discreta, pero si hay algo que Jane no es, es ¡discreta"!

¿Qué hace la gente homosexual en una cita?

Tanto si es la primera cita como si es la décima, lo que hace la gente homosexual en una cita varía tanto como lo que hace la gente heterosexual. Por ejemplo, en mi primera cita con un hombre cuando tenía diecisiete años, mi vecino Roberto y yo fuimos al cine a ver una película sobre dos muchachos que se habían enamorado. Durante la película, Roberto y yo nos tomamos las manos, pero esperé a que apagaran las luces para tomar su mano porque me asustaba lo que la gente podría decir si veían lo que estábamos haciendo. Otros ejemplos: Scott y Mark tenían planeado ir hasta la playa en su quinta cita, pero no llegaron a salir de casa. Para Cynthia y Debbie, su primera cita empezó con una cena en la terraza de Debbie con vistas al Pacífico en Santa Mónica (EE.UU.).

¿Quién da el primer paso? ¿Quién conduce? ¿Quién paga?

La primera cita de Debbie con Cynthia fue muy bien. La cena fue estupenda. Había mucho de que hablar. Las dos se sentían muy románticas para cuando terminaron el postre y el café y se apoyaron en la barandilla de la terraza a mirar el atardecer en el Pacífico. Debbie quería besar a Cynthia. Y Cynthia quería besar a Debbie. "¡Pero las dos estábamos esperando que la otra diera el primer paso"!, explicó Debbie. "Ambas éramos bastante novatas en cuanto a citas con mujeres y, cuando crecen, las muchachas aprenden que el chico se supone que debe dar el primer paso. Finalmente, tras quedarnos allí mirándonos la una a la otra durante un rato sin saber qué hacer, empezamos a reír al darnos cuenta de la razón por la que nos habíamos quedado allí de pie sin hacer lo que las dos deseábamos hacer. Así que nos lanzamos. Después del primer beso, quien quería dar el primer paso lo daba. Bien, no era siempre tan sencillo, pero tratábamos de hacer lo que sentíamos, no lo que creíamos que debíamos hacer basándonos en el hecho de que somos mujeres y en los papeles que nos han enseñado a jugar".

Cuando dos hombres o dos mujeres se encuentran en una cita, no entran en el prototipo de jugar al chico-chica, a menos que se encuentren muy a gusto al escoger los papeles compatibles. Para la mayoría de los homosexuales, quien da el primer paso, quien conduce, quien paga la cuenta, quién llama primero, etcétera, depende de varios factores distintos, que a menudo no son tan simples y claros como la típica rutina chico-chica que mucha gente heterosexual prefiere seguir. Así que quien paga la cena puede depender de quién pidió salir a quién o de quién gana más dinero. O puede que os pongáis de acuerdo en pagar siempre a medias. Se levantará de la mesa a darle el primer beso al otro simplemente quien se sienta más cómodo en aquel momento dado. Y conducirá quien prefiera hacerlo. Pero, por supuesto, las personas homosexuales no son las únicas que se enfrentan al desafío—y a la oportunidad—de papeles indefinidos. Los roles para los heterosexuales ya no están tan definidos como solían estar.

¿Qué hacer si eres heterosexual y crees que el hombre o mujer con el que te estás saliendo es homosexual?

Primeramente, debes pensar en qué es lo que te hace suponer que la persona con la que estás saliendo es homosexual. Mi amiga Kitty dice que algunas de sus amigas piensan que un hombre es homosexual si no quiere acostarse con ellas en la primera cita. Ella dijo: "Hay muchos hombres heterosexuales que no quieren acabar en la cama en la primera cita. Casi siempre no tiene nada que ver con el hecho de que al tipo le gustan las mujeres. No entiendo por qué tanta prisa. Una vez has cruzado esa línea no hay retorno. Y también es posible que el tipo con el que te estás saliendo no te encuentre físicamente atractiva. Esto es muy duro de aceptar".

Sin embargo, a veces una falta de interés en el sexo

puede indicar que tu novio o tu novia es gay o lesbiana. Si crees que el hombre o la mujer con quien estás saliendo no tiene mucho interés en el sexo opuesto, puedes intentar preguntarle: "¿Qué pasa"? Si te sientes cómoda puedes preguntar sin ambages: "¿Eres homosexual"?, pero esto no necesariamente provocará una respuesta sincera. Si mi primera novia en la universidad me hubiese preguntado si era homosexual, le habría dicho que no—no porque estuviese intentando ocultar algo, sino porque ni siquiera lo había admitido ante mí mismo. Aunque Anna nunca me preguntó, años más tarde me dijo que estaba casi segura de que yo era gay debido a mi falta de interés en hacer nada físico aparte de besarnos.

Si sientes que no puedes obtener una respuesta honrada de la persona con la que estás saliendo, quizás tu única alternativa sea terminar la relación. Esto no significa que no podáis ser amigos, pero no hay ninguna razón por la que debas someterte a una relación con alguien que, en realidad, preferiría estar con una persona de su mismo sexo.

6 Las relaciones amorosas y el matrimonio

¿Las personas homosexuales tienen relaciones de pareja?

Hace varios años, tuve una charla sobre relaciones con el padre de mi mejor amigo. Acabábamos de llegar de una cena con mi amigo y el hombre que había sido su pareja durante los últimos siete años. Empezamos a hablar sobre los altibajos de una relación duradera, y el padre de mi amigo dijo: "Una cosa que he aprendido al conocer a gente homosexual es que las personas son personas, el amor es amor, y las relaciones son relaciones, ya sean entre dos hombres, dos mujeres o un hombre y una mujer".

El hecho de conocer varias personas homosexuales, incluyendo a un buen número de parejas, el padre de mi amigo ha tenido la oportunidad de ver que las personas gays y lesbianas tienen relaciones llenas de alegria, emoción, desafíos y satisfacción, así como dolor, decepción y tragedia, que muchas personas no homosexuales experimentan en sus relaciones.

¿Cuánto duran las relaciones de pareja de los gays y las lesbianas?

Las relaciones de parejas de gays y lesbianas, al igual que las relaciones de parejas heterosexuales, pueden durar desde unos días hasta más de medio siglo. Pero, puesto que muchos de los gays y las lesbianas viven escondiéndose, no existen estadísticas exactas sobre el número de parejas gays y lesbianas o el promedio de la duración de estas relaciones. Pero puedo decir, basándome en las investigaciones que hice para mi libro sobre relaciones felices y duraderas, que hay muchas parejas de gays o lesbianas que llevan juntas diez, veinte, treinta, cuarenta años o más.

¿Hay más parejas de gays y lesbianas ahora que en el pasado? ¿Por qué?

Con toda probabilidad, hay más parejas de gays y lesbianas ahora que en el pasado, probablemente muchas más, y existen varias razones para explicarlo, desde el cambio de expectativas hasta un incremento de las oportunidades para encontrar potenciales parejas.

Hasta hace pocos años, existía el mito de que las parejas de gays y lesbianas no podían durar. Aunque los viejos mitos perduran, la mayoría de los gays y las lesbianas ahora saben que es posible tener una relación, y muchos emprenden activamente ese camino.

Encontrar una pareja potencial es ahora más fácil que en el pasado. En primer lugar, existen cada vez más personas abiertamente gays y lesbianas allá fuera para elegir. En segundo lugar, existen muchos más lugares para conocerse, desde grupos religiosos y organizaciones profesionales hasta ligas de softball e internet.

Muchas parejas de gays y lesbianas ahora pueden disponer de la ayuda familiar, religiosa, social e incluso legal que las parejas heterosexuales dan por supuesta. Por ejemplo, cuando Brent y Tom dieron una fiesta por su décimo aniversario, los padres y la hermana de Brent fueron una parte importante de la celebración. "Los padres de ambos apoyan mucho nuestra relación", dijo Brent. "A los padres de Brent les habría gustado estar allí, pero son algo mayores que los míos, y el viaje era demasiado para ellos. Pero llamaron y mandaron un regalo". Tom y Brent también han formalizado su relación con una ceremonia de compromiso en la iglesia local y con un certificado de convivencia doméstica que la ciudad de San Francisco pone a disposición de parejas no casadas. (Para saber más acerca de la convivencia doméstica, véase "¿Qué pueden hacer las parejas homosexuales para conseguir los mismos derechos que los que garantizan las leyes matrimoniales"? más adelante en este mismo capítulo.)

¿Cómo llaman las personas gays y lesbianas a sus parejas?

En una de sus primeras columnas publicada en todo el país para el *Detroit News*, la periodista Deb Price escribió sobre el problema que deben afrontar los gays y las lesbianas cuando presentan a la pareja, esposo, amante, persona querida, amigo especial, compañero de mucho tiempo, esposa, marido, novio, novia, pareja de toda la vida o lo que sea. Tal como escribió Price: "¿Quién dice que el movimiento por los derechos de los homosexuales no ha realizado un gran progreso? En sólo cien años hemos pasado del amor que no osaba decir su nombre al amor que no sabe cuál es su nombre". Pidió a los lectores que le ayudaran a encontrar un término que pudiera utilizar para presentar a su pareja, Joyce.

Las propuestas que recibió Price no fueron todas positivas. Tal como escribió en su columna al año siguiente: "La gente que lee 'H-O-M-O-S-E-X-U-A-L' como 'S-E-X-O' aparentemente también interpretó mal mi petición: no pedí que pusieran nombres a Joyce". Price dio entonces algunos de los nombres que los lectores escribieron: "sodomita", "pareja en pecado" y "enferma". A pesar de ello, la mayoría de los que escribieron a Price tenían sugerencias serias. Price decidió que la mejor era compañera de amor. Aunque esto parezca una elección razonable, debo admitir que nunca he utilizado compañero de amor para describir a la persona a la que quiero, pareja, novio o esposo.

Sean cuales sean las palabras que gays y lesbianas utilizan para sus "compañeros de amor", suelen utilizar varias palabras según con quién estén hablando. Por ejemplo, cuando Donna habla sobre Joanna con sus colegas o con la familia, la llama esposa o pareja. "Esas son palabras que los heterosexuales pueden identificar fácilmente, y saben lo que quiero decir", dijo Donna. Cuando habla sobre Joanna con sus amigos gays y lesbianas, Donna utiliza amante, esposa, o para divertirse, la mujercita. Sabe que sus amigos gays y lesbianas saben que amante significa lo mismo que esposa, y que utilizar "esposa" no significa que ella deba ser el marido. "Somos dos esposas", dijo Donna. "Las personas homosexuales sabemos qué significan esas palabras porque estamos acostumbrados a ellas, pero si dijera a mi madre que Joanna es mi esposa me miraría como si estuviera loca".

Daryl y Carlton, que son pareja desde hace casi quince años, me contaron la que es mi historia favorita en este tema: "Cuando Daryl me llevó a la cena de la fiesta de graduación en su facultad de arquitectura, me presentó como su 'camarada' a sus profesores. Todos pensaron que éramos comunistas o algo así. Pasamos vergüenza. Antes de terminar la fiesta le convencí para que utilizara el vocábulo *esposo*".

¿Las parejas de gays y lesbianas utilizan apodos o apelativos cariñosos entre ellos?

Al igual que las parejas heterosexuales, las parejas gays y lesbianas, con el tiempo, crean su propio "lenguaje". Este lenguaje—palabras y frases que tienen un significado especial sólo para una pareja en concreto—puede incluir apodos cariñosos. Con el pasar del tiempo he hablado con gays y lesbianas que mantenían relaciones de pareja y que se decían cariñosamente desde "Bunny" hasta "Wonkie".

¿Quién hace de esposo y quién hace de esposa?

Esta es la pregunta que más a menudo me hacen con respecto a las relaciones gays y lesbianas. Me lo preguntan personas que mantienen una relación tradicional de esposo-esposa y también jóvenes profesionales que nunca han adoptado el papel de esposo o esposa.

Una de las primeras veces que me hicieron esta pregunta fue en 1988, cuando estaba trabajando para el noticiero del canal CBS. La colega que me había hecho la pregunta era una persona culta, sabía mucho sobre las personas gays y lesbianas y no tenía prejuicio alguno. Simplemente tenía curiosidad y pensaba que yo podría contestar a la pregunta. Le contesté con una pregunta. Le pedí quién era, en su relación de pareja—había estado casada con un hombre durante varios años—el que hacía de esposo y quién hacía de mujer. No pretendía ser simplista o sarcástico. Sólo quería que pensara sobre la pregunta y sobre cómo le afectaba a su vida. Ella sonrió, porque se dio cuenta de lo que le quería decir y dijo: "En realidad no tenemos los papeles tradicionales de esposa y esposo. Los dos trabajamos. Los dos cocinamos, aunque mi esposo es mejor cocinero que yo. Los dos llevamos la ropa a la lavandería. Y los dos odiamos limpiar". Entonces le expliqué que en las parejas de gays y lesbianas pasa algo muy parecido. Las tareas domésticas no siguen los patro-nes tradicionales de esposo-esposa. Por ejemplo, quién hace la comida depende de quién llega antes a casa, y no de quién es más femenino. En cuanto a quién toma las decisiones, si es que hay una persona que lo hace, eso depende sólo de las personalidades individuales de las personas involucradas en la relación.

Al igual que muchas parejas heterosexuales, algunas parejas gays y lesbianas siguen un modelo más tradicional de esposo-esposa. Por ejemplo, en una pareja de hombres que conozco, durante el primer año después de adoptar a un niño, uno se quedaba en casa y se ocupaba del niño, hacía la compra, limpiaba y cocinaba. El otro iba a la oficina y se ocupaba de sustentar económicamente a la familia. Al año siguiente cambiaron los papeles; el que había trabajado en una oficina se quedó en casa para cuidar del niño y el que se había estado ocupando del bebé volvió a trabajar en una oficina. Esta no es la única solución posible. En otra pareja que conocí, las dos mujeres tenían un trabajo de jornada completa, pero una hacía las típicas tareas domésticas "femeninas", como limpiar la casa y cocinar, mientras que la otra hacía las típicas tareas domésticas "masculinas", como segar el césped y ocuparse del mantenimiento del automóvil. Resultó que la que aparentemente era más femenina de las dos es la que se ocupaba de las típicas tareas domésticas "masculinas".

¿Quién lleva flores a casa?

¿Quién planea la celebración del Día de San Valentín (Día de los Enamorados)?

¿Quién conduce?

Incluso entre mis amigos heterosexuales más desinhibidos, entre los que hay parejas en las que las esposas tienen carreras de gran éxito, son los esposos los que llevan flores a sus esposas, son los que planean algo especial para el día de San Valentín—o se arriesgan a recibir un revés—y los que casi siempre conducen.

Los gays y lesbianas que mantienen relaciones de pareja, si no asumen papeles muy marcados de esposo-esposa, no siguen la tendencia tradicional sexista para decidir quién da a quién las flores y quién se sienta al volante. Depende simplemente de lo que cada uno quiere y lo que cada uno prefiere.

Por ejemplo, Joel cree que es importante celebrar el día de San Valentín. Tony, su pareja desde hace tres años, también. Así que cada año los dos han pensado en sorpresas para el otro. "El primer año", explica Tony, "llegué a casa del trabajo más temprano y colgué una tira de corazones desde la puerta de entrada hasta el dormitorio. Y cuando llegó Joel, siguió la tira hasta el dormitorio, donde le estaba esperando. Encendimos velas, puse mis discos compactos favoritos, ya sabes, esas cosas". Tony no se había olvidado de la celebración y sorprendió a Joel con dos docenas de rosas rojas y una botella de champán: "También había reservado una mesa en nuestro restaurante favorito". ¿Y quién conducía? "Yo odio conducir, pero tengo facilidad para leer mapas", dijo Tony, "y a Joel le encanta conducir, pero nunca sabe adónde va. Así que nos va de perlas".

¿Quién hace de esposo y quién hace de esposa en la cama?

En algunas parejas de gays y lesbianas, un miembro de la pareja asume rutinariamente el papel pasivo (o lo que tradicionalmente se considera el papel de la esposa) y el otro miembro asume el papel agresivo (o lo que tradicionalmente se considera el papel del esposo). Sin embargo, en la mayoría de las parejas homosexuales (y creo que también en la mayoría de las parejas heterosexuales) los papeles no están tan delimitados y hay muchos cambios entre los dos con el pasar de los minutos, las horas o los días. (Para más información sobre este tema, véase el capítulo 13, "El sexo".)

¿Qué son las relaciones "*butch-femme*"?

Según Lillian Faderman, que ha escrito sobre la subcultura lesbiana "butch-femme" en su libro *Odd Girls and Twilight Lovers* (*Muchachas raras y amantes al crepúsculo*), algunas lesbianas, primordialmente jóvenes y de clase trabajadora de los años 50 y 60, asumieron el papel masculino ("*butch*") o femenino ("*femme*"). Expresaban su papel en la manera de vestir, con su comportamiento, su actitud sexual y la elección de su pareja: las butch buscaban a las femmes, y las femme esperaban atraer a las butch.

En la actualidad, aunque algunas parejas lesbianas y algunas parejas gay se siguen el modelo de papeles masculino y femenino, ya no se sigue por norma general la estricta división de papeles butch-femme de décadas pasadas.

¿Qué tipos de problemas tienen los gays y las lesbianas en sus relaciones por el hecho de ser homosexuales?

Todas las parejas, heterosexuales y homosexuales, afrontan retos. Los gays y las lesbianas tienen que afrontar retos añadidos, siendo uno de los más importantes el hecho que el mundo todavía no acepta las parejas del mismo sexo. Por ejemplo, las parejas gays y lesbianas no cuentan con el apoyo de la familia o de instituciones religiosas, y no pueden casarse legalmente. Aparte de no poder gozar de las ventajas legales y económicas del matrimonio, a las parejas homosexuales se les niegan los beneficios sicológicos que comporta adquirir un compromiso mutuo con la aprobación y la corroboración del estado.

Antes de llegar a una edad que les permita vivir su relación de pareja, las personas homosexuales deben combatir sus sentimientos negativos acerca de su orientación sexual, que no es más que el resultado de la condena general de la homosexualidad que hace la sociedad. Y a menudo siguen teniendo estos sentimientos cuando empiezan una relación. Si a la condena social añadimos la asunción de la sociedad según la cual las relaciones entre homosexuales no pueden durar, y la escasez de modelos a seguir, empieza a parecer un milagro que haya parejas gays y lesbianas.

¿Las parejas de hombres son monógamas?

¿Las parejas de mujeres son monógamas?

He conocido a muchas parejas de hombres que son monógamas, y a otras que no lo son. Pruebas anecdóticas y un gran número de estudios indican que las parejas de hombres son monógamas con menos frecuencia que las parejas heterosexuales. Por otra parte, he conocido a muchas parejas de lesbianas que son monógamas, y muy pocas que no lo sean. Pruebas anecdóticas y un gran número de estudios indican que las parejas de lesbianas son monógamas con más frecuencia que las parejas heterosexuales.

¿Pueden casarse legalmente los homosexuales?

En los Estados Unidos, en la actualidad (al menos hasta principios de 1999) no hay ningún estado que permita casarse legalmente a dos personas del mismo sexo. Sin embargo, en bastantes países europeos, entre los que están Suecia, Dinamarca, Noruega, España, Islandia, Bélgica y los Países Bajos, las parejas de hecho gays y lesbianas gozan de protección legal que casi iguala a la protección legal de la que gozan las parejas heterosexuales casadas. En Italia, a pesar de la oposición de la Iglesia, las autoridades municipales de Pisa y Florencia votaron en el año 1998 a favor de la equiparación de derechos entre las parejas de hecho homosexuales y los matrimonios consensuados, dando así a las parejas de gays y lesbianas el derecho de seguro colectivo y devolución de impuestos. Varios países de todo el mundo entre los que están Australia, Nueva Zelanda, el Canadá y el Reino Unido, así como muchos de los países europeos mencionados anteriormente, reconocen legalmente relaciones entre personas del mismo sexo en asuntos de inmigración.

¿No pueden casarse las parejas de gays y lesbianas en San Francisco y Nueva York?

Sólo los estados tienen la potestad legal para casar. Sin embargo, varias ciudades, entre ellas San Francisco y Nueva York, han aprobado leyes que permiten a parejas no casadas heterosexuales y homosexuales inscribirse como "parejas de hecho". Gestos de este tipo, que son sobre todo simbólicos, dan la oportunidad de llegar a registrarse como pareja establecida a las parejas no casadas que deciden inscribir su relación. Pero las parejas de hecho no gozan de los derechos legales conferidos a las parejas legalmente casadas.

¿Por qué luchan las personas homosexuales para conseguir el derecho legal del matrimonio?

¿Cuáles son las ventajas legales del matrimonio?

La mayoría de los gays y las lesbianas quieren tener el derecho legal de casarse porque quieren la misma protección legal y las mismas ventajas económicas de las que gozan las parejas casadas no homosexuales.

La protección legal y las ventajas económicas del matrimonio son muchas. En la mayoría de los estados de los Estados Unidos, las parejas casadas tienen el derecho legal sobre los planes de pensión y los seguros del cónyuge. Las parejas casadas también están exentas de algunos impuestos, tienen derecho a algunas deducciones y se pueden beneficiar de pensiones de viudedad. Una persona casada puede heredar propiedades y tiene derechos automáticos de viudedad libres de impuestos. Las parejas casadas pueden adoptar niños de manera rutinaria. Las leyes matrimoniales ofrecen protección legal en el caso de que una relación se rompa, permitiendo una separación pacífica de bienes.

En el caso de muerte o emergencia médica, el cónyuge casado es el deudo más cercano, lo que significa que puede disponer acerca de los cuidados médicos o preparativos funerarios. El deudo más cercano también obtiene el derecho automático de visita. La historia de Sharon Kowalski y Karen Thompson demuestra trágicamente qué significa la ausencia de esos derechos automáticos de visita cuando las cosas van mal. Después de un accidente de tráfico en el año 1983, Sharon Kowalski sufrió una embolia y quedó cuadriplégica. Para ser nombrada tutora de su cónyuge, Karen Thompson tuvo que luchar durante cuatro años contra los impedimentos que interponían los padres de Sharon, que dijeron que su hija nunca les había contado que fuera lesbiana. También impidieron que Thompson visitara el centro donde estuvo ingresada durante varios años después del accidente. Un esposo o esposa legales habrían obtenido automáticamente lo que Karen Thompson tardó siete años en conseguir.

La ausencia de matrimonio legalizado puede llevar a las parejas de gays y lesbianas que están educando a niños a todo tipo de problemas legales. (Para más sobre este tema, véase el capítulo 4, "La familia y los hijos".)

Finalmente, está el tipo de dilema que tuvieron que afrontar Charlene, ciudadana estadounidense, y Sandrina, francesa. Poco después de que Sandrina llegara a los los los Estados Unidos para realizar su curso de maestría en literatura de lengua inglesa, conoció a Charlene. Después de un cortejo de seis meses, empezaron a vivir juntas, esperando encontrar una solución para que Sandrina se quedara en los Estados Unidos después de graduarse. Para una pareja heterosexual, el matrimonio habría sido una solución natural. Si Charlene y Sandrina se pudieran casar, entonces Sandrina podría solicitar la ciudadanía y tendría autorización para vivir y trabajar en los Estados Unidos. Después de agotar todas las posibilidades legales, Sandrina decidió quedarse en los Estados Unidos con Charlene ilegalmente. Ambas viven con el temor que Sandrina sea descubierta y deportada.

¿Por qué se opone la gente a permitir el matrimonio legal para los gays y las lesbianas?

¿Cuáles son sus argumentos en contra?

La gente se opone a permitir el matrimonio legal para gays y lesbianas por sus convicciones religiosas y puntos de vista políticos, y por ignorancia y prejuicio. Con el paso de los años he oído todo tipo de argumentos en contra de permitir los matrimonios de homosexuales: "Dios creó a Adán y Eva, no a Adán y Esteban"; "Costará demasiado"; "Destruirá la familia americana"; "Devaluará el matrimonio heterosexual"; etcétera.

Los que basan sus objeciones al matrimonio entre personas del mismo sexo en sus creencias religiosas olvidan que vivimos en una democracia constitucional con una separación estricta entre iglesia y estado, no en un estado cristiano gobernado por la Biblia. Así que, el hecho que Dios creara a Adán y Eva, a Adán y Esteban o a cualquier otra combinación no debería influir en las leyes estatales sobre el matrimonio.

En cuanto al argumento que el matrimonio legal para los gays y las lesbianas costaría demasiado, en el sentido que, por ejemplo, habría que extender las prestaciones sanitarias a cónyuges del mismo sexo y que el gobierno federal debería dar cobertura de la Seguridad Social por viudedad, quizás lo que tenemos que cuestionarnos es si podemos permitirnos como nación es garantizar esos beneficios para todas las personas, ya sean heterosexuales—cuya tasa de matrimonios es mucho mayor de lo que pueda llegar a ser la de gays y lesbianas—u homosexuales.

Por lo que respecta al temor que el matrimonio homosexual legal debilitará a la familia estadounidense, me parece que las relaciones de pareja estables entre gays y lesbianas que apoyen a otras no pueden sino fortalecer la familia estadounidense. Y el argumento según el cual los matrimonios homosexuales devaluarán los matrimonios heterosexuales da por supuesto que una relación entre dos personas del mismo sexo es de menos categoría, que es una parodia del modelo heterosexual. Cualquiera que haya conocido una pareja gay o lesbiana con una relación estable y duradera sabe que eso sencillamente no es verdad.

Lo que considero interesante de cierta retórica contraria a los matrimonios homosexuales es que provienen de las mismas organizaciones y los mismos líderes políticos y religiosos que en su día condenaron a los gays y las lesbianas por no lograr mantener una relación y por llevar una vida de promiscuidad. Así que nos condenan por ser solteros y por querernos casar.

Los que creen que gays y lesbianas deberían tener el derecho a casarse realmente pero temen que nunca se conseguirá, pueden tomar aliento al recordar que hasta la promulgación de una ley del Tribunal Supremo de Justicia de los Estados Unidos de 1976, algunos estados prohibían el matrimonio, las relaciones sexuales o la procreación entre personas negras y blancas.

¿Qué pueden hacer las parejas homosexuales para conseguir los mismos derechos que los que garantizan las leyes matrimoniales?

¿Qué aportan las nuevas leyes de parejas de hecho?

Existen varios documentos legales que pueden presentar las parejas de gays y lesbianas con los que pueden obtener algunos de los derechos legales que obtienen las parejas casadas heterosexuales. Entre ellos están el testamento; poder notarial permanente, que permite designar a un individuo como la persona que puede tomar las decisiones por uno en cuestiones financieras y médicas si se diera el caso de incapacidad; y acuerdos de copropiedad. También se puede redactar una carta legal, que mi abogado llama *designación de preferencia*, en la que declares, por ejemplo, que quieres que tu pareja sea la primera persona que te visite si deben ingresarte en una unidad de cuidados intensivos. Un hospital no tiene por qué aceptar una carta de *designación de preferencia*, pero dicha carta, junto con el apoyo del médico, puede funcionar.

Existe otro documento legal que varias ciudades del país ofrecen a las parejas no casadas, ya sean heterosexuales u homosexuales. Se llama *acuerdo de parejas de hecho*. En San Francisco, por ejemplo, las parejas que deciden registrar su relación en la ciudad mediante un certificado de pareja de hecho declaran que mantienen "una relación intima y comprometida de cuidado mutuo", que viven juntos y que están de acuerdo en responsabilizarse de los gastos básicos mutuos. Aunque el certificado de parejas de hecho es mayoritariamente simbólico—ya que sólo los estados tienen el derecho de otorgar licencias de matrimonio—algunas parejas han intentado utilizarlo para obtener ven-tajas familiares para cónyuges gays y lesbianas en el trabajo, compañías de seguros e incluso en clubes de salud.

¿Qué tipo de ceremonias deben celebrar los gays y las lesbianas para declarar su compromiso mutuo?

¿Por qué celebran dichas ceremonias?

Aunque las bodas no constituyen una tradición entre las parejas gays y lesbianas, ello no significa que no celebren su compromiso mutuo. Significa sólo que la variedad de celebraciones es muy amplia, y va desde un simple intercambio de anillos en privado hasta una celebración por todo lo alto, con ceremonia eclesial, esmoquin o vestido, fórmulas tradicionales de juramento, una recepción formal para cientos de personas y un pastel de bodas de cuatro pisos con dos novios o dos novias en lo más alto.

Las parejas de gays y lesbianas que deciden celebrar una ceremonia religiosa tienen cada vez menos dificultad en encontrar ministros u otros celebrantes de las religiones mayoritarias que oficien la ceremonia, pero las congregaciones no suelen aceptar ceremonias de compromiso de gays y lesbianas en sus casas de culto, y los ministros locales son castigados en ocasiones por sus superiores por celebrar dichas ceremonias.

Leslie y Karen deseaban celebrar su ceremonia en la iglesia a la que asistían desde hacía cinco años en San Diego, California. "Pero a la hora de la verdad", dijo Leslie, "la mayoría de la congregación no quería realmente que lo hiciéramos. Antes de tomar una decisión formal, decidimos celebrar la ceremonia en nuestra propia casa. No queríamos aguar lo que para nosotros era una celebración, muy, muy feliz e importante".

La decisión de varios ministros y rabinos de llevar a cabo ceremonias de unión religiosa para parejas gays y lesbianas ha provocado un amplio debate y confrontaciones abiertas entre distintas confesiones religiosas.

Asistí por primera vez a una ceremonia de compromiso entre homosexuales en el año 1992. Los dos hombres, íntimos amigos que rondaban los treinta años, llevaban tres años juntos y uno formalmente prometidos; se compraron mutuamente relojes idénticos para su compromiso. La invitación decía que Bill y Henry querían que me uniera a ellos para la celebración de la ceremonia de su compromiso mutuo. La invitación no sólo informaba sobre la fecha, el lugar y la hora, sino que explicaba qué pasaría en la ceremonia. "Sabíamos que la mayoría de la gente que invitábamos nunca habría asistido a una ceremonia de compromiso homosexual", explicaba Henry. "Pensamos que la mejor manera para que no se sintieran incómodos sería adelantar en la invitación lo que podían esperar. Así que en la invitación dijimos que habría un intercambio de juramentos y anillos, lecturas de varias personas y una recepción".

Yo no sé lo que esperaba, pero la ceremonia de Bill y Henry, que celebraron en su nuevo apartamento, fue la "boda" más emocionante a la que he asistido. He escrito boda entre comillas porque Bill y Henry no hablaron de boda, aunque lo fue a casi todos los efectos, excepto en el hecho que los dos hombres no podían obtener una licencia de matrimonio. Bill y Henry dirigieron ellos mismos la ceremonia. Tenían a sus padres a ambos lados. Los dos declararon su amor recíproco y su compromiso mutuo antes de intercambiarse las tradicionales alianzas de oro. Entonces hablaron la madre y el padre de Henry, y el padre de Bill. Yo estaba llorando, al igual que la mayoría de las personas—amigos, familia y vecinos, homosexuales y heterosexuales—apiñados en la sala de estar de Bill y Henry. Fue una ceremonia increíblemente emotiva y cariñosa, especialmente cuando varios amigos y familiares tomaron la palabra. Entonces todos felicitamos a la aturdida pareja y lo festejamos con comida china. Al día siguiente partieron hacia su luna de miel.

No estaba convencido de la importancia de una ceremonia de compromiso antes de asistir a la de Bill y Henry. Pero me quedó claro desde aquella ocasión que los dos hombres habían entrado en una nueva etapa de su vida, tal como lo hacen las parejas casadas, al pronunciar el juramento y declarar su amor recíproco en compañía de los seres más queridos para ellos. Y las cosas fueron realmente distintas para Bill y Henry tras su ceremonia de unión. "Nuestros padres nos tratan de manera diferente", dijo Bill. "Ahora no dudan que somos una pareja, y no dudan en ofrecernos su consejo, al igual que haría todo el mundo con un hijo y su cónyuge. A veces es bueno, y a veces no es tan bueno". Henry añadió: "Incluso nosotros dos nos tomamos nuestra relación más en serio que antes. Nos da un nuevo sentido de compromiso y seguridad. Realizar la ceremonia fue física y emocionalmente agotador, pero me alegro que lo hiciéramos".

Las parejas gays y lesbianas pueden tener muchas razones para celebrar ceremonias de compromiso, pero en su mayoría no hacen más que reflejar las razones de las parejas heterosexuales, tanto si la ceremonia es una ocasión de formalizar un compromiso mutuo como si se trata de una sencilla y simple celebración del amor mutuo.

Cuando las personas que tienen una relación de pareja homosexual deben llenar un formulario en una consulta médica, por ejemplo, ¿marcan la casilla "casados" o "soltero/a"?

Algunas personas gays y lesbianas que tienen relaciones de pareja marcan la casilla "casados", y otros marcan "soltero/a". Cuando sólo se ofrecen esas dos posibilidades, una amiga mía que es lesbiana escribe "pareja lesbiana", dibuja una casilla al lado y la marca.

¿Qué ocurre si un miembro de la pareja se enferma?

Cuando a Paul, que había sido la pareja de Jim durante dos años, le diagnosticaron el SIDA, algunos parientes preguntaron a Jim si iba a quedarse con Paul o iba a dejarlo. "Me quedé helado", dijo Jim. "Si a la esposa de mi hermano le hubieran diagnosticado cáncer de mama dos años después de haberse casado, nunca le habrían hecho esa pregunta. ¿Cómo podían pensar que lo abandonaría"?

Hay personas, por supuesto, heterosexuales y homosexuales, que abandonan a sus cónyuges enfermos, pero esos casos son una rara excepción. Más típica es la historia de Paulene y Helen. A Paulene le diagnosticaron cáncer de mama a mediados de los años 70 y se ha sometido a una serie de operaciones y tratamientos de quimioterapia y terapia hormonal. Helene se ocupa de Paulene con más cariño que nadie, se asegura que se tome las medicinas, la acompaña a las sesiones del tratamiento y le da más amor y apoyo del que se podría esperar.

¿Un cónyuge gay o lesbiana puede gozar de ventajas sanitarias?

Cada vez son más las empresas privadas, universidades y administraciones gubernamentales que ofrecen las mismas ventajas (incluyendo la cobertura sanitaria) a los cónyuges de empleados gays y lesbianas que a las parejas heterosexuales casadas. *(Para más información sobre este tema, véase el capítulo 7, "En el trabajo".)*

¿Qué representa que un hermano o una hermana heterosexuales se casen?

Para muchas personas gays y lesbianas, la boda de un hermano o una hermana suele ser un recordatorio de que independientemente de lo bien que se sientan siendo gay o lesbiana, siguen siendo distintos, y que independientemente de lo comprensivos que sean los padres con respecto a su homosexualidad, puede ser que su relación de pareja sea celebrada con un entusiasmo mucho menor que el de un hermano o una hermana heterosexual.

Los gays y las lesbianas que todavía no han revelado a sus familias que son homosexuales pueden pasarlo peor. Para Anita, la boda de su hermana mayor significó tener que contestar la pregunta "Bueno, entonces, ¿cuándo te casas"? cada dos minutos durante cinco horas. "Pero eso no fue lo peor", dijo Anita. "Cuando era la hora de lanzar el ramillete de flores, me escondí en el baño. Organizaron una búsqueda y me arrastraron hasta la sala de baile de nuevo. Mi hermana lanzó el ramillete directamente hacia mí, así que tuve que aceptarlo. ¿Qué más podía hacer"?

La familia de Anita no sabía que su mejor amiga, con quien había compartido un apartamento desde que se licenció en la universidad dos años atrás, era su romántica pareja desde hacía tres años. Anita añadió: "De algún modo dudo que mis padres quieran darme el mismo tipo de boda que dieron a mi hermana cuando lo sepan todo. No me imagino a mi familia aceptándome, anunciando en solitario al mundo que su hija se casa con otra mujer. ¿Y las invitaciones de boda? Me pone de mal humor por muchos motivos, incluso porque nunca tendré un juego completo de porcelana".

A las personas gays y lesbianas que ya han comunicado a sus familias que son homosexuales, la boda de un hermano o una hermana puede causar todavía todo tipo de conflictos y sentimientos contradictorios. Por ejemplo, cuando el hermano de Ken se casó, en la invitación a la boda no estaba Ted, que había sido la pareja de Ken durante cuatro años. "Estaba furioso, pero no le dije a mi hermano lo enfadado que estaba", dijo Ken. "Al principio no estaba seguro de si iba a decir algo o no. Pero Ted es mi familia, así que insistí en que fuera invitado. Pero no se acabó ahí. Entonces tuve que imaginarme una manera de presentar a Ted a mis parientes, la mayoría de los cuales no sabía que yo era gay. Estaba sudando antes de llegar a la iglesia".

¿Porqué se casan los homosexuales con los heterosexuales?

Muchísimas personas homosexuales se casan con personas heterosexuales por infinidad de motivos, entre los que está el amor.

Algunas personas homosexuales se casan con heterosexuales porque lo que nos enseñan es que lo correcto es casarse. Nuestra cultura está enfocada hacia las relaciones de matrimonio heterosexual, y algunos homosexuales, al igual que las personas heterosexuales, quieren encajar en ese esquema y "hacer lo que hay que hacer". Algunos de esos hombres y mujeres llevan una vida de matrimonio heterosexual para disimular, con la esperanza de sentirse realizados con la familia o por las expectativas profesionales. Algunos no informan a su cónyuge de sexo contrario con anterioridad, y otros sí, incluyendo a muchos gays y lesbianas famosos que se han quedado en el *closet* durante años, y que han llegado a acuerdos financieros y de otros tipos, con sus parejas heterosexuales de sexo opuesto.

Muchos homosexuales tienden a negar su sexualidad o simplemente no son totalmente conscientes de sus sentimientos sexuales cuando se casan. Cuando Katie se casó a los dieciocho años, amaba a su marido, pero sabía que se "sentía distinta de las demás muchachas", aunque no sabía por qué. "Pasaron siete años de matrimonio y cuatro hijos antes de quedarme enamorada locamente por primera vez de una mujer. ¿Y podéis creer que se trataba de una mujer del coro de la iglesia? Incluso después de que Mary y yo empezáramos una relación sexual, me costó un año reconocer que era lesbiana. ¡Casi no podía decir la palabra"!

Algunas personas gays y lesbianas que se casan con parejas del sexo opuesto lo hacen con la esperanza que "superarán" sus sentimientos homosexuales. Eso es exactamente lo que esperaba Edward cuando se casó con Suzanne. "Los dos éramos muy jóvenes", dijo Edward, "y ninguno de los dos sabía mucho sobre la homosexualidad. Llegué a decirle a Suzanne que yo había tenido esos sentimientos, pero el siquiatra al que visitaba nos aseguró que lo superaría, y que lo mejor que podía hacer era casarme y tener niños". Poco después de tener la segunda hija, tras seis años de matrimonio, y después de diez años de visitar al mismo siquiatra, Edward dejó a su mujer. "No lo superé. De hecho, cuando dejé a mi mujer—y despedí a mi siquiatra—no podía estar más seguro de que era gay y de que mi siquiatra era un farsante".

¿Cómo reaccionan los cónyuges heterosexuales cuando se enteran que su pareja es homosexual?

Según Amity Pierce Buxton, autora de *The Other Side of the Closet* (*El otro lado del armario*), un libro sobre las crisis que sufren los cónyuges debidas a la decisión de su pareja gay o lesbiana de revelar su orientación sexual, los cónyuges heterosexuales reciben la revelación como una negación de su relación. "Los cónyuges estupefactos", escribe, "suelen sentirse rechazados sexualmente y privados de la pareja que creían tener . . . Aunque se sienten aliviados al conocer el motivo de los cambios en el comportamiento de su pareja o los problemas en la vida marital sexual, la mayoría se sienten heridos, enfadados y desconsolados". Y aunque sus cónyuges homosexuales la mayoría de las veces se quitan un peso de encima al salir del *closet,* y es probable que reciban el apoyo de otras personas gays y lesbianas, los cónyuges heterosexuales se cierran repentinamente en un *closet* propio, por miedo a decir la verdad sobre su cónyuge gay o lesbiana.

¿Continúan algunos de esos matrimonios después de que el cónyuge sepa la verdad?

Según Buxton, "aunque muchas parejas consiguen salvar el matrimonio, la mayoría no lo hace. A pesar de verdaderos esfuerzos, la disparidad sexual, la competición por conseguir la atención de la pareja o las soluciones no convencionales—y para algunos inmorales—terminan por ser insoportables para la mayoría de los cónyuges".

¿Qué deberías hacer si sospechas que tu cónyuge es lesbiana o gay?

Antes de hacer nada, busca ayuda, preferiblemente un consejero que tenga experiencia en esas circunstancias. Según donde vivas, puedes encontrar un grupo de ayuda para personas heterosexuales que tienen—o han tenido—cónyuges gays y lesbianas. Y también deberías leer *The Other Side of the Closet*, de Buxton, que aparece en la bibliografía al final de este libro.

¿Se casan alguna vez los homosexuales por "matrimonios de conveniencia"?

Sí, hay gays y lesbianas que se han casado entre ellos y han tenido hijos para aparentar ser heterosexuales. Algunas personas lo hacen por sus carreras—los hombres y las mujeres en el ejército, por ejemplo—otros para conseguir la ciudadanía y otros por presiones familiares. Recuerdo una joven de la universidad que venía de una familia rica y distinguida. Por lo que sabía de sus padres suponía que nunca le dejarían heredar el negocio familiar si descubrían que era lesbiana, así que decidió casarse con un hombre gay que también necesitara aparentar ser heterosexual.

Debería añadir que hay personas homosexuales que niegan su orientación sexual, se casan entre ellos sin saberlo y descubren durante su vida matrimonial que ambos son homosexuales.

¿Por qué los homosexuales van de la mano en público?

Algunas personas homosexuales que van de la mano en público lo hacen por principios, para dar a entender que los homosexuales deberían poder ir de la mano en público al igual que los heterosexuales sin que haya frotarse los ojos. Pero la mayoría de homosexuales que van de la mano en público lo hacen por la misma razón que lo hacen los heterosexuales: simplemente quieren tomar la mano de alguien que quieren. Pero a causa de la hostilidad pública hacia las personas homosexuales, especialmente las que demuestran su afecto en público hacia su pareja del mismo sexo, la mayoría de las personas homosexuales raramente se van de la mano en público sin tener en cuenta dónde se encuentran y si es seguro.

¿Cómo se separan las parejas homosexuales?

Las parejas homosexuales terminan sus relaciones básicamente de la misma manera que las parejas casadas heterosexuales. Es igual de doloroso, igual de complicado y a menudo igual de feo y enrevesado. Pero existen diferencias. Puesto que las parejas homosexuales no pueden casarse legalmente, tampoco tienen que divorciarse legalmente. Esto puede sorprender al inicio, porque las parejas pueden abandonar una relación sin tener que rellenar papel alguno de divorcio. Pero sin las protecciones legales que implica el matrimonio en caso de divorcio, la división de las propiedades y el establecimiento de la custodia de los hijos, si los hay, puede conllevar pesadillas emocionales y legales incluso mayores que el más enrevesado de los divorcios heterosexuales.

7 En el trabajo

¿Hay profesiones que atraen a grandes cantidades de homosexuales?

Los gays y las lesbianas ejercen todo tipo de profesiones, desde carreras militares hasta artísticas, y hacen todo tipo de trabajos, desde construir carreteras hasta educar niños. Sin embargo, hay algunas profesiones y trabajos determinados que aparentemente atraen a más gays y lesbianas. Por ejemplo, parece que haya más gays entre hombres enfermeros, asistentes de vuelo, bailarines y patinadores de élite. Y del mismo modo parece que haya más lesbianas entre, por ejemplo, mujeres atletas, profesoras de educación física y personal del ejército.

He oído algunas posibles explicaciones que podrían corroborar este aparente fenómeno. No creo que ninguna de estas explicaciones sea adecuada a la hora explicar por qué hay más gays y lesbianas en ciertos trabajos y profesiones, pero al carecer de respuestas concretas, creo que vale la pena considerar algunas de ellas. Una de las teorías dice que las profesiones tachadas tradicionalmente de típicas para la mujer atraen a los hombres gays, y las profesiones tradicionalmente tachadas de típicas para el hombre, a mujeres lesbianas, ya que este grupo suele sentirse cómodo cruzando las fronteras entre los sexos. No me acaba de convencer. Otra teoría argumenta que los gays y las lesbianas se sienten atraídos por áreas profesionales que nunca han visto en la homosexualidad un problema o que la han aceptado con toda naturalidad, como es el mundo de las artes.

Un estereotipo común es el de que los hombres gays se sienten más atraídos por algunos trabajos en concreto porque suelen estar mejor dotados para el arte que los hombres heterosexuales, y el de que las lesbianas se sientan más atraídas por algunos trabajos en concreto porque suelen estar mejor dotadas para la mecánica que las mujeres heterosexuales. Creo que hay algo de verdad en esta explicación pero no tengo estudios en los que apoyarme.

He oído muchas explicaciones, y de todas ellas, creo que es muy fácil llegar a entender hasta qué punto el miedo a ser descubierto ha llevado a gays y a lesbianas a elegir determinados trabajos y profesiones y evitar otros. El escritor y periodista Frank Browning dijo al respecto: "Antes, cuando te dabas cuenta de que estabas sentenciado a llevar una vida homosexual, simplemente te parecía que había muchos mundos que se te cerraban por culpa de las expectativas sociales. Hay algunas conductas sociales que se supone que tienes que cumplir como por ejemplo tener un cónyuge y llevarlo o llevarla contigo a algún acto social. Por esta razón muchos gays y lesbianas se cerraron en sus mundos profesionales y se hicieron floristas, criadores de perros o cualquier otra cosa. Eligieron trabajos y carreras que podían controlar y que no estuvieran sujetos al juicio de nadie más". Browning reconoce que así sólo se responde parcialmente a una pregunta que aún queda por ser indagada adecuadamente.

¿Es más probable que los homosexuales elijan profesiones artísticas?

Parece que es más probable que un hombre gay se dedique a una profesión artística que un heterosexual. El alto índice de muertes de SIDA entre hombres bailarines, actores, patinadores profesionales, músicos, diseñadores y otras profesiones artísticas, lo dejó patente de manera trágica durante la década de los 80 y hasta la mitad de los 90.

¿Todos los hombres peluqueros, cuidadores de niños, maestros de primaria, decoradores y bailarines son gays?

¿Todas las mujeres atletas profesionales, profesoras de educación física y personal del ejército son lesbianas?

No, pero muchos gays son peluqueros, cuidadores de niños, maestros de primaria, decoradores y bailarines. Y muchas lesbianas, atletas profesionales, profesoras de educación física y personal del ejército. No se podrá saber con exactitud si el número de gays y lesbianas es mayor en estas profesiones que en las otras—aunque yo creo firmemente que es así—, hasta que estemos en posesión de datos reales sobre la población homosexual. Si realmente se demuestra que los gays y las lesbianas trabajan con mayor incidencia en estos campos, aún nos quedaría por responder a la pregunta de "¿por qué"?

En este punto debería añadir que debido a que los gays y las lesbianas ejercen todo tipo de profesiones, no se puede pensar que todos los hombres que trabajan en lo que creemos que son profesiones típicamente masculinas, como por ejemplo los camioneros, son heterosexuales. Asimismo, no todas las mujeres que se dedican a lo que creemos que son profesiones típicamente femeninas, como por ejemplo cuidadoras de niños, son heterosexuales. Y por supuesto hay muchos hombres asistentes de vuelo, bailarines y floristas que son heterosexuales; y muchas mujeres profesoras de educación física y atletas que son heterosexuales.

¿Se debería permitir a los homosexuales ser profesores?

Sí, y los gays y las lesbianas ejercen como profesores en escuelas por todo los Estados Unidos, tal y como lo llevan haciendo desde hace generaciones.

Aquéllos que se oponen a que haya gays y lesbianas en las aulas, basan sus argumentos en las erróneas suposiciones que los profesores gays o lesbianas pueden abusar más de sus alumnos que los profesores que son heterosexuales, y que los profesores homosexuales marcarán pautas erróneas de conducta e influenciarán a sus alumnos a ser homosexuales.

En primer lugar, un profesor heterosexual es el que puede llegar a abusar más de un niño. Su víctima más probable es una niña. (Para más información sobre este tema véase el capítulo 1, "Preguntas básicas", y la pregunta "¿Los gays y las lesbianas abusan más de los niños"?). En segundo lugar, nadie, ni un profesor, ni un padre, ni una madre, ni la tía preferida, puede influiar a alguien para que se "convierta" en homosexual. No se puede "crear" a un homosexual. Lo eres o no lo eres. Lo mejor que puede hacer un profesor homosexual es representar el papel de un buen educador y transmitir a los niños la imagen de un modelo positivo a seguir y enseñarles que se puede ser gay o lesbiana y al mismo tiempo un buen profesor. A muchos de nosotros, incluido este escritor, nos habría ayudado mucho si nos hubieran mostrado algún modelo positivo homosexual cuando luchábamos a solas y en silencio con nuestra homosexualidad durante la escuela. Me gusta lo que una vez dijo una humorista lesbiana sobre este tema: "Si los profesores tuvieran ese tipo de influencia en sus alumnos, todas acabaríamos siendo monjas". Lo que quería decir es que se puede convencer a un niño o niña para que sea monja o cura, pero no se puede convencer a nadie para que sea gay o lesbiana.

¿Se debería dejar enseñar a un profesor que no esconde su homosexualidad?

Este matiz es muy interesante. Hay gente que cree que está bien que gays y lesbianas sean profesores siempre y cuando no salgan del *closet*, en otras palabras, siempre que escondan su verdadera identidad y dejen su homosexualidad en casa. Piense sólo un instante en lo que podría significar para un profesor dejar su orientación sexual en casa. Para un profesor heterosexual significaría no poder llevar su alianza de boda a clase porque esta alianza simboliza una relación heterosexual. También significaría que un profesor heterosexual no podría llevar a su cónyuge a un acto social organizado por la escuela, y también que si un estudiante le preguntara algo personal como, ¿Está casado?, un profesor casado debería decir: "No puedo hablar de mi vida personal", o mentir y decir que no.

Los profesores son seres humanos e inevitablemente sus vidas personales surgen en algún momento u otro en clase. Según muchos de los profesores con los que he hablado, los estudiantes empiezan a hacer preguntas personales a sus profesores cuando están en la segunda enseñanza. Imaginaos lo que supone para un profesor homosexual que uno de sus estudiantes le pregunte: "Señorita Shapiro, ¿tiene novio"?, "¿Está casada"?, "¿Por qué la vimos en televisión en el desfile del Día del Orgullo Gay"?, "¿Acaso es lesbiana"? Una profesora que tiene que esconder su homosexualidad no puede dar respuesta abierta y honesta a ninguna de estas preguntas. Pero el problema va más allá de las meras preguntas. "¿Qué tengo que hacer cuando mis alumnos se llaman 'marica' y 'tortillera' los unos a los otros"?, se pregunta la señora Shapiro, una profesora de segunda enseñanza de las afueras de Denver. "¿Se supone que tengo que quedarme allí sentada y dejar que usen este tipo de palabras? ¿O debería ir más allá y decirles que decir 'marica' o 'tortillera' es sumamente peyorativo.

Pero entonces, por estar defendiendo a los homosexuales, mis alumnos se figurarían que soy lesbiana. Y si descubrieran que lo soy y alguien se quejara ante la dirección, podría perder mi empleo. Poneos en mi lugar. ¿Les gustaría vivir así"?

¿Hay empresas que favorezcan explícitamente el empleo de homosexuales?

¿Hay empresas que proporcionen algún tipo de ayudas a parejas homosexuales?

Sí, las hay. Cada vez hay más corporaciones y empresas más pequeñas que se están esforzando para facilitar la incorporación de gays y lesbianas prohibiendo la discriminación por orientación sexual, ofreciendo ayudas a la pareja que trabaja en el hogar y organizando talleres de sensibilización.

Todos los años se lleva a cabo un estudio entre empresas estadounidenses, y se hace pública una lista de las cien empresas donde pueden trabajar mejor los homosexuales. Algunas de las empresas que aparecieron en la lista del año 1998 incluyen a Adolph Coors, America Online, American Express, Barnes & Noble, Bristol-Myers Squibb, Chevron, Foote Cone & Belding, General Mills, Intel, Inc., Lucent Technologies, Minnesota Mining and Manufacturing, Netscape, Pacific Bell, RJR Nabisco, Shell Oil, Starbucks, United Airlines, Volkswagen, Xerox, y Ziff Davis Publishing.

Cada vez hay más empresas en las que los trabajadores homosexuales han organizado sus propias asociaciones de trabajadores. Y en gran medida gracias a las investigaciones y a los esfuerzos de los grupos de presión de estas asociaciones, cada vez hay más empresas que contemplan la posibilidad de extender o que ya han extendido a las parejas de sus empleados homosexuales muchas de las mismas ayudas que reciben los cónyuges de los empleados heterosexuales. Hay muchas empresas pequeñas y también grandes corporaciones, como por ejemplo el *New York Times*, Microsoft y Walt Disney, que ofrecen este tipo de ayuda. Al mismo tiempo, cada vez hay más ciudades, entre ellas Nueva York, y tres estados, Nueva York, Vermont y Oregon, que ofrecen ayudas a las parejas de hecho de sus funcionarios. Y por supuesto las organizaciones y agencias de servicios sociales para gays y lesbianas, y los negocios bajo propiedad y dirección homosexual, ofrecen trabajo a hombres y mujeres homosexuales sin ningún tipo de prejuicio.

¿Qué ocurre cuando un gay o una lesbiana se destapa en su trabajo o es descubierto?

Los homosexuales que salen del *closet* en su trabajo o que son descubiertos, han sufrido todo tipo de experiencias, desde la total aceptación al despido.

Cuando entrevistaban a Ralph para su primer empleo después de terminar sus estudios de derecho, decidió que no quería que su sexualidad tuviera ninguna importancia después de que lo contrataran. Así que antes de que le ofrecieran el puesto de trabajo en aquella empresa en la que ya había trabajado el verano pasado, decidió hablar abiertamente con la persona que tenía que contratarle. Tal como explicó más tarde: "Si tenía que haber algún problema, quería saberlo de antemano y empezar a buscar trabajo en otro sitio. Entré en la oficina de la persona que tenía que contratarme y le pregunté si podía cerrar la puerta. Le dije que presentía que había posibilidades de que me ofrecieran el trabajo y que debían saber algo de mi vida personal antes de contratarme, que era gay. Me preguntó que por qué creía que era importante que lo supiera. Le dije que no quería que surgiera después y que fuera un problema. Me miró y me dijo que aquél era exactamente su problema. Era gay y siempre lo había mantenido en secreto". Le ofrecieron el trabajo y Ralph lo aceptó.

Cuando entrevistaron a Carolyn por primera vez para un trabajo como educadora cristiana en el centro de un barrio de clase trabajadora en Atlanta, Georgia, nadie le preguntó nada sobre su sexualidad. Sin embargo, tres años después de ser contratada, su jefe la llamó a su despacho y le dijo que una estudiante que había estado en su casa había observado algunas cosas que le indicaban que era lesbiana. "Su mayor acusación era la de que yo mandaba cheques a una iglesia gay y que aquella niña había visto algunas fotos en mi álbum donde yo estaba sentada en el capó del coche abrazando a mi compañera de habitación. Mi jefe me preguntó si era lesbiana y le dije que no tenía derecho a preguntarme eso. Entonces me dijo: 'Si no puedes decir que no lo eres, tendrás que dejar tu trabajo'. '¡Cuándo usted quiera'!, dije inmediatamente. Sabía que no habría manera de hacerle cambiar de opinión".

No a todo el mundo lo aceptan o lo despiden. Billie, una maestra de una ciudad cercana a San Francisco, sabe que no va a ser despedida si el director de la escuela descubre que es lesbiana en gran medida porque la legislación de la ciudad prohíbe cualquier tipo de discriminación por orientación sexual. "Pero estoy segura de que me harían la vida imposible y tendría que dejarlo. Odio tener que vivir así, pero mi pareja no trabaja y no me puedo permitir perder mi empleo. Así que no lo diría bajo ninguna circunstancia, y hago todo lo posible para que nadie se entere".

¿Por qué los homosexuales no quieren esconder su orientación sexual en el trabajo?

Véase el capítulo 3, "Declararse públicamente como homosexual/'Salir del closet' ".

¿Hay gente que tiene que permanecer en el *closet* en el trabajo?

Sí. Cualquier hombre o mujer homosexual que trabaje para el ejército tiene que permanecer en el *closet,* o será despedido. (Véase el capítulo 8, "Las fuerzas armadas", para más información). También hay mucha gente que pondría su trabajo en peligro o que saben que sus compañeros les harían la vida imposible si se abrieran y revelasen su orientación sexual, especialmente si trabajan para una empresa o para una persona conocida por su poca simpatía hacia los homosexuales. También hay otro tipo de gente que creen que su vida profesional peligraría si se conociera públicamente su orientación sexual. Este grupo incluye a maestros, políticos, ejecutivos, atletas profesionales y actores y actrices famosos.

¿Hay homosexuales que permanecen en el *closet* en su trabajo aunque no tengan que hacerlo?

Hay muchísima gente que decide permanecer en el *closet* aunque exista el mínimo riesgo, si es que existe, de que su vida profesional peligre si se sabe que son homosexuales. Hay mucha de esta gente que trabaja para empresas o que vive en lugares que prohíben explícitamente cualquier tipo de discriminación contra los gays y las lesbianas. Estos homosexuales deciden permanecer en el *closet* por diversas razones. Algunos de ellos están acostumbrados a mantener sus vidas personales completamente al margen de sus vidas profesionales. Este grupo incluye a mucha gente que alcanzó la mayoría de edad en una época en la que era impensable poder decir abiertamente en el trabajo que uno era homosexual. Otros deciden permanecer en el *closet* por temor a lo desconocido. ¿Sus compañeros se sentirán incómodos?; ¿Qué pensará su jefe?; ¿El hecho de decirlo abiertamente afectaría un posible ascenso? Estas preocupaciones se pueden agravar si hay pocos compañeros que sean homosexuales, si es que hay alguno. No hay mucha gente a la que le guste pisar territorios desconocidos si implica una posible puesta en peligro de su sustento principal.

¿Te pueden despedir por el mero hecho de ser gay o lesbiana?

Sin duda. Si trabajas para el ejército y se descubre que eres homosexual, es muy probable que te despidan (véase el capítulo 8, "Las fuerzas armadas"). Como la legislación federal de los

Estados Unidos de los derechos civiles no incluye ningún tipo de protección en el trabajo contra la discriminación por orientación sexual, se puede despedir a los gays y a las lesbianas a menos que este tipo de discriminación esté explícitamente prohibida por la parte contratante. Los homosexuales están protegidos ante la discriminación en el trabajo si viven en un estado o en un municipio que ha aprobado leyes para la protección de los gays y las lesbianas sobre cualquier tipo de discriminación por orientación sexual.

¿Hay lugares y empresas donde se proteja a los gays y a las lesbianas frente a la discriminación, y no puedan ser despedidos simplemente por su orientación sexual?

Afortunadamente sí. Los empleados del gobierno federal—los que no trabajan para el ejército—están protegidos ante la discriminación igual que lo están los que viven en diez estados (California, Conneticut, Hawaii, Massachussets, Minnesota, Nueva Hampshire, Nueva Jersey, Rhode Island, Vermont y Wisconsin) y en muchos municipios donde se han aprobado leyes que protegen a los homosexuales ante la discriminación por orientación sexual. Y cada vez hay más empresas pequeñas, y un 75% de las mayores empresas, así como muchas universidades que han incorporado la orientación sexual en sus políticas de no-discriminación.

¿Se puede ser homosexual de manera abierta y tener éxito en el terreno profesional?

Hasta hace poco, la mayoría de los gays y las lesbianas tenían que esconder su orientación sexual a sus compañeros y jefes por miedo a ser despedidos. Sin embargo, actualmente cada día hay más ejemplos de hombres gays y mujeres lesbianas que tienen éxito en una gran variedad de profesiones y que no esconden su orientación sexual. Sin embargo, hay excepciones, y más notablemente en las fuerzas armadas, donde se puede llegar a despedir a un empleado si se descubre su homosexualidad. Asimismo, cuando hablamos del mundo del deporte profesional, sólo unos cuantos atletas han decidido abrirse (véase el capítulo Los deportes). Y mientras que muchos actores de televisión y de cine han decidido revelar públicamente su homosexualidad—entre ellos Sir Ian McKellen, Ellen DeGeneres, Anne Heche, Dan Butler (del programa *Frasier*) y Amanda Bearse (del programa *Married . . . with Children*)—la mayoría no lo revelan. Y en las altas esferas del mundo de las corporaciones americanas, es casi imposible encontrar a alguien que no esconda su homosexualidad.

¿Hay personajes famosos del mundo de la música que no escondan su homosexualidad?

Claro que los hay y no parece haber afectado sus carreras profesionales. Entre ellos Melissa Etheridge, k.d. lang, Boy George, Elton John, George Michael, y las Indigo Girls.

¿Los homosexuales llevan a sus cónyuges o a una cita de su mismo sexo a las fiestas del trabajo?

Muchos gays y lesbianas desearían poder llevar a sus cónyuges o a sus citas de su mismo sexo a las fiestas que organiza su empresa, pero por diversas razones hay pocos que lo hagan. Llevar a un cónyuge o a una cita del mismo sexo significaría haber salido del *closet* en el trabajo. Haber salido conlleva que se trabaja en una empresa que acepta a gays y a lesbianas. Y si fuera así, a no ser que se trabaje en una empresa donde haya otros empleados homosexuales que se sintieran cómodos llevando a sus parejas, se tendría que tener el suficiente coraje para ser una de las pocas parejas—o incluso la única—del mismo sexo de la fiesta. Y no olvidemos que la idea tendría que gustarle a tu pareja.

8 ? Las fuerzas armadas

¿Cuál es la política del gobierno de los Estados Unidos acerca las personas homosexuales en las fuerzas armadas?

La política oficial se conoce como "No preguntes, No hables, No persigas" y fue el resultado de un compromiso obtenido en el año 1993 entre el Congreso, el Pentágono y el Presidente Bill Clinton, tras el desafortunado intento de Clinton de levantar la prohibición de gays y lesbianas en el ejército. Con esta política de compromiso, los homosexuales y los bisexuales pueden servir en el ejército siempre que no declaren su orientación sexual a nadie y no lleven a cabo actos homosexuales (¿ir de la mano a alguien del mismo sexo?). El ejército, por su parte, tiene prohibido preguntarles a sus miembros en servicio acerca de su orientación sexual o investigar a un miembro en servicio sin tener pruebas seguras de que ha llevado a cabo actividades homosexuales.

La idea que escondía la nueva política era que las personas homosexuales, si bien podían servir, mantendrían su orientación secreta y observarían el celibato. De esta manera se evitaría lo que el ejército aseguraba que sucedería si se permitía servir a personas abiertamente homosexuales: la destrucción de la moral y la unidad de cohesión.

Sea cual fuera la intención de la nueva política, cuatro años después de que "No preguntes, No hables, No persigas" entrara en vigor, el número de homosexuales que fueron dados de baja del servicio militar había aumentado en un 67%.

¿Cuáles fueron las razones que esgrimieron en primer lugar para excluir totalmente a los homosexuales del servicio?

Los militares con el paso del tiempo han dado una serie de motivos cada vez distintos por los que no debería estar permitido que los homosexuales sirvieran en el ejército. Algunos de los que en su momento se opusieron a permitir que los homosexuales sirvieran arguyen que los homosexuales representan un riesgo para la seguridad porque se les puede chantajear fácilmente amenazándoles con revelar su vida secreta.

El general retirado Colin Powell, que presidía la Junta de Jefes del Estado Mayor cuando se elaboró la nueva política, y que se opuso con determinación al levantamiento de la prohibición contra los homosexuales, declaró en muchas ocasiones que "la presencia de homosexuales en las fuerzas armadas iría en detrimento del buen orden y la disciplina, por muchas razones, principalmente relativas al tema de la intimidad". Otros dijeron que la presencia de homosexuales menoscabaría seriamente el cumplimiento de las misiones militares porque debilitaría la disciplina, la moral y la cohesión entre las tropas. Y otros han dicho que si los homosexuales pueden declarar abiertamente su orientación sexual, los heterosexuales que se duchen con homosexuales sentirían un "incómodo sentimiento de alguien mirando". Si los militares se mostraban tan pusilánimes ante la posibilidad de ser observados en la ducha, el Pentágono debería preocuparse sobre cómo sus soldados se mostrarán en el campo de batalla.

¿A cuántos homosexuales han echado del ejército?

Desde el año 1943, cuando el ejército empezó a excluir oficialmente a los homosexuales, han sido expulsados entre ochenta mil y cien mil homosexuales del ejército. Según la Oficina General de Contabilidad, el coste anual de dar de baja y sustituir a los homosexuales en el ejército es de al menos 27 millones de dólares. Y la cifra no tiene en cuenta el precio humano, o sea, los miles de carreras y vidas arruinadas.

¿Los homosexuales son buenos soldados?

Varios informes, incluyendo tres encargados por el mismo Pentágono, indican que no hay pruebas de que los homosexuales representaran un riesgo mayor para la seguridad que los heterosexuales y que no era cierto que hubiera más probabilidades de que fueran chantajeados. Los informes tampoco encontraron pruebas de que los homosexuales crearan problemas a las fuerzas armadas; de hecho, alababan la actuación de los gays y las lesbianas en el ejército, e instaban a su conservación.

¿Qué hace el ejército cuando sospecha que un soldado es gay o lesbiana?

Según un informe de Jennifer Egan publicado en el *New York Times*, bajo la actual política, no se puede empezar una investigación "sin que haya pruebas claras de que una persona haya dado indicios de su orientación homosexual o haya llevado a cabo actividades homosexuales". Egan explica, sin embargo, que depende del oficial al cargo decidir qué es exactamente "pruebas claras". Las investigaciones muchas veces consisten en cosas "tan sencillas como interrogar al miembro en servicio o en la práctica, combatida pero aún existente, conocida como caza de brujas, que consiste en presionar a un miembro en servicio para que dé nombres de otros homosexuales a cambio de indulgencia". En uno de los casos sobre los que escribe Egan, la investigación incluía entrevistas con los "padres, amigos de infancia e incluso con personas con las que se habían citado en el baile de graduación: 300 páginas de testimonios".

Cuando termina una investigación, explica Egan, "un comandante en jefe debe decidir si un miembro en servicio ha dado indicios de homosexualidad o ha llevado a cabo actividades homosexuales, que la actual política define como cualquier contacto corporal que 'una persona razonable' pudiera interpretar como de gratificación sexual o expresión de homosexualidad; en algunos casos, algo tan insignificante como un beso, un abrazo o darse la mano. Si el comandante en jefe determina que existe una base para la baja, dará comienzo al procedimiento de 'separación', el proceso administrativo por el que un miembro en servicio puede ser dado de baja prematuramente".

El desaparecido Randy Shilts, que documentó las experiencias de los homosexuales en el ejército en su libro de 1993 *Conduct Unbecoming: Gays and Lesbians in the U.S. Military* (*Conducta indecorosa: gays y lesbianas en el ejército de EE.UU.*), descubrió ejemplos de homosexuales bajo investigación que recibían amenazas de condenas en la cárcel, expulsiones deshonrosas y la pérdida de las ventajas militares si no revelaban los nombres de otros gays y lesbianas.

¿Existe alguna organización que ayude a los homosexuales que se enfrentan a la expulsión del ejército?

La SLDN, la Servicemembers Legal Defense Network (Red de Defensa Legal de los Miembros en Servicio), es "la única organización nacional de ayuda legal y vigilancia que ayuda a los miembros en servicio que se hayan sentido perjudicados por la política de "No preguntes, No hables, No persigas". (Para información sobre cómo ponerse en contacto, véase, "Dónde acudir".)

¿Por qué quieren entrar en el ejército los homosexuales?

El ejército que tenemos hoy en día es voluntario, y los homosexuales se alistan por las mismas razones que los heterosexuales: sueldo, entrenamiento, ventajas educativas, compañerismo, viajes, desafíos de liderazgo y a menudo, un deseo patriótico de servir a su país. Algunos gays y lesbianas que están en el ejército también pueden decir que quieren demostrar que las personas homosexuales pueden servir en el Cuerpo de Marines, por ejemplo, y tener éxito.

¿Por qué se alistan en el ejército los homosexuales sabiendo que se les puede dar de baja si los descubren?

Muchos de los gays y lesbianas que actualmente forman parte del ejército se alistaron en una época en la que no estaban seguros de su orientación sexual o negaban sus sentimientos homosexuales. Otros sabían que eran gays o lesbianas pero vieron las mismas oportunidades de hacer carrera, o tenían el mismo deseo de servir, que los heterosexuales y apostaron que podrían mantener su orientación sexual en secreto.

¿Cuándo empezaron a desafiar los gays y las lesbianas la política antihomosexual del ejército?

Los activistas de derechos de los homosexuales desafiaron por primera vez la prohibición del ejército americano a los homosexuales en el año 1964, cuando un grupo de manifestantes piquetearon el Whitehall Induction Center (Centro Whitehall de Reclutamiento) de Nueva York para reivindicar que se permitiera el alistamiento de homosexuales. En 1975, el sargento Leonard Matlovich y el alférez Copy Berg, ambos dados de baja por ser gays, demandaron por primera vez al ejército en un intento de mantener su trabajo e invalidar la política antihomosexual del ejército.

¿Cómo han conseguido los homosexuales permanecer en el ejército?

La mayoría de los gays y lesbianas han conseguido permanecer en el ejército manteniendo celosamente su secreto, a menudo llevando una vida heterosexual como tapadera. Para algunos homosexuales eso ha significado tener que casarse con una persona del sexo opuesto para aparentar tener un matrimonio heterosexual. Otros homosexuales fingían sencillamente que eran heterosexuales, riéndose de los chistes sobre homosexuales y contando historias sobre aventuras heterosexuales ficticias cuando se veían obligados.

No todos los gays y lesbianas del ejército se han quedado encerrados en el *closet*. Algunos han revelado su orientación sexual a sus colegas y superiores y éstos les han protegido.

¿Cómo abordan el tema de la homosexualidad en el ejército en otros países?

A excepción del Reino Unido, la mayoría de los países europeos, así como Israel, permiten abiertamente la presencia de homosexuales en el ejército. El Canadá levantó la prohibición contra los gays y lesbianas en octubre de 1992, después de que un tribunal dictara que su política de exclusión violaba la Canadian Charter of Rights and Freedom (Carta de Derechos y Libertades del Canadá) de 1982. La Marina Real de Nueva Zelanda trabaja activamente para convertirse en un lugar de acogida para los homosexuales y fomenta "un clima en el que los que decidan declarar su orientación sexual puedan hacerlo sin correr el riesgo de sufrir represalias".

9 Dónde viven los gays y las lesbianas

¿Dónde viven los gays y las lesbianas?

A juzgar por los informativos televisivos podemos llegar a pensar que los gays y las lesbianas viven sólo en Nueva York, en San Francisco y en Los Ángeles. No es verdad. Los gays y las lesbianas viven en todas partes, desde el rural Kentucky hasta el centro de Juneau, en Alaska. Sí es verdad, sin embargo, que un gran número de gays y lesbianas se trasladan desde las zonas rurales y pequeñas localidades hasta grandes las zonas metropolitanas.

¿Por qué se trasladan los homosexuales de pequeñas ciudades a lugares como San Francisco y Nueva York?

Las grandes ciudades han sido durante muchas décadas un imán para gays y lesbianas que buscan otras personas como ellos. San Francisco, Nueva York, Chicago, Los Ángeles y las otras grandes ciudades del país tienen desde hace tiempo importantes subculturas gay y lesbiana, incluyendo bares y restaurantes homosexuales. Más recientemente, en esas ciudades también se han creado importantes comunidades gays y lesbianas, coronadas por centros de encuentro, equipos de softball, coros e innumerables organizaciones sociales, religiosas y profesionales. Además, las grandes ciudades han proporcionado tradicionalmente el tipo de anonimato que ha permitido a los gays y las lesbianas mantener su identidad homosexual escondida con seguridad, especialmente a sus familiares en su población natal.

Las grandes ciudades tienen una larga tradición de presencia gay y lesbiana. Pero en opinión de los historiadores John D'Emilio y Allan Bérubé, fue la Segunda Guerra Mundial la que propició la eclosión de las subculturas gay y lesbiana. D'Emilio y Bérubé explican que decenas de millones de estadounidenses tuvieron que cambiar de domicilio durante la guerra para servir en el ejército y para trabajar en la industria de guerra. La mayoría de esos hombres y mujeres, incluyendo a millones de jóvenes gays y lesbianas, se trasladaron a las grandes ciudades industriales y portuarias o pasaron por ellas. En Nueva York, Chicago, Los Ángeles, San Francisco y otras ciudades esas personas homosexuales descubrieron por primera vez que no estaban solas.

Después de la guerra, en vez de volver a las pequeñas ciudades que habían sido su hogar, muchos gays y lesbianas decidieron quedarse en las grandes ciudades.

¿Cómo alcanzó San Francisco tanta popularidad entre los homosexuales?

Herbert Donaldson, juez municipal de San Francisco, me dio una posible explicación para la popularidad de que goza desde tiempos remotos San Francisco entre los homosexuales, aparte de su condición de gran ciudad y su prolongada reputación de tolerar a personas que llevan una vida no convencional.

Cuando era un joven abogado, Donaldson colaboraba con una de las primeras organizaciones de defensa de los derechos de los homosexuales de San Francisco, llamada Society for Individual Rights (Sociedad para los Derechos Individuales). La

SIR, junto con otras organizaciones de gays y lesbianas de San Francisco, organizó un baile para recaudar fondos para la víspera del primero de enero de 1965. El acontecimiento se convirtió en una confrontación entre la policía, que no quería que se celebrara el acto, y los cientos de gays y lesbianas que asistieron al baile. Varias personas fueron arrestadas, entre ellas, Donaldson.

Según Donaldson, "La policía calculó que había unos setenta mil homosexuales en la ciudad. No eran tantos, pero cuando se difunde la noticia de que hay setenta mil, salen setenta mil más de las zonas rurales que quieren unirse a los setenta mil de aquí. Y van aumentando".

En los años 70, San Francisco se había convertido en un destino popular para homosexuales en busca de una vida mejor gracias a la gran población homosexual activa políticamente, la reputación de la ciudad como lugar relativamente acogedor hacia los homosexuales, su clima templado y su gran belleza.

¿Por qué crean los homosexuales sus propios barrios en las grande ciudades?

Algunos homosexuales—no la mayoría—viven en zonas con predominio de gays y lesbianas, y lo hacen por muchas de las mismas razones por las que las personas de varios grupos étnicos, raciales y religiosos se encierran en su propio barrio: seguridad, comodidad, comunidad, sentido de acogida y el temor a la discriminación.

No es ningún secreto que los homosexuales son a menudo objetivo de ataques físicos. Vivir en un barrio predominantemente de homosexuales ofrece la seguridad de saber que no serás atacado por tus vecinos por el hecho de ser homosexual. Por desgracia, esos barrios son también destino habitual de la gente que busca un homosexual para agredir.

Para muchos, vivir en una comunidad donde hay gran cantidad de personas gays y lesbianas o donde los gays y las lesbianas constituyen una mayoría entre los residentes es más cómodo que vivir en una zona donde son la única persona o pareja homosexual. Para los homosexuales que no mantienen una relación, una zona con mayoría de gays y lesbianas también ofrece más oportunidades de encontrar y conocer a otras personas gays y lesbianas.

En el barrio de Castro de San Francisco, muchos tenderos, doctores, dentistas, sastres, etcétera, son gays o lesbianas, o simpatizan con los homosexuales. Eso permite ser uno mismo y no preocuparse por ser criticado. También permite no tener que preocuparse por la discriminación. Por ejemplo, si buscas un apartamento con una pareja de tu mismo sexo en una zona básicamente poblada por homosexuales, hay pocas probabilidades de encontrar un casero que no quiera alquilar el apartamento a personas o parejas homosexuales.

¿Cuáles son algunas de las zonas homosexuales y cómo son?

La mayoría de las grandes ciudades tienen zonas muy frecuentadas por los homosexuales. Por ejemplo, en Washington, DC, es la zona conocida como Dupont Circle, frecuentada también por personas y jóvenes familias no homosexuales. En Los Ángeles, es el West Hollywood, que constituye prácticamente una ciudad. En Nueva York, son Chelsea y Greenwich Village. Y en Houston, es la zona conocida como Montrose.

La mayoría de las zonas frecuentadas por gays y lesbianas tienen el mismo aspecto que las demás zonas de la ciudad, con la excepción de que hay tiendas, bares y restaurantes que ofrecen sus servicios a una clientela homosexual. También se pueden ver a personas fácilmente identificables como gays y lesbianas por la calle. Y de vez en cuando se pueden ver a parejas del mismo sexo de la mano.

La primera vez que paseaba por Castro Street, la calle comercial principal de la zona predominantemente homosexual de San Francisco, me sentía algo incómodo. Aunque soy gay, nunca había estado en una calle pública donde hubiera tanta gente homosexual. Puede parecer divertido, pero no estaba acostumbrado. Era antes del Gay Pride Day (Día del Orgullo Homosexual) de 1980, por lo que Castro Street estaba colmada de turistas gays y lesbianas.

Para mí, lo más desconcertante fue ver a tantas parejas homosexuales de la mano. La gente se comportaba con toda naturalidad—en otras palabras, no censuraban su comportamiento para el consumo de público heterosexual—y al principio no me parecía normal. Años después, todavía me sorprende ver a dos personas del mismo sexo yendo de la mano por la calle, pero en vez de considerarlo anormal, me sorprende por el coraje que implica actuar con normalidad en un mundo que tantas veces es peligroso para quien se identifica públicamente como homosexual.

¿Es distinto para los homosexuales que no viven en el centro de las grandes ciudades, en las afueras, por ejemplo?

Los homosexuales, independientemente de donde vivan, han tenido todo tipo de experiencias, positivas y negativas, con sus vecinos heterosexuales. Para Connie y Renata, que decidieron trasladarse de Nueva York a una zona de las afueras, casi rural, de Nueva Jersey, la experiencia tuvo un sabor agridulce. Las dos mujeres, que llevaban juntas casi veinte años, no previeron problemas con sus nuevos vecinos, pero eran algo aprensivas. "Pensamos que podríamos tener algunos problemas, pero manteníamos la esperanza", dijo Connie.

Una tarde, pocos meses después de ir a vivir juntas, Connie y Renata vieron la palabra tortillera pintada con spray en su puerta. "Nos asustamos muchísimo", dijo Renata, "pero decidimos pintar de nuevo la puerta y esperamos que no volvería a pasar". No lo hizo, en parte, creen, porque hicieron un enorme esfuerzo por conocer a sus vecinos. "Esperábamos que cuando los vecinos nos conocieran, nos tratarían como a cualquier otro vecino", dijo Connie.

¿Se arrepienten de algo? "No. Esto es algo que queríamos hacer", dijo Renata. "Ya no teníamos veinticinco años, así que no pensábamos en qué hacer por la noche. Sólo queríamos calma, tranquilidad y un patio trasero. Ya sé que suena extremamente aburrido, pero es lo que queríamos. Quizás tendríamos que haber tenido en cuenta que no todo el mundo nos recibiría positivamente, pero la experiencia nos ha enseñado a nosotros y a nuestros vecinos".

10 La vida social y las amistades

¿Dónde se encuentran los homosexuales?

Los gays y las lesbianas se encuentran en los mismos lugares donde se encuentran los heterosexuales, desde la verdulería, la oficina o los bares para encontrar pareja hasta las organizaciones profesionales, clubes sociales y la internet. Pero si el bar para encontrar pareja, la organización profesional o el chat on-line no es específicamente para gays y lesbianas, los homosexuales deben tener en cuenta que casi todo el mundo que van a encontrar no es homosexual.

¿Por qué los gays y las lesbianas van a bares y pertenecen a organizaciones que sólo son para homosexuales?

Si eres gay o lesbiana, eres, por definición, un marginado: marginado de la norma, marginado de la mayoría, distinto. E independientemente del grado de integración que tengas en tu comunidad, universidad, profesión o familia, sigues no formando parte de la mayoría.

Cuando entras en un bar de gays o lesbianas, o cuando juegas en un equipo de softball formado sólo por homosexuales, ya no eres un marginado: eres normal. Puedes ser tú mismo, lo que incluye ser físicamente cariñoso de una manera que las personas heterosexuales dan por sentada. No existe el temor de ser juzgado o discriminado por el hecho de ser homosexual. La experiencia puede llegar a ofrecer un sentido de estar en "familia".

La primera conferencia de la National Lesbian and Gay Journalists Association (Asociación Nacional de Periodistas Gays y Lesbianas) en San Francisco, fue para mí una experiencia extraordinaria. Asistieron más de trescientos periodistas gays y lesbianas, y aunque había grandes desacuerdos en todo tipo de temas políticos y profesionales, era maravilloso compartir experiencias e ideas con periodistas gays y lesbianas de todo el país y de todo el espectro profesional. Para muchos de los que asistieron, la conferencia fue su primera oportunidad de hablar con otros periodistas homosexuales.

Debo añadir inmediatamente que los gays y las lesbianas no son una gran familia feliz. Los homosexuales pueden hacer el mismo tipo de juicios que cualquier otra persona acerca de la raza, la edad, la apariencia de las personas o el modo de vestir. Por ejemplo, Craig, que tiene alrededor de veinticinco años, pensaba que sería bien recibido cuando empezó a frecuentar el mundo homosexual. "Lo que descubrí inmediatamente", dijo, "es que yo era increíblemente ingenuo. Cuando entraba en un bar—y ello dando por supuesto que podía entrar sin tener que mostrar tres tipos de identificación—la primera cosa que veía la gente es que soy negro, no que soy un homosexual más. Cuesta creer los estereotipos que todavía existen. Si encuentro a otro hombre blanco que piensa que soy una especie de monstruo sexual por el mero hecho de ser negro, me creo que voy a explotar. Yo pensaba que los homosexuales sabrían que no es así (algunos lo saben), pero lo más habitual es que homosexuales y heterosexuales me traten del mismo modo".

¿Cómo es un bar homosexual?

En primer lugar, es importante entender que los bares de gays y lesbianas históricamente han desempeñado una función clave en la vida social de los homosexuales porque hasta hace relativamente poco, los bares eran los únicos lugares públicos donde los homosexuales podían encontrarse y relacionarse. Aunque a menudo ese ya no es el caso, especialmente en las grandes ciudades. Los bares todavía desempeñan una función importante como lugar de reunión para hombres y mujeres homosexuales.

Existen todo tipo de bares de gays y lesbianas. En las grandes ciudades como Nueva York, Chicago y Los Ángeles, hay bares de todas clases para satisfacer a todo el mundo. Hay bares para hombres, mujeres, hombres más maduros, hombres más jóvenes; hay bares country y western, bares para jóvenes profesionales, bares para obreros, bares con habitaciones (para quien le interese mantener relaciones sexuales), bares para sadomasoquistas . . . de cualquier tipo. En ciudades más pequeñas quizás sólo hay un bar para todo el mundo. En una visita que hice a Juneau, Alaska, hace algunos años, fui a lo que por aquel entonces era el bar de gays y lesbianas más grande de la ciudad. Estaba detrás de un restaurante situado a pocos bloques de distancia del centro. El bar debería tener unos seis pies de longitud. Había seis taburetes y espacio para otras cuatro personas de pie. No podías evitar conocer a todos los que estaban en el bar. El barman bromeó diciendo que el bar era homosexual hasta que entraba algún heterosexual.

La primera vez que fui a un bar homosexual, tenía diecisiete años y estaba muy asustado. No sé lo que pensaba que se hacía en un bar, pero para mí era algo misterioso, incluso exótico, aunque al mismo tiempo terrorífico. Mi amigo Roberto, que me hacía de guía, me explicó qué debía esperar, que no sería distinto de cualquier otro bar. La única diferencia sería que no habría mujeres. Tenía demasiada vergüenza para contarle a Roberto que nunca había estado en un bar para encontrar pareja.

Pasamos la puerta; nadie me pidió el carné, aunque yo era menor de edad. La iluminación era tenue, había mucho humo y estaba lleno de gente. La música era demasiado alta para poder hablar, pero la gente hablaba. A la izquierda, había hombres sentados en la barra. También había hombres apoyados por las paredes y hablando en grupos. La mayoría iban vestidos de manera informal, con vaqueros y camisas apretadas. La edad media estaba probablemente alrededor de los treinta. Muchas personas estaban simplemente mirando alrededor, mirándose entre ellos con un aire algo aburrido. Estuvimos una media hora y nos fuimos.

¿Qué tipos de organizaciones sociales tienen los homosexuales?

Los gays y las lesbianas tienen todo tipo de organizaciones: asociaciones estudiantiles, asociaciones de antiguos alumnos, clubes de baile o jardinería, grupos de usuarios de ordenadores o bandas de música. Un reciente calendario de acontecimientos del New York City's Lesbian & Gay Community Services Center (Centro de Servicios para la Comunidad de Gays y Lesbianas de la Ciudad de Nueva York) incluía ciento y sesenta e ocho organizaciones mayoritariamente de gays y lesbianas (u organizaciones que convocan reuniones específicamente para gays y lesbianas). He aquí una muestra: ACT UP (AIDS Coalition to Unleash Power), African Ancestral Lesbians United for Social Change, Asians and Friends of New York, Axios Eastern and Orthodox Christians, BiGLTYNY (Bisexual, Gay, Lesbian, Transgender Youth of New York), Bisexual S/M Discussion Group, Bisexual Women's Group, Body Positive (grupo de apoyo a personas con el VIH), Broadway Night Out Theatre Spotlight, Butch/Femme Society, Christian Gays & Lesbians, Christian Science Group, Clann An Uabhair (Gay Scottish Society), Date Bait, Dignity/Big Apple (actos de sociedad y liturgias para católicos gays y lesbianas), Empire State Pride Agenda, Fire-FLAG (Fire Fighters Lesbian and Gay of New York), Gay and Lesbian Alliance Against Defamation, Gay and Lesbian Arabs, Gay and Lesbian Independent Democrats, Gay and Lesbian Reading Group, Gay and Lesbian Sierrans, Gay Asian and Pacific Islander Men of New York, Gay Male S/M Activists, Gay Men of African Descent, Gay Men's Opera Club, Gay Officers Action League, Gay Pilots Association, Girth and Mirth Club of New York, Heritage of Pride (organizadores de los actos de la celebración del orgullo homosexual de la ciudad), Irish Lesbian and Gay Organization, Japanese Speaking Lesbigay Society, Knights Wrestling Club, Las Buenas Amigas Lesbianas Latinas en Nueva York, Latino Gay Men of New York, Lesbian and Gay People of Color Steering Committee, Lesbian and Gay Teachers Association, Lesbian Breast Cancer Support Group, Log Cabin Club, Manhattan Mustangs (club social de baile country y western), Married Lesbians, Men of All Colors Together, Metro Gay Wrestling Alliance, Metropolitan Community Church, National Lesbian & Gay Journalists Association, Natural History Group, New York Advertising and Communications Network, New York Bankers Group, New York CyberQueers, Organization of Lesbian and Gay Architects and Designers, Prime Timers, Professionals in Film/Video, Psychology Discussion Group, Puerto Rican Initiative to Develop Empowerment, Scrabblers, Sirens Motorcycle Club, South Asian Lesbian and Gay Association, Spanish Language Club, Stonewall Democratic Club, Sundance Outdoor Adventure Society, Times Squares (club de baile), Transgender Rights, Twenty-Something, Village Dive Club, Village Playwrights, Women Drawing Women . . . Y en esta lista faltan el Gay Men's Chorus, Front Runners, y . . .

¿De qué hablan los gays y las lesbianas cuando se encuentran?

Además de hablar sobre todas las cosas sobre las que hablan los heterosexuales, muchos gays y lesbianas hablan sobre ser homosexual y sobre las últimas novedades en temas de los derechos de los homosexuales.

Una persona que conozco me preguntó en una ocasión por qué los gays y las lesbianas dan tanta importancia al hecho de ser homosexuales y hablan de ello en todo momento. Yo le expliqué que cuando ser homosexual no sea un problema en nuestra sociedad, y cuando nuestros derechos civiles no se cuestionen, entonces probablemente dejaremos de hablar de ello.

¿Por qué hay tantos homosexuales en Provincetown?

Provincetown, en Cape Cod (estado de Massachusetts, EE.UU.), es una de las zonas turísticas habituales de los homosexuales. Otras son Palm Springs, California; Rehoboth Beach, Delaware; Pines and Cherry Grove en Fire Island, Nueva York; y Cayo Hueso en la Florida. Esas zonas tienen hoteles, restaurantes, tiendas y bares que ofrecen sus servicios a los homosexuales. Además de los servicios físicos, dichas zonas ofrecen algo que otros lugares no pueden ofrecer a los homosexuales: muchos homosexuales más. Cuando viajas a una de esas zonas, no tienes que preocuparte por ser el único gay o lesbiana de la calle o de la playa.

De todas las zonas citadas, Pines and Cherry Grove de Fire Island en el estado de Nueva York, tienen el ambiente "más homosexual". Sólo se puede llegar por ferry desde la parte más al este de Long Island y sus dos pequeñas comunidades de veraneantes están formadas casi exclusivamente por gays y lesbianas, lo que significa que te puedes sentir seguro si le tomas la mano a tu pareja en público y que ello no provocará ninguna mirada.

¿Se llevan bien las lesbianas y los gays?

Históricamente, en el movimiento por los derechos de los gays y las lesbianas, han habido tensiones entre lesbianas y gays, y a menudo con razón. En épocas pasadas, hacia los años 50, la mayoría de los gays trataban a las lesbianas del mismo modo en que la mayoría de los hombres heterosexuales trataban a las mujeres. "Pensaban que estábamos allí para servir café y donuts", dijo una activista que ahora pasa de los setenta. Pero aunque siempre han habido tensiones y a menudo distancia entre el mundo gay y el de las lesbianas, y a pesar de que muchas lesbianas no tienen relación alguna con los gays y muchos gays no tienen relación alguna con las lesbianas, han habido muchas amistades duraderas entre lesbianas y gays. Además, la crisis del SIDA hizo que se formaran uniones muy íntimas entre gays y lesbianas, ya que trabajaban codo a codo para ayudar a amigos enfermos y en organizaciones de profesionales del SIDA y de voluntarios.

¿Los gays y las lesbianas tienen amigos heterosexuales?

La mayoría de los gays y las lesbianas tienen amigos no homosexuales, y según la amistad, algunos gays y lesbianas deciden hablar de su orientación sexual con sus amigos heterosexuales y otros no. Esto no quiere decir que los que no lo hacen escondan algo a sus amigos heterosexuales. Puede ser evidente que son homosexuales, especialmente si tienen una pareja del mismo sexo. Sencillamente no quieren hablar de ello. Otros gays y lesbianas no tienen problema alguno en hablar de su orientación sexual con amigos heterosexuales, ya sea para hablar de la relación o de política.

Algunos homosexuales prefieren no tener amigos heterosexuales. Pueden sentirse incómodos entre personas no homosexuales o sencillamente prefieren la compañía de otros homosexuales.

¿Los homosexuales pierden a sus amigos no homosexuales cuando deciden salir del *closet*?

Depende de los amigos. A menudo los amigos se toman bien la noticia, pero a veces no ocurre así. Nancy reveló su orientación sexual a sus amigos cuando estaba en la universidad. La mayoría de sus amigos la apoyaron, pero cuando Nancy se lo contó a su mejor amiga, esta "empezó a tomar distancias. Es realmente desagradable y todavía me enfado cuando lo recuerdo porque habíamos sido muy buenas amigas. Fue como una situación sin salida, porque en aquellos momentos necesitaba a mis amigos más que nunca, pero también les temía porque no sabía cómo reaccionarían si supieran que yo era lesbiana".

¿Por qué algunos gays tienen amistad con muchas mujeres heterosexuales? ¿Existe un apodo para dichas mujeres?

El fenómeno de las amistades entre gays y mujeres heterosexuales ha sido el tema de muchos artículos de periódicos y revistas, libros, y películas, entre ellas *The Object of My Affection* (*Mucho más que amigos*) y *My Best Friend's Wedding* (*La boda de mi mejor amigo*), y, en el otoño de 1998, un programa de televisión llamado *Will y Grace*. Dejaré el análisis psicológico a los profesionales de salud mental, pero creo que mi amiga Sally me dio la más sencilla de las explicaciones basada en su experiencia. Dijo: "Muchos hombres heterosexuales son unos cerdos. En serio, mi intención no es criticar a los hombres heterosexuales, pero ¿crees que puedo encontrar a un hombre heterosexual al que le guste el arte y la jardinería? De esos temas sólo hablo con mis amigos gays. Además, mis amigos gays han cultivado mucho su personalidad y se han cuestionado mucho, y eso les ha hecho personas empáticas. Sé que puedo hablarles sobre cosas de la vida que implican no seguir la corriente. Me apoyan como persona y en los riesgos que he asumido en mi vida y mi trabajo. Y en general son más comprensivos que mis amigas. Las mujeres se preocupan por los hombres. Mis amigos gays se preocupan por mí".

Las mujeres que tienen amistad con muchos hombres homosexuales se suelen llamar en inglés "fag-hags". Aunque sé que muchas personas lo consideran un término simpático, a mí, al igual que a muchas mujeres, me parece ofensivo.

¿Si crees que un amigo es homosexual, qué deberías decir?

Si la amistad que tienes con esa persona te hace totalmente feliz, no debes decir nada. Pero si crees que hay distancia o tensión en vuestra amistad y que probablemente el motivo es la homosexualidad escondida de esa persona, entonces deberías sacar el tema. Lo puedes hacer hablando o enviándole una nota.

Algunas personas no tienen problemas para preguntar directamente "¿Eres homosexual"? o para decir a un amigo: "Eres mi amigo. Te aprecio. Creo que eres homosexual y quiero que sepas que, si es así, eso no supone un problema para mí y te apoyo por completo".

No todo el mundo prefiere abordar la cuestión directamente, así que puedes comunicar a tu amigo o amiga que estás acostumbrado a los homosexuales y que les apoyas con tan solo mencionar algo que viste en televisión que denotaba simpatía hacia las personas homosexuales o que leíste algo en las noticias sobre violencia o prejuicios antihomosexuales que te disgustaron. Eso dará pie a tu amigo o amiga si decide revelarte su orientación sexual.

Hay que tener en cuenta que muchas personas gays o lesbianas presuponen que si sus amigos no homosexuales no sacan el tema, no saben que su amigo o amiga es homosexual o no quieren oír hablar de ello. Si las cartas que recibo de hombres y mujeres heterosexuales preocupados por sus amigos homosexuales son significativas, entonces hay muchos heterosexuales que están esperando que sus amigos homosexuales digan algo. En general no han mencionado el tema a sus amigos gays y lesbianas porque presuponen que es algo sobre lo que sus amigos homosexuales no quieren hablar o encuentran embarazoso. El resultado es que todos tienen tanto miedo de sacar el tema que nadie dice nada y todo el mundo termina por sentirse incómodo.

Mi consejo para los homosexuales y los heterosexuales es el siguiente: si quieres revelar tu orientación sexual a tus amigos, no esperes que ellos saquen el tema; y si quieres decir a tus amigos gays y lesbianas que sabes que son homosexuales y que no le das más importancia, no esperes a que ellos saquen el tema. En cualquier caso, afronta el miedo y hazlo.

11 La religión

¿La homosexualidad es un pecado?

¿La homosexualidad es inmoral?

No, la homosexualidad no es un pecado y no es inmoral. Por supuesto, no todo el mundo estará de acuerdo conmigo, pero afortunadamente, vivimos en un país en el que la moralidad y las creencias religiosas no están legisladas, sino que son cuestión de decisión personal.

En los últimos años, la cuestión de si la homosexualidad es o no inmoral o pecaminosa ha sido motivo de amplio debate. El resultado ha sido un gran conflicto en las principales corrientes religiosas y una discusión acalorada en la sociedad americana. A continuación, expongo el pensamiento de sólo tres de las muchas personas que han dado una respuesta a favor de los homosexuales en el tema de la moralidad y el pecado.

Frank Kameny, despedido de su trabajo en el Servicio Cartográfico del Ejército de los Estados Unidos en el año 1957 porque era gay, examinó en primer lugar la cuestión de la moralidad como parte de su lucha por recuperar su trabajo. Kameny llevó su caso hasta el Tribunal Supremo de Justicia de los Estados Unidos, y al preparar su demanda para dicho tribunal a finales de los años 60, llegó a la conclusión de que la homosexualidad era moral. "En aquella época, el gobierno justificaba su descalificación hacia los gays bajo la rúbrica de la conducta inmoral, a lo que me opuse", explicaba Kameny. "En nuestro sistema, la moralidad es una cuestión de opinión personal y creencia individual sobre la que cualquier ciudadano americano puede tener el punto de vista que desee y sobre el que el gobierno no tiene potestad o autoridad de tener un punto de vista. Aparte de eso, en mi opinión, la homosexualidad no sólo no es inmoral, sino que es afirmativamente moral. Hasta aquel momento nadie había dicho tal cosa—por lo que sé—en ningún tipo de denuncia formal en un tribunal". El Tribunal Supremo de Justicia rechazó ver la causa de Kameny, y más tarde se formó una organización pionera de derechos de los homosexuales en Washington, DC. Debido en parte a los obstinados esfuerzos de Kameny, el gobierno federal dejó de excluir a homosexuales de los empleos públicos en el año 1975.

Carolyn Mobley, pastora auxiliar de la Metropolitan Community Church, iglesia cristiana cuyos miembros son mayoritariamente gays y lesbianas, al principio creía que su orientación sexual era un pecado. Pero cuando estudiaba en la universidad se dio cuenta de que su sexualidad no era pecado sino que, al contrario, era un don de Dios. Aseguraba que Martin Luther King, Jr., le había ayudado a aceptar el hecho de ser lesbiana: "El empeño del Dr. King en desobedecer leyes injustas tuvo un impacto muy fuerte en mi manera de pensar. Empecé a cuestionar lo que me decían que hiciera. ¿Tienen realmente razón? ¿Tienen razón si una persona en una posición de autoridad me dice que tienen razón? Empecé a darme cuenta de que los padres pueden guiarte mal, los profesores podían guiarte mal, los predicadores, Dios lo sabe bien, podían guiarte mal. Todos ellos eran mortales seres humanos. Aquello cambió el modo en que me miraba a mí misma y al mundo. Y no hay duda de que me ayudó a reevaluar el mensaje que me daba la iglesia sobre la homosexualidad. Me hizo examinar más detalladamente lo que las Santas Escrituras dicen sobre ello".

"Leía continuamente las Santas Escrituras por mi cuenta. Leí repetidamente la Carta del Apóstol Pablo a los Romanos. Finalmente entendí que Dios no está en contra de los homosexuales. Y que incluso Pablo, que escribió aquel pasaje de esta carta que habla de la homosexualidad y estaba en contra de la homosexualidad, era un ser humano sujeto a error, al igual que yo. Así que pensé que el hombre estaba equivocado. Punto. Lo que propugnaba era inexacto y había que rebatirlo. Eso es lo que defendía Martin Luther King: desafiar al error donde lo hubiera".

"Continué reinterpretando lo que decía toda la Carta a los Romanos sobre abandonar lo que es natural por algo innatural, y entonces una luz descendió sobre mi cabeza. El Apóstol Pablo tenía razón. Su razonamiento referente a hacer lo que es natural realmente tenía sentido, pero uno debía saber qué es natural para sí mismo. Para mí era innatural mantener relaciones sexuales con un hombre, así que decidí que no lo haría más. Para mí, lo único natural era hacer lo que había estado sintiendo desde hacía mucho tiempo. ¿Por qué debía intentar cambiarlo? Qué tonta había sido. Pensé en mi interior: gracias Pablo. He entendido tu mensaje, hermano. Ahora estamos en paz".

"Cuando aquella luz descendió sobre mi cabeza, sabía que era de Dios, que era mi liberación. Dios no me liberó de mi sexualidad. Dios me liberó de mi culpa y vergüenza y me dio un sentido de orgullo y plenitud que necesitaba realmente. Mi sexualidad era un don de Dios, al igual que la de todo el mundo, independientemente de la orientación sexual que uno pueda tener. Es un don para ser capaz de amar".

El obispo episcopal (anglicano) John Selby Spong, un declarado defensor de la ordenación de gays y lesbianas y la aprobación de relaciones homosexuales, también cree que la homosexualidad no es un pecado. Cuando la organización Parents, Friends, and Families of Lesbians and Gays (Padres, amigos y familiares de lesbianas y gays) le preguntaron si, en su opinión, Dios considera la homosexualidad como un pecado, contestó: "Algunos dicen que, puesto que el comportamiento homosexual es 'innatural', es contrario al orden de la creación. Detrás de este pronunciamiento podemos encontrar definiciones estereotipadas de la masculinidad y la feminidad que reflejan la rígida categorización en función del sexo de la sociedad patriarcal. No hay nada de innatural en ningún tipo de amor compartido, incluso entre dos del mismo sexo, si la experiencia repercute en un estado más pleno de existencia de ambos miembros. Investigaciones contemporáneas están revelando nuevos hechos que están haciendo aumentar la convicción de que la homosexualidad, lejos de ser una enfermedad, un pecado, perversión o un acto innatural, es saludable, natural y una forma de afirmación de la sexualidad humana para algunas personas. Los descubrimientos indican que la homosexualidad es un hecho predeterminado en la naturaleza de una considerable parte de las personas, y que no se puede cambiar".

"Nuestro prejuicio rechaza a las personas o a las cosas que se escapan a nuestra comprensión. Pero el Dios de la creación habla y declara que 'vio . . . cuanto había hecho, y todo estaba muy bien' (Génesis, 1:31). La palabra de Dios en Cristo dice que somos amados, valorados, redimidos y considerados como algo precioso independientemente de cómo nos pueda valorar un mundo lleno de prejuicios".

¿Qué dice la Biblia sobre los gays y las lesbianas?

La Biblia no dice nada sobre orientación sexual hacia personas del mismo sexo tal como la entendemos hoy en día. Sin embargo, sí que cita las relaciones sexuales con personas del mismo sexo, pero, en realidad, no dice demasiado sobre el sexo entre hombres y nada sobre el sexo entre mujeres. Entre los 31.173 versículos de la Biblia, hay menos de una docena que mencionen los actos sexuales entre hombres.

Me gusta recordar a este respecto, lo que escribió Peter J. Gomes, ministro bautista estadounidense y profesor de moral cristiana en la Universidad de Harvard, en un editorial del *New York Times* en referencia a lo que está escrito en la Biblia sobre la homosexualidad: "Los cristianos que se oponen a la igualdad política y social para los homosexuales casi siempre apelan a los contenidos morales de la Biblia, arguyendo que las Santas Escrituras son muy claras en esa materia y citan versículos que confirman su opinión. Acusan a otros de pervertir y distorsionar los textos contrarios a su 'claro' significado. Sin embargo, no ven un significado tan claro en pasajes bíblicos sobre conducta económica, los pesos de la riqueza y el pecado de la avaricia".

"Las citas bíblicas relativas a la homosexualidad que se citan más a menudo son nueve. Cuatro (Deuteronomio 23:17, 1 Reyes 14:24, 1 Reyes 22:46 y 2 Reyes 23:7) sencillamente prohíben la prostitución de hombres y mujeres. Otras dos (Levítico 18:19–23 y Levítico 20:10–16) forman parte de lo que los biblistas llaman el Código de la Santidad. Dicho código prohíbe explícitamente los actos homosexuales. Pero también prohíbe comer carne cruda, plantar dos tipos de semillas en el mismo campo y llevar prendas de ropa con dos tipos de hilo distintos. Los tatuajes, el adulterio y las relaciones sexuales durante el período de menstruación de una mujer son proscritos de manera similar".

"No existe mención alguna de la homosexualidad en los cuatro Evangelios del Nuevo Testamento. Las enseñanzas morales de Jesucristo no abarcan el tema".

"Con frecuencia se citan tres referencias de San Pablo Apóstol (Romanos 1:26–2:1, 1 Corintios 6:9–11 y 1 Timoteo 1:10). Pero San Pablo sólo trata la homosexualidad porque en la cultura grecorromana representaba una sensualidad secular que era contraria al idealismo espiritual judeocristiano. Él estaba en contra de toda lujuria y la sensualidad en todo el mundo, incluyendo a los heterosexuales. Decir que la homosexualidad es mala porque los homosexuales están tentados de hacer cosas moralmente dudosas, es decir que la heterosexualidad es mala porque los heterosexuales están igualmente tentados. Para el Apóstol Pablo, cualquiera que aparte de Dios su atención está condenado, veredicto que es aplicable a todos por igual".

"Y para que no olvidemos Sodoma y Gomorra, hay

que recordar que la historia no trata de perversión sexual y práctica homosexual. Trata de inhospitalidad, según Lucas 10:10–13, y de no ocuparse de los pobres, según Ezequiel 16:49–50: 'Este fue el crimen de tu hermana Sodoma: orgullo, voracidad, indolencia de la dulce vida tuvieron ella y sus hijas; no socorrieron al pobre y al indigente'. Sugerir que Sodoma y Gomorra trata de sexo homosexual es un análisis de tanto valor como sugerir que la historia de Jonás y la ballena es un tratado de pesca".

Gomes sigue escribiendo en su editorial que "aquellos que hablan en nombre del derecho religioso no hablan por todos los cristianos americanos, y no son los únicos que pueden interpretar la Biblia. La misma Biblia que utilizaban los defensores de la esclavitud para proteger sus perversos intereses es la Biblia que inspiró a los esclavos para rebelarse y a sus libertadores para entrar en acción".

"La misma Biblia que utilizaron los predecesores de [el reverendo Jerry] Falwell y [el reverendo Pat] Robertson para mantener blancas las iglesias blancas es la fuente de inspiración del reverendo Martin Luther King, Jr., y la reforma social de los años 60".

"La misma Biblia que utilizaban los antifeministas para acallar a las mujeres en las iglesias es la Biblia que predica la liberación para los cautivos y dice que en Cristo no hay hombre o mujer, esclavo o libre".

"Y la misma Biblia que basándose en un arcaico código del antiguo Israel y en una lectura deformada de Pablo se utiliza para condenar a todos los homosexuales y el comportamiento homosexual incluye metáforas de redención, renovación, inclusión y amor, principios que invitan a los homosexuales a aceptar su libertad y responsabilidad en Cristo y exigen que los demás cristianos también les acepten".

¿Qué dijo Jesucristo sobre los homosexuales o la homosexualidad?

Nada.

¿Qué dicen distintas religiones sobre los gays y las lesbianas?

Por lo que se refiere a la homosexualidad, en lo único que están de acuerdo las distintas religiones es que no están de acuerdo. Eso vale para diferentes religiones así como para diferentes denominaciones dentro de las religiones y los diferentes líderes religiosos dentro de las denominaciones. Pero para poner un poco de orden a la cacofonía de voces discordantes dentro del mundo religioso, he aquí un estudio general sobre lo que dicen las grandes religiones de los los Estados Unidos sobre el tema, extraído, en parte, del *San Francisco Examiner*.

Los metodistas unidos aceptan a los homosexuales declarados y no consideran oficialmente la homosexualidad un pecado, pero consideran la actividad homosexual "incompatible con las enseñanzas cristianas". Sin embargo, más de ciento y cinquenta "congregaciones de reconciliación" se proclamaron partidarias de acoger favorablemente la plena participación de gays y lesbianas, y un grupo de ministros metodistas ha declarado que celebrarán uniones de miembros del mismo sexo.

La Iglesia de Jesucristo de los Santos de los Últimos Días, "los Mormones" no acepta a homosexuales declarados, considera la homosexualidad un pecado y recomienda la castidad para los homosexuales.

La iglesia católica acepta a los homosexuales declarados, considera la homosexualidad moralmente incorrecta y un pecado su práctica, y enseña que cualquier actividad sexual fuera del matrimonio no es correcta. Pero los obispos católicos de los Estados Unidos emitieron una carta pastoral en el año 1997 aconsejando a los padres de niños homosexuales que amaran y apoyaran a sus hijos e hijas. En su carta los obispos decían que la orientación homosexual no se elige libremente y que los padres no deben rechazar a sus hijos homosexuales en una sociedad llena de rechazo y discriminación. La carta, que continúa diciendo que la actividad sexual entre las parejas del mismo sexo es inmoral, urge a los padres a animar a sus hijos a llevar una vida casta. Y por si alguien pensara lo contrario, los obispos destacan que la carta no debería entenderse "como una aprobación de lo que algunos llamarían 'un estilo de vida homosexual'".

Los bautistas aceptan oficialmente a los homosexuales declarados y consideran la homosexualidad un pecado, pero los bautistas estadounidenses y los bautistas del sur difieren en sus puntos de vista, y cada iglesia es autónoma. Así que aunque la Convención de los Bautistas del Sur condene la homosexualidad por ser "una manifestación de una naturaleza depravada" y "una perversión de las normas divinas", una de sus iglesias, la Pullen Memorial Baptist Church de Raleigh, Carolina del Norte (EE.UU.), celebró una "bendición de sagrada unión" para dos hombres gays. Aquella iglesia fue más tarde expulsada de la convención nacional, y los bautistas del sur modificaron su constitución posteriormente para dejar claro que "el comportamiento homosexual" no debía ser aprobado por ninguna iglesia afiliada.

La iglesia episcopal/anglicana acepta a los homosexuales declarados, no considera la homosexualidad un pecado y urge a las congregaciones a promover el diálogo sobre la sexualidad humana. Pero la iglesia episcopal, que es una de las treinta y siete provincias eclesiales de la comunión anglicana mundial, tuvo que acatar una resolución de la Conferencia de Lambeth (Inglaterra) del año 1998, una conferencia que se celebra cada diez años. Los casi ochocientos obispos que asistieron de todas las partes del mundo aprobaron por votación rechazar la práctica homosexual como "incompatible con las Santas Escrituras". Aquella resolución hizo que el obispo episcopales de Nueva York y su eventual sucesor escribieran una carta conjunta a los sesenta y dos mil episcopalianos de su rebaño asegurándoles que "el carácter de nuestra vida juntos" como episcopales de Nueva York continuará siendo la misma. "Esta diócesis", escribieron, "reconoce y aprecia desde hace tiempo el ministerio de los gays y las lesbianas episcopalianos de Nueva York, y, por supuesto, el ministerio de nuestro clero homosexual".

Los luteranos aceptan a los homosexuales declarados, consideran la homosexualidad un pecado y creen que no es el plan original de Dios. Los presbiterianos no tienen una voz en este tema excepto en lo referente a la ordenación de homosexuales: el más alto tribunal de la iglesia presbiteriana declaró en noviembre de 1992 que un homosexual declarado y sexualmente activo no puede servir como ministro de ninguna de sus once mil y quinientas iglesias; la medida anulaba la práctica de una mujer homosexual como pastora auxiliar de una iglesia de Rochester, Nueva York.

Los musulmanes no aceptan a los homosexuales declarados, consideran la homosexualidad uno de los perores pecados y animan al cambio a los homosexuales. Los judíos ortodoxos creen que la homosexualidad es una abominación, pero en el otro extremo del espectro judío, los movimientos reformista y el reconstruccionismo han creado programas especiales de acercamiento para homosexuales e incluso les han aceptado públicamente en sus asociaciones rabínicas. En el término medio del judaísmo está el movimiento conservador, que acepta a los homosexuales en sus congregaciones, pero no les permite hacerse rabinos.

Las mejores noticias vienen de los universalistas unitarios y los budistas. Estos últimos aceptan abiertamente a los homosexuales, los ordenan, no consideran la homosexualidad un pecado y no tienen una política de enseñanzas formal sobre los homosexuales. La Asociación Universalista Unitaria, con más de mil congregaciones en todo el país, acepta a los homosexuales en todos los cargos eclesiales. Los unitarios celebran uniones sagradas para parejas de gays y de lesbianas, y sus iglesias de todo el país ofrecen sermones y talleres de trabajo sobre homosexualidad, y muchas iglesias acogen encuentros de PFLAG y congregaciones de la Iglesia de la Comunidad Metropolitana; una iglesia extendida por todo el país cuyos miembros son mayoritariamente gays y lesbianas.

¿Por qué existe tanto antagonismo entre la iglesia católica y los homosexuales?

La iglesia católica ha sido extremamente dura en su condena de los homosexuales y a menudo se opone a los temas sobre derechos de los homosexuales.

En el año 1990, la Conferencia Nacional de Obispos Católicos aprobó un documento sobre sexualidad humana que tildaba la homosexualidad de comportamiento maligno pero decía que los mismos homosexuales no estaban en pecado. Comentando el documento cuando fue aprobado, el obispo Edward O'Donnell de San Luis (Misuri) dijo: "La tendencia o la orientación es un desorden, pero la persona no es mala".

Más allá de esta política oficial de "ama al pecador, odia al pecado" hacia los homosexuales, lo que más enfureció a los gays y las lesbianas y a los defensores de sus derechos, fue la insistente oposición de la iglesia católica a la equiparación de derechos de gays y lesbianas, así como su oposición a la educación para la prevención del SIDA, que incluye el uso de preservativos.

Por si el documento del 1990 no fuera suficientemente claro, en junio de 1992, el Vaticano mandó un memorando a los líderes de cincuenta y siete millones de católicos romanos de los Estados Unidos reiterando la posición de la iglesia que la homosexualidad es un "desorden objetivo" e insistiendo en que, para "el bien común", los obispos de los Estados Unidos se opusieran a las leyes que prohíben la discriminación contra homosexuales en áreas que incluyen la adopción, la acogida de niños, el servicio militar y el empleo de maestros y entrenadores deportivos.

¿Todos los católicos están de acuerdo con la posición oficial de la iglesia sobre la homosexualidad?

Por lo que he escrito hasta ahora, se puede tener la impresión de que efectivamente es así. Y fue dicha impresión lo que hizo que una lectora, cuya cuñada es lesbiana, me escribiera una dura carta abordando la cuestión de si todos los católicos piensan lo mismo sobre los homosexuales. Escribió: "Su énfasis puede hacer llegar a la conclusión que los católicos sólo obtienen homofobia y culpabilidad de su religión. Odio las generalizaciones, así que solamente diré que eso no es cierto en mi caso. Lo que yo recibo de mis consejeros espirituales es lo contrario casi por completo. La misma palabra 'católico' significa aceptar a todos. Yo aprendí en la iglesia que Dios no desprecia, y eso me ayuda a no prestar atención a la gente que quiere negar los derechos sociales o humanos a los homosexuales. Asistir a la marcha de este año [1993] en Washington fue una acción en profunda armonía con mis creencias religiosas".

"Usted explica con detalle que la Iglesia exige a los católicos gays que sean célibes, de la misma manera que nos pide a nosotros que no utilicemos medidas de control de natalidad, aunque en la práctica ambas enseñanzas se incumplen ampliamente. No nos exige que sigamos indicaciones en las votaciones . . ".

"Sería vergonzoso que alguien terminara por pensar que no se puede revelar la orientación sexual a un amigo porque es católico. Algunos homosexuales pueden necesitar todos los amigos que puedan tener. A mí también me pasa, y algunos de esos amigos son homosexuales".

¿La iglesia católica es el único grupo religioso que se ha opuesto activamente a los derechos de los homosexuales?

Casi. Muchas organizaciones de fundamentalistas cristianos han tenido un papel muy activo durante años en la oposición a cualquier esfuerzo por equiparar los derechos de los homosexuales, demonizando la equiparación de derechos como "derechos especiales".

Uno de los esfuerzos más públicos por expresar malestar por el tratamiento positivo de los homosexuales hizo que la Convención Bautista del Sur del mes de junio de 1997 pidiera un boicot de sus 15,7 millones de miembros contra la Walt Disney Company, que incluye los parques temáticos, tiendas, estudios cinematográficos, canales de televisión por cable, ediciones, revistas, periódicos, cadenas de radio y televisión y a la cadena de televisión ABC. Los bautistas del sur se ofendieron, entre otras cosas, por la decisión de Disney de proporcionar asistencia sanitaria a las parejas de los empleados homosexuales y los "Días Homosexuales" de Disney World, organizados independientemente por grupos de gays y lesbianas. También les pareció ofensivo el programa de la ABC *Ellen*, en la que el protagonista salía del *closet* y descubría su condición de lesbiana, tal como hizo Ellen DeGeneres, la actriz que interpretaba el papel.

¿La religión organizada siempre ha estado en contra de los homosexuales?

Según el historiador John Boswell, en su libro de 1980 *Christianity, Social Tolerance, and Homosexuality* (*Cristianismo, tolerancia social y homosexualidad*), hasta finales del siglo 12, la teología moral cristiana trataba la homosexualidad "como, en el peor de los casos, comparable a la fornicación heterosexual pero en la mayoría de los casos no decía nada sobre el tema". Pero más tarde, inmediatamente después de una invectiva de Santo Tomás de Aquino, la Iglesia empezó a considerar a los homosexuales como innaturales y peligrosos.

¿Existen organizaciones y lugares de culto específicamente para homosexuales que sean religiosos?

Existen organizaciones por todo el país específicamente para gay y lesbianas que son católicos, judíos, episcopalianos, luteranos, etcétera. La mayoría de las ciudades también tienen una sinagoga homosexual. Además, la Metropolitan Community Church (Iglesia de la Comunidad Metropolitana), cuyos miembros son mayoritariamente homosexuales, tiene más de trescientas congregaciones en los Estados Unidos y en todo el mundo. La más grande es la de la Catedral de la Esperanza de Dallas, con dos mil trescientos feligreses.

¿Pueden convertirse en ministros y rabinos los homosexuales declarados?

Cada vez más homosexuales declarados se ordenan ministros y rabinos, pero la cuestión de su ordenación ha sido motivo de acalorados debates y amargos conflictos en todo el espectro religioso.

¿Cómo se han involucrado las instituciones religiosas y el clero en la lucha por los derechos de los homosexuales?

Algunas instituciones religiosas y miembros del clero, incluyendo al obispo episcopal John Shelby Spong, que se ha declarado abiertamente a favor de los homosexuales, se han involucrado de manera muy activa en el apoyo de los derechos de los homosexuales.

Quizás el ejemplo más antiguo de apoyo de líderes religiosos es el del año 1965, cuando un grupo de ministros liberales, junto con activistas de los derechos de los homosexuales, organizó el primer gran acto público de gays y lesbianas para recaudar dinero para una nueva organización llamada Council on Religion and the Homosexual (El Concilio sobre la Religión y Homosexualidad). Los unitarios universalistas también fueron pioneros en la defensa de los derechos de los homosexuales, y en el año 1970 pidieron el fin de la discriminación contra los gays y las lesbianas en la denominación y en la sociedad, y declararon que el comportamiento sexual consensuado era un asunto privado.

¿Es posible convertirse en heterosexual a través de la oración?

La oración puede hacer muchas cosas, pero nunca transformará a un homosexual en un heterosexual.

Puede parecer inofensivo sugerir que la oración es la manera de convertirse en heterosexual, pero tal como descubrió Mary Griffith, que había tenido creencias fundamentalistas cristianas, eso puede ser fatal. Griffith creía que si su hijo Bobby, entonces un adolescente, rezaba lo suficiente se convertiría en heterosexual.

Bobby rezó, siempre temiendo que Dios le castigaría por su homosexualidad. Escribió en su diario: "¿Por qué me hiciste esto a mí, Dios? ¿Voy a ir al infierno? Esta persistente pregunta me perfora constantemente la cabeza. Por favor, no me mandes al infierno. En realidad no soy tan malo, ¿verdad? Quiero ser bueno. Quiero llegar a ser alguien. Necesito tu aprobación. Si la tuviera, sería feliz. La vida es muy cruel e injusta". Un año y medio más tarde, a los veinte años, Bobby saltó por un paso elevado de una autopista y fue atropellado por un camión.

En una carta a otras personas homosexuales escrita en el *San Francisco Examiner*, Mary Griffith escribió más tarde: "Ahora estoy convencida—antes no—de que el suicido de mi hijo Bobby es el último resultado de la homofobia y la ignorancia reinantes en la mayoría de las iglesias protestantes y católicas, y, por extensión, en la sociedad, en nuestras escuelas, en nuestra propia familia".

"Bobby no bebía, no se drogaba. El único problema es que nunca le aceptaríamos por lo que era: un gay".

"Esperábamos que Dios le curaría de ser gay. Según la palabra de Dios, tal como nos las hicieron entender, Bobby tenía que arrepentirse o Dios lo condenaría al infierno y al castigo eterno. Yo acepté a ciegas la idea de que lo que nos atormenta e intimidaba es la naturaleza de Dios".

"El hecho de haber aceptado—creído—dicha depravación de Dios hacia mi hijo o cualquier ser humano me ha causado muchos remordimientos y sentido de culpabilidad. Educar a los niños haciéndoles creer que son malos, que sólo tienen una ligera inclinación al bien, y que serán indignos del amor de Dios desde el nacimiento hasta la muerte es una caricatura del amor de Dios".

"Mirando atrás, me doy cuenta de lo depravada que fui al inculcar falsa culpabilidad en la conciencia de un niño inocente, provocándole así una imagen distorsionada de la vida, de Dios y de él mismo, dejando poco espacio o ningún espacio en absoluto para su autoestima".

"Si hubiera mirado la vida de mi hijo con un corazón puro, habría reconocido en él a un tierno espíritu en los ojos de Dios".

La historia de Mary Griffith y Bobby Griffith forma parte de un interesante libro, *Prayers for Bobby. A Mother's Coming to Terms with the Suicide of Her Gay Son* (*Oraciones por Bobby. Cómo afronta una madre el suicidio de su hijo gay*), de Leroy Aarons.

¿Qué les diría a los cristianos que dicen a los homosexuales que ellos aman al pecador pero odian el pecado?

Mi respuesta sería muy simple: gracias, pero puedo pasar sin esa clase de amor.

Pienso que la filosofía de "ama al pecador, odia el pecado" es un subterfugio fácil para los cristianos que condenan la homosexualidad, que pueden así reconciliar sus sentimientos respecto a gays y lesbianas. Les resulta cómodo amar al "pecador" y también les resulta cómodo no comprometer su credo religioso proclamando su odio por el "pecado". El problema es que esta actitud permite separar el presunto pecado del presunto pecador. Pero lo cierto es que ese "pecado"—mi orientación sexual y el modo en que elijo expresarla—forman parte de mí, el "pecador", tanto como mi propia piel. Por tanto, si odias algo tan sustancial para mí como mi propia piel, entonces necesariamente me odiarás a mí. Cuesta imaginar que a la gente de bien pueda agradarle esta idea.

12 La discriminación y violencia en contra de los homosexuales

¿Cómo se discrimina a los homosexuales?

La discriminación contra gays y lesbianas adopta múltiples formas: se les despide de sus trabajos, se les desaloja de sus hogares o se les niega la custodia de sus hijos. Los gays y las lesbianas suelen verse exentos de sus responsabilidades para con el ejército. En muchos estados de los Estados Unidos, los gays y las lesbianas pueden ser arrestados por mantener relaciones sexuales con otro adulto que actúa por su propia y libre voluntad en la intimidad de su hogar. Las universidades se han negado a reconocer oficialmente a colectivos de estudiantes homosexuales. Tanto a los gays como a las lesbianas se les ha expulsado de asociaciones estudiantiles masculinas y femeninas. No se permite la entrada de muchachos homosexuales en la organización juvenil de los Boy Scouts. Las parejas gays y lesbianas, sin importar el tiempo que lleven juntas, carecen de las protecciones concedidas a las parejas casadas no homosexuales. Y, en un célebre caso de discriminación gubernamental, la nominación por parte de Bill Clinton de un hombre que había hecho pública su homosexualidad como embajador estadounidense en el Gran Ducado de Luxemburgo fue bloqueada—y en última instancia revocada—por tres senadores republicanos preocupados por el "historial gay" del nominado.

La mayoría de las veces, sin embargo, la discriminación a que se ven sometidos los homosexuales no es tan obvia como sufrir un arresto en el propio dormitorio o recibir ropa interior de color rosa o una nota de desahucio. Más frecuente resulta que un propietario no acceda a alquilar una vivienda a dos hombres "solteros"—sólo a parejas casadas—o que un jefe nunca cumpla su promesa de ascenso laboral.

¿Cómo se efectúa el acoso a los gays y lesbianas? ¿Sucede con frecuencia?

El acoso a gays y lesbianas va desde el insulto y las pintadas antihomosexuales en sus viviendas hasta acciones como reventar los neumáticos de los coches aparcados junto a bares homosexuales o los destrozos cometidos en las oficinas de organizaciones gays y lesbianas. El acoso es especialmente frecuente entre los estudiantes de institutos y universidades, como indican dos estudios realizados a finales de los años noventa. (Para más información sobre estos estudios, véase "¿Qué piensan los adolescentes heterosexuales de sus compañeros homosexuales"?, en el capítulo 2.)

Con demasiada frecuencia, los incidentes antihomosexuales van mucho más allá de los insultos, llegando a las amenazas de muerte, las palizas e incluso el asesinato.

¿Realmente se asesina a la gente por ser homosexual?

Sin duda. En el año 1996, el último del que existen estadísticas, veintiuna personas, hombres y mujeres, fueron asesinados en los Estados Unidos a causa de su orientación sexual, de acuerdo con el Southern Poverty Law Center (Centro de legislación de la pobreza del sur), organización de Alabama que realiza un seguimiento de la violencia en contra de las minorías.

El caso que ha despertado mayor atención a nivel nacional en los últimos años fue el asesinato, en el año 1998, de Matthew Shepard, un estudiante gay de la Universidad de Wyoming al que secuestraron, robaron, golpearon en la cara con una pistola y que posteriormente fue atado a una valla, en la que permaneció durante dieciocho horas en temperaturas de casi cero grados. Su muerte, cinco días después, provocó la indignación en todo el país y la petición de una legislación nacional sobre los crímenes motivados por el odio que incluyese los crímenes basados en la orientación sexual.

¿La violencia antihomosexual es una novedad o un problema importante?

Si hablas con los gays y las lesbianas de más edad, descubrirás de inmediato que la violencia antihomosexual no es nada nuevo. Barbara Gittings, una de las primeras activistas en favor de los derechos de los homosexuales, rememoraba un incidente acaecido en los años 50 en un bar homosexual de Nueva York: "Estaba con mi amigo Pinky. No recuerdo por qué le llamábamos Pinky, pero el caso es que Pinky trabó amistad con un par de tipos de uniforme que habían entrado en el bar, marines, diría yo. Se sentaron a hablar con nosotros. Cuando los cuatro salimos del bar, aparecieron las nudilleras de metal. A Pinky le destrozaron la cara. Le rajaron la nariz de arriba abajo. Entonces me dijeron, 'No te tocaremos, nene, porque llevas gafas'. Fue horrible, y no pude hacer absolutamente nada hasta que acabaron su vergonzosa tarea y se fueron. Ayudé a Pinky a levantarse y lo llevé al hospital. Le dieron trece puntos en la nariz. Supongo que en mi inocencia no había pensado que la gente pudiera estar tan llena de odio y violencia contra nosotros. Pinky no quiso ir a la policía. Se imaginó que no iban a hacer nada e incluso puede que le hicieran pasar un mal rato. Probablemente, tenía razón".

Varios de los primeros activistas en favor de los derechos de los homosexuales con quienes hablé me contaron que no podían llamar a la policía tras incidentes como el que describe Barbara Gittings, porque, me dijeron, los policías eran muchas veces quienes les daban las palizas.

En nuestros días, el tema de la violencia antihomosexual recibe un tratamiento más serio por parte de las autoridades públicas. Una serie de informes gubernamentales concluyen que gays y lesbianas son las víctimas más frecuentes de la violencia motivada por el odio. Tras la aprobación de la National Hate Crimes Statistics Act (Ley nacional de estadísticas de crímenes motivados por el odio) en el año 1990, el gobierno federal estadounidense empezó a recopilar datos de dieciséis mil departamentos de policía relativos a crímenes motivados por prejuicios de todo tipo, incluyendo los prejuicios relativos a la orientación sexual. De acuerdo con el Federal Bureau of Investigation (FBI), el factor de la orientación sexual suponía un 11,6% de los 8.759 crímenes motivados por el odio registrados en el año 1996; último año del que existen cifras disponibles.

La National Coalition of Anti-Violence Programs (Coalición nacional de programas antiviolencia), una coalición de programas de seguimiento realizados en veinticinco estados y poblaciones sobre temas gays/lésbicos/bisexuales/transexuales, señaló un incremento del 2% en los incidentes contra lesbianas/gays/bisexuales/transexuales y personas seropositivos entre los años 1996 y 1997. La organización habla de un total de 2.445 incidentes en el año 1997; último año del que existen cifras disponibles. Pero muchos de quienes se ocupan de monitorizar estas cifras están de acuerdo en afirmar que sólo un pequeño porcentaje de las víctimas de ataques antihomosexuales denuncian estos incidentes, porque la gente teme que su orientación sexual se haga pública o que la policía no tome en serio sus informes, o porque temen los abusos policiales.

¿Existen organizaciones para combatir la violencia antihomosexual?

Sí, varias de las organizaciones que realizan seguimientos de la violencia antihomosexual para la National Coalition of Anti-Violence Programs combaten en sus ciudades y estados la violencia antihomosexual. Entre las tareas desempeñadas se cuenta la educación en los departamentos de policía sobre la población gay y lesbiana y el problema de la violencia antihomosexual, el trabajo con la policía a fin de identificar la violencia antihomosexual y el trabajo con víctimas y testigos para captar información que no se atreverían a transmitir directamente a la policía. Algunas organizaciones envían conferenciantes a los institutos de enseñanza locales para que instruyan a los estudiantes respecto a la población gay y lesbiana, con el fin de prevenir la violencia antihomosexual.

La National Coalition of Anti-Violence Programs redacta un informe anual sobre violencia antihomosexual, y, junto a numerosos grupos locales, ejerce presiones en ámbito estatal y nacional para la creación de leyes contra los crímenes motivados por el odio que incluyan los crímenes basados en la orientación sexual.

¿Cuáles son esas leyes contra los crímenes motivados por el odio, y cómo se puede prevenir la violencia antihomosexual?

Las leyes contra los crímenes motivados por el odio incrementan las penas aplicadas a los crímenes cuyo origen es el prejuicio. En otras palabras, si alguien asalta a un judío por ser judío—lo que se demostraría si el crimen fuese acompañado de insultos, por ejemplo—podría ser inculpado de un crimen motivado por el odio, además de asalto y lesiones. Cuarenta y un estados y el Distrito de Columbia (EE.UU.) poseen leyes contra los crímenes motivados por el odio. Del total de cuarenta y dos, veinte poseen leyes que mencionan la raza, la religión o la etnia; once, leyes que mencionan la orientación sexual; once, leyes que mencionan el sexo; y doce, leyes que mencionan otras categorías.

El tema en sí de la legislación contra los crímenes motivados por el odio es extremadamente complejo y polémico: algunos sostienen que estas leyes son una herramienta importante para procesar e impedir los crímenes motivados por el odio, y otros afirman que estas leyes restringen la actividad política.

¿Cómo se puede informar acerca de la violencia antihomosexual?

Lo primero que hay que hacer es llamar a la policía. También hay que llamar a la organización local para la antiviolencia gay y lesbiana, e informar del incidente. Para encontrar el grupo más cercano, se puede llamar a New York City Gay and Lesbian Anti-Violence Project (Proyecto antiviolencia de Nueva York contra gays y lesbianas), la organización antiviolencia más importante de nuestro país. El grupo de la ciudad de Nueva York también publica un informe anual sobre violencia antihomosexual de ámbito nacional (véase "Dónde acudir" para información de contacto).

¿Por qué discrimina, acosa y ataca la gente a gays y lesbianas?

Algunos lo hacen porque piensan que la homosexualidad es pecaminosa e inmoral o que los homosexuales son pedófilos, portadores de enfermedades y enfermos mentales. Otros creen que la homosexualidad va en contra de los valores americanos de familia y amenaza con destruir la familia americana. Durante años, el ejército de los Estados Unidos ha proclamado que la población homosexual era un peligro para la seguridad, una amenaza para la moral y "perjudicial para el orden y la disciplina".

Según el Dr. Gregory M. Herek, sicólogo investigador de la Universidad de Californa y autor de *Hate Crimes: Confronting*

Violence Against Lesbians and Gay Man (*Crímenes motivados por el odio: la violencia contra lesbianas y gays*), para la mayoría de quienes albergan prejuicios contra los homosexuales, estos "representan todos los males . . . para estas personas, odiar a gays y lesbianas constituye una prueba de fuego para verificar que uno es una persona moral".

Otros sicólogos que han estudiado los prejuicios en contra de los homosexuales afirman que dichos prejuicios derivan de una combinación de miedo y pretensiones de superioridad moral según la cual los homosexuales son considerados una amenaza despreciable para el universo moral. Los expertos también están de acuerdo en que estos sentimientos antihomosexuales con frecuencia reciben el apoyo de instituciones religiosas que consideran que la homosexualidad es pecado.

Hay aún más razones para la discriminación, el acoso verbal y la expresión física del odio hacia gays y lesbianas. En especial, los jóvenes suelen estar motivados por el deseo de seguir la tendencia general u obtener la aprobación de sus compañeros o familia. También oímos con frecuencia que esos sentimientos antihomosexuales podrían estar motivados por el miedo que las personas sienten a sus propios sentimientos homosexuales. Según el Dr. Herek, "aunque esta explicación se emplea con mayor frecuencia de lo que se debería, puede aplicarse sin duda a algunos hombres que atacan a los homosexuales para negar de ese modo ciertos aspectos inaceptables de sus propias personalidades".

Cuando a Jean, que se describe a sí misma como "no exactamente el tipo de chica Marilyn Monroe", le dieron una paliza varios años atrás, sus atacantes dejaron bien claro qué era lo que no les gustaba de ella: "Esos cuatro tipos gritaban frases en contra de las lesbianas:' ¿Quién te has creído que eres? ¿Quieres parecer un hombre? ¡Ya te enseñaremos nosotros!' Ese tipo de cosas". Jean volvía a casa andando desde el gimnasio en el Greenwich Village de Nueva York. "Había una mujer con ellos, pero no dijo nada. Se pusieron detrás de mí y empezaron a dar patadas a una lata hacia donde estaba yo. Entonces me di la vuelta. Recuerdo haber dicho algo como' ¿Qué pasa aquí?' Y el tipo me pegó. Su primer puñetazo me rompió la nariz. La otra persona me pegó en el estómago. Después de eso, ya no pude tenerme en pie. Me caí al suelo. Estaba sangrando, y uno de ellos me dio una patada en la espalda". Jean sufre una lesión permanente en la espalda del ataque.

13? El sexo

No se puede discutir el tema del sexo sin hablar primero del SIDA y sin haber hecho todo lo necesario para prevenir la propagación del VIH, el virus que causa el SIDA. Para las preguntas sobre el SIDA, véase el capítulo 18, "El SIDA". Y para obtener la información más actualizada sobre cómo prevenir la infección del VIH, lo mejor es hablar con el médico o llamar a una organización sanitaria local o al número local o nacional de información sobre el SIDA. Uno de esos números en los Estados Unidos es el National AIDS Hotline, el 1-800-342-AIDS que dispone de especialistas en información que responderán, veinticuatro horas al día, a todas las preguntas que desee plantearles sobre el SIDA y el VIH.

¿Qué hacen los gays y las lesbianas en la cama?

¿Cómo son las relaciones sexuales de los gays y las lesbianas?

En primer lugar, ¿qué significa "relaciones sexuales"? Un joven heterosexual me preguntó qué entienden los homosexuales por "relaciones sexuales" y me dijo que, para él, relación sexual significaba el acto sexual con una mujer. El resto era "tontear, nada más". Yo prefiero emplear una definición más amplia. Para lo que aquí nos interesa, relación sexual significa que ambos estimulan la sexualidad del otro. Sin olvidar el componente emocional, porque para mucha gente el sexo significa intimidad física y emocional.

No hay misterio alguno en lo que gays y lesbianas hacen para estimularse sexualmente entre sí, porque gays y lesbianas hacen lo mismo que los heterosexuales. En general, la gente hace lo que le proporciona bienestar. Se miran, se hablan, se besan, se toman de las manos, se dan masajes, se abrazan, se lamen: es decir, se estimulan mutuamente para excitarse entre sí. Naturalmente, ciertas cosas son más agradables que otras, porque algunas partes del cuerpo son más sensibles por naturaleza, como los pezones, los pechos, las nalgas, el clítoris, el pene, el ano, los labios y, para algunos, ese punto tan tierno situado en la parte posterior del cuello. La gente emplea todo tipo de cosas para estimular las partes que producen placer, entre las cuales los dedos de las manos, las manos, la lengua, la boca, el pene, los dedos de los pies: absolutamente todo.

Las relaciones sexuales pueden incluir orgasmo o no. Y del mismo modo que existen todo tipo de formas para estimularse sexualmente, existen todo tipo de formas de alcanzar el orgasmo, aunque ello requiere generalmente la estimulación del pene (en los hombres) o la estimulación del clítoris y el punto "G" (en las mujeres).

¿Y qué pasa con el acto sexual?

Es importante señalar que el acto sexual—tanto anal como vaginal—sin condón ofrece el riesgo más elevado de contraer el SIDA. Así que, antes de iniciar el acto sexual o cualquier otra actividad sexual con otra persona, le rogamos que se informe de todo lo necesario para prevenir la infección del VIH. (Para más información sobre VIH/SIDA, véase el capítulo 18, "El SIDA".)

Dos hombres pueden, si lo desean, realizar el sexo anal, es decir, insertar el pene de uno en el ano del otro. Algunos hombres alcanzan así el orgasmo.

Dos mujeres que desean la penetración vaginal pueden utilizar los dedos de las manos y de los pies, un consolador o lo que a ellas les produzca placer. Algunas lesbianas que desean la experiencia del acto sexual con penetración emplean un consolador sujeto a un arnés en la cintura, que permite que una de las mujeres penetre a la otra.

¿Cómo puede una lesbiana satisfacerse sexualmente (llegar al orgasmo) sin que intervenga un pene en el acto sexual?

Cualquier mujer—homosexual o no—le dirá que no se necesita un pene para alcanzar un orgasmo, y que la penetración vaginal del pene no garantiza el orgasmo. En general, para alcanzar el orgasmo se requiere la estimulación del clítoris, situado en el exterior y por encima de la vagina, y el punto "G", situado en el interior de la vagina. El clítoris puede estimularse con ayuda de múltiples elementos, entre los cuales los dedos de las manos, la boca o un vibrador. Y si una mujer desea estimulación vaginal, no es imprescindible el pene, porque hay muchas maneras de penetrar y estimular la vagina sin la intervención de éste.

¿Todos los gays recurren habitualmente al acto sexual anal?

No, eso es un mito. De todas maneras, ciertas personas—homosexuales o no, hombres y mujeres—sienten placer en la estimulación y penetración anal con un pene, los dedos, un consolador o lo que sea. Otros no. Y a algunos hombres—gays y no gays—les gusta insertar su pene en el ano de su pareja, sea hombre o mujer. A otros no.

Sé que parece una respuesta excesivamente breve para una cuestión que muchos consideran fundamental—desde un punto de vista moral y desde cualquier otro punto de vista—, pero, en mi opinión, que dos personas elijan el sexo anal o que uno de los dos estimule el ano de su pareja o desee que esta estimule su ano es, sencillamente, una cuestión de preferencias personales.

¿Por qué algunos gays practican el sexo anal y otros no?

Los gays que practican el sexo anal lo hacen porque les produce placer, o porque su pareja siente placer, o ambas cosas.

Los gays que no practican el sexo anal, penetrando o siendo penetrados, aducen distintos motivos para ello. A algunos hombres les incomoda físicamente ser penetrados analmente por un pene, o bien no les gusta adoptar lo que tradicionalmente se considera un rol pasivo. Otros hombres deciden no practicar el sexo anal por razones morales o por cuestiones de higiene. Otros temen la posibilidad de contraer el SIDA, incluso con el uso de condón.

¿Las lesbianas emplean juguetes eróticos?

¿Los gays emplean juguetes eróticos?

Pregunta a cualquier proveedor de juguetes eróticos quién compra y utiliza los distintos objetos sexuales que existen, y te darás cuenta de que todo tipo de gente, hombres y mujeres, homosexuales o no, viejos y jóvenes, religiosos y agnósticos, emplean juguetes eróticos.

¿Los gays emplean pornografía?

¿Las lesbianas emplean pornografía?

En ciertos casos sí, en otros casos no. Pero si echamos un vistazo a las estanterías de cualquier tienda en la que se vendan revistas pornográficas y se vendan o alquilen cintas de vídeo, comprobaremos que existe un mercado mucho más amplio para la pornografía dirigida a los gays que para la pornografía dirigida a las lesbianas. Del mismo modo, existe un mercado mucho mayor para la pornografía dirigida a los hombres heterosexuales que para la pornografía dirigida a las mujeres heterosexuales.

¿Si una lesbiana emplea un consolador, no significa que lo que desea es estar con un hombre?

No. Una lesbiana que usa un consolador no hace más que elegir ese tipo de estimulación vaginal o anal, del mismo modo que cuando un hombre heterosexual emplea un consolador para su propia estimulación anal ello no significa que desee tener relaciones con un hombre.

¿Qué son "tops" y "bottoms"?

Son los gays quienes suelen emplear esta distinción. Cuando un gay se refiere a sí mismo como "top" o "bottom", lo que está diciendo es que prefiere ser quien haga la penetración durante el sexo anal (un "top") o bien prefiere ser penetrado (un "bottom"). Algunas lesbianas también recurren a la distinción entre tops y bottoms: una "top" emplea un consolador o cualquier otro medio para penetrar a una "bottom".

Algunas personas también emplean las designaciones "top" y "bottom" para la persona que adopta, respectivamente, un rol agresivo o pasivo al mantener relaciones sexuales de todo tipo.

Aunque algunos gays y algunas lesbianas definen estrictamente sus roles sexuales como "tops" y "bottoms", la mayoría no emplea tales etiquetas y sus roles pueden oscilar entre una mayor o menor agresividad según el momento o el día.

¿El clítoris de las lesbianas es más grande que el de las heterosexuales?

El tamaño del clítoris de una mujer no depende de su orientación sexual.

¿Los gays tienen mayor apetito sexual que los hombres heterosexuales?

El mito popular dice que los gays tienen un voraz apetito sexual y practican el sexo continuamente. La verdad no es tan espectacular. La única diferencia entre gays y hombres heterosexuales está en a quién desean, no en cuánto desean.

¿Las lesbianas son vírgenes?

¿Qué es perder la virginidad para un gay?

Esta pregunta me recuerda una conversación que mantuve con una amiga de la universidad. Mucho después de que me contase lo bien que se lo había pasado con su nuevo novio, me dijo que pretendía llegar virgen al matrimonio. ¡No podía creérmelo! Repasé mentalmente nuestras anteriores conversaciones acerca de cómo su novio le había hecho esto o aquello o cómo ella le había hecho tal cosa a él. Había hablado mucho sobre lo que para mí era un sexo apasionado, sudoroso, caótico, voraz. ¿Cómo es posible, le pregunté, que se definiera como virgen después de todo ese sexo? "Nunca he practicado el acto", me explicó. Ah. Después de meditarlo un rato, tuve que reconocer que mi amiga era técnicamente virgen, pero sólo porque su vagina no había sido nunca penetrada por un pene. Por lo que me había contado, el pene de su novio había estado prácticamente en todas partes menos en ésa.

La definición basada en la penetración del pene no se aplica tan fácilmente a los gays y las lesbianas. Por ejemplo, ¿una lesbiana sexualmente activa que nunca ha practicado el acto sexual con un hombre sigue siendo virgen? ¿Un gay sexualmente activo que nunca ha sido penetrado analmente por otro hombre sigue siendo virgen? ¿Y qué ocurre si ha penetrado a otro hombre pero nunca le han penetrado a él?

Teniendo en cuenta las realidades y complejidades de las relaciones sexuales entre hombres y mujeres, hombres y hombres, y mujeres y mujeres, para mí ya va siendo hora de dar con una nueva definición de virginidad. Yo apuesto por una definición que diga que ya no eres virgen si has tenido relaciones sexuales con otra persona que incluyan estimulación genital culminada en orgasmo.

¿Los homosexuales en una relación prolongada acaban por tener menos relaciones sexuales con el paso del tiempo?

Al igual que las parejas heterosexuales, la mayoría de las parejas gays y lesbianas practican menos el sexo entre sí con el paso del tiempo. De las cuarenta parejas que entrevisté para mi libro sobre relaciones felices y duraderas en parejas gays y lesbianas, las parejas más jóvenes—entre los treinta y los cuarenta y tantos años de edad y que habían estado juntos durante nueve o más años—practicaban el sexo entre una y ocho veces al mes. Pero, si tomamos las cifras en su totalidad, la gama se extendía desde los que no practicaban el sexo en absoluto (caso de unas cuantas parejas) hasta los que mantenían relaciones sexuales de algún tipo cada día (caso de una pareja de hombres que llevaban veinticinco años juntos).

¿Los gays se sienten culpables por mantener relaciones sexuales entre sí?

Cuando yo era joven me sentía muy culpable por practicar el sexo con hombres. Cuando desperté a la sexualidad, sabía que prefería a los hombres, pero también sabía que, según me habían enseñado, la homosexualidad era algo malo, y naturalmente me sentí culpable por hacer algo malo. Pero esa culpabilidad—que obviamente no me detuvo, y que acabó desapareciendo con el paso del tiempo—no era nada en comparación con la experiencia de un hombre que mantuvo relaciones con un católico devoto. Según él, "Cada vez que hacíamos el amor, un segundo después de alcanzar el orgasmo, mi compañero saltaba de la cama, se arrodillaba y rogaba a Dios que le perdonara. No entiendo cómo pude aguantar seis meses antes de romper con él. Necesitaba ayuda, y yo intenté prestársela, pero no podía hacer nada por él".

Pero no todos viven las cosas como yo o ese católico devoto. Sonya me explicó que la primera vez que estuvo con una mujer no se sintió en absoluto culpable. "Hacer el amor con una mujer me pareció la cosa más perfectamente natural del mundo", me dijo. "Yo tenía treinta y dos años. Es lo que quería. Lo había estado esperando toda mi vida. ¿Por qué iba a sentirme culpable? ¡Lo que me apetecía era salir y celebrarlo"!

¿Puede una persona homosexual mantener relaciones sexuales con alguien del sexo opuesto?

¿Le produce placer?

La mayoría de los gays y las lesbianas—aunque no todos, ciertamente—han practicado el sexo con alguien del sexo opuesto. No debe sorprendernos: nos enseñaron que debíamos hacerlo así. Y aunque quizá no fuera ésa nuestra primera opción, para muchos gays y muchas lesbianas fue una experiencia placentera.

¿Los gays sienten repulsión física por las mujeres?

¿Las lesbianas sienten repulsión física por los hombres?

El hecho de que sientas atracción sexual por personas de tu mismo sexo no implica necesariamente que sientas repulsión física por el sexo opuesto. Lo que ocurre, simplemente, es que la mayoría de los gays y las lesbianas no se sienten especialmente atraídos sexualmente por el sexo opuesto.

Cuando revelé mis verdaderos sentimientos a algunos de mis amigos no gays en la universidad, un par de ellos entendieron que yo sentía repulsión física por las mujeres. Les expliqué mis sentimientos contándoles una historia sobre mi novia en un campamento de verano, cuando yo era apenas un adolescente. Eva tenía el pelo castaño, ojos verdes y un hermoso cuerpo. Era bonita, divertida y atrevida. Nos lo pasamos muy bien juntos. Incluso íbamos de la mano y nos gustaba abrazarnos y mimarnos. Pero cuando el resto de muchachos empezó a hablar de intentar alcanzar la primera o la segunda base con sus novias—todo esto ocurrió hace mucho tiempo, y ninguno de nosotros contemplaba ni siquiera la posibilidad de llegar a la home plate—recuerdo haber pensado que prefería jugar a cartas. Si los otros muchachos no lo hubiesen mencionado, ni siquiera habría pensado en la posibilidad de sexualizar mi relación con Eva. Pero en modo alguno sentía repulsión por ella.

¿Son promiscuos los gays? ¿Por qué?

Si tomásemos al pie de la letra lo que dicen algunos, pensaríamos que todos los gays, al cumplir los treinta, tienen ya un historial de más de mil parejas sexuales. Algunos hombres muy activos sexualmente—gays y no gays—sí han tenido más de mil parejas sexuales al cumplir los treinta, pero para la mayoría de los gays que viven solos ya es tener mucha suerte conseguir una cita para el sábado por la noche.

La mayoría de los gays que tienen gran cantidad de parejas sexuales distintas no lo hacen porque pretendan desafiar a la condena de la promiscuidad propia de nuestra sociedad. Lo hacen por una razón muy sencilla: les encanta la variedad en sus parejas sexuales.

¿Qué son las saunas y los clubes sexuales para gays?

¿Por qué van allí los gays?

¿Las mujeres acuden a ese tipo de lugares?

Las saunas y los clubes sexuales para gays son dos cosas distintas, en realidad. Una sauna gay suele ser como un gimnasio y puede tener sala de pesas, sala para ver la televisión, sauna, baño de vapor, piscina y otros servicios. También puede disponer de cubículos con cama que se pueden alquilar. Cuando entras en una sauna, se te asigna un armario y dejas allí la ropa.

En general, los gays van a las saunas para hacer el amor y no para levantar pesas. Así pues, una vez has dejado tu ropa en el armario, empieza la búsqueda de una o varias parejas sexuales. No existe un equivalente lésbico de las saunas gay.

La función de los clubes sexuales es atraer a todo tipo de público y con frecuencia no tienen una ubicación especial. En otras palabras, una reunión de un club sexual se puede celebrar en un lugar esta semana y en otro la siguiente.

Algunos clubes sexuales son estrictamente para gays, algunos son para lesbianas, aunque los clubes sexuales no suelen gozar de popularidad entre las lesbianas, algunos para ambos, y algunos para heterosexuales. En las grandes ciudades, si sientes un deseo sexual, en general puedes encontrar un club sexual donde satisfacerlo, sea cual sea tu orientación sexual.

¿Por qué practican los homosexuales el sexo en lavabos y parques públicos?

Históricamente, los parques públicos y los servicios eran los únicos lugares, además de los bares de homosexuales, donde los gays podían ir en busca de otros hombres para sus encuentros sexuales. Y aunque frecuentar los parques públicos y los servicios conllevaba el riesgo de ser arrestado por policías de paisano, tales lugares permitían un mayor anonimato que los bares de homosexuales. En un momento en que casi toda la población gay mantenía su homosexualidad en secreto, el anonimato era esencial.

Aunque en nuestros días los gays pueden encontrar parejas sexuales en muchos otros lugares, algunos siguen buscando el sexo en lugares públicos. Quienes lo hacen dan distintas razones para ello. Algunos hombres consideran que este tipo de encuentro sexual es práctico y rápido. Como me explicó uno, "No hay negociaciones. No tienes que invitar a beber a nadie. No tienes que imaginarte a casa de quién vas. Ni siquiera tienes que decir una sola palabra". A otros hombres les excita sexualmente la sensación de peligro inherente al sexo público. A algunos les gusta contemplar cómo se relacionan sexualmente otros hombres. Y otros prefieren el anonimato del sexo público porque mantienen una relación matrimonial heterosexual y su homosexualidad permanece totalmente encubierta, o bien mantienen una relación de pareja con otro hombre.

¿Las lesbianas mantienen relaciones sexuales en los servicios y parques públicos?

En general, las lesbianas no practican el sexo en público. Pero todo el mundo—homosexuales y heterosexuales, hombres y mujeres—ha practicado alguna que otra vez el sexo en los parques públicos, servicios, aviones, playas, y en cualquier sitio que se puede imaginar.

14 Los medios de comunicación: el cine, la televisión y la prensa escrita

¿Hollywood ha descrito a la población homosexual de manera fiel?

¿Por qué protestan los homosexuales ante las películas que describen negativamente a los gays y las lesbianas?

La población gay y lesbiana ha expresado en numerosas ocasiones—ya sea individualmente, mediante protestas organizadas o a través de la Gay and Lesbian Alliance Against Defamation (Liga antidifamatoria de gays y lesbianas) (GLAAD)—su descontento respecto al modo en que Hollywood la representa, y con razón. Hasta hace poco, y casi sin excepción, las películas convencionales de Hollywood han caracterizado a los gays y las lesbianas como asesinos, villanos siniestros, víctimas o payasos. Durante décadas, fue muy difícil ver una película sin que en algún momento alguien pronunciase una broma antihomosexual o emplease palabras ofensivas como maricón o tortillera. Y aunque hoy día los homosexuales no se sienten obligados a matarse entre sí en la pantalla con tanta frecuencia como antes, siguen volándose los sesos de vez en cuando. Todo esto lo documentó a la perfección el desaparecido historiador del cine Vito Russo en su libro *The Celluloid Closet: Homosexuality in the Movies* (*El closet del celuloide: la homosexualidad en las películas*).

Cuando en otros tiempos se me hacía esta pregunta y yo respondía lo que acaban de leer, la gente solía decirme que Hollywood ha descrito negativamente en algún momento a toda clase de grupos étnicos, raciales, religiosos o de cualquier otro tipo. Eso es cierto, pero las películas de Hollywood también han representado positivamente a esos colectivos en algunos casos, con lo que existe un cierto equilibrio. En el caso de los gays y las lesbianas, Hollywood no ha intentado casi nunca describirlos de manera realista y equilibrada.

Afortunadamente, las cosas han empezado a cambiar en el Hollywood de los últimos años. Los personajes positivos de gays y lesbianas en el cine convencional de Hollywood no son precisamente abundantes, pero últimamente aparecen cada vez con mayor frecuencia en películas como la hilarante *In & Out Dentro y fuera*, de Paul Rudnick; *My Best Friend's Wedding* (*La boda de mi mejor amigo*); *The Object of My Affection* (*Mucho más que amigos*), y *As Good As It Gets* (*Mejor imposible*).

¿Pero acaso no hay gran cantidad de películas que representan de manera positiva a los gays y lesbianas?

Sí, pero casi todas esas películas son de producción independiente. La lista de excelentes películas independientes que presentan personajes y tramas de gays y lesbianas se incrementa cada día. Entre mis favoritas se cuentan *Gods and Monsters* (*Dioses y monstruos*), *The Opposite of Sex* (*Lo opuesto al sexo*), *The Wedding Banquet* (*El banquete de bodas*), *I Think I Do* (*Creo que sí*) y *The Adventures of Priscilla, Queen of the Desert* (*Las aventuras de Priscilla, reina del desierto*). Una de mis mejores amigas lesbianas me comentó que sus favoritas son Go Fish, The

Incredibly True Adventures of Two Girls in Love, When Night is Falling, French Twist y All Over Me.

¿La televisión ha representado con fidelidad a la población gay?

Hace poco, vi un episodio de *Lost in Space* (*Perdidos en el espacio*), una serie de televisión de los 60 que seguía religiosamente en mi infancia. Me quedé pasmado al comprobar, como adulto, que uno de los personajes principales de la serie, el Dr. Smith, aparecía claramente como gay estereotípico. Era afeminado, tímido y físicamente débil. Pero la cosa no acaba ahí. También era retorcido, intrigante, egoísta y malísimo. Semana tras semana, arriesgaba las vidas del resto de los personajes con el fin de enriquecerse a sí mismo, llenar su estómago o encontrar el camino de regreso a la Tierra. No puede decirse que su papel sea, precisamente, modélico.

A lo largo de casi toda su historia, la televisión se ha limitado a ignorar a los gays y las lesbianas, con la excepción de ocasionales personajes homosexuales como el Dr. Smith. Posteriormente, la homosexualidad recibía el tratamiento de "tema especial" o, en todo caso, las noticias eran sobre algún gay con el SIDA.

Los personajes homosexuales empezaron a aparecer en episodios aislados de las series televisivas a principios de los setenta (incluyendo un episodio del *Mary Tyler Moore Show*). Y la primera aparición regular de un personaje homosexual—interpretado por Billy Crystal—llegó a las ondas a finales de los 70, en *Soap*, de la cadena ABC. Pero, en general, fue en los 90 cuando gays y lesbianas pasaron a formar parte de los guiones televisivos sin que hubiese escándalos de por medio. A finales de la década, más de una veintena de personajes secundarios de gays y lesbianas figuraban en el horario de máxima audiencia de la televisión, en series que van desde *Mad About You* (*Loco por ti*) y *Friends* hasta *Melrose Place* y *Dawson's Creek*.

El mayor alboroto de finales de los 90 tuvo lugar en

el año 1997, cuando se declaró públicamente la homosexualidad de Ellen Morgan, la primera protagonista lesbiana en la historia televisiva que apareció en horario de máxima audiencia, personaje interpretado por Ellen DeGeneres, quien a su vez también se declaró lesbiana en ese momento. El episodio especial de *Ellen*, de una hora de duración, en que la protagonista declaraba su homosexualidad tuvo una audiencia de más de cuarenta millones de espectadores, incluyendo a un elevado número de gays y lesbianas congregados en fiestas organizadas para recaudar fondos. Yo asistí a una de esas fiestas, y me pareció que el episodio estaba magníficamente escrito y era divertidísimo. Un año después, la ABC canceló *Ellen*, alegando un descenso en la audiencia.

El fin de *Ellen*, sin embargo, no significó el fin del protagonismo televisivo de los personajes homosexuales. En la temporada televisiva de 1998 se lanzó *Will y Grace*, una serie sobre un gay y su mejor amiga heterosexual.

¿Por qué los anunciantes plantean objeciones a los personajes o las temáticas homosexuales en la TV?

Los anunciantes suelen evitar sistemáticamente verse asociados a cualquier tema de controversia, especialmente la homosexualidad. Temen perder a sus potenciales clientes y no desean despertar la ira de los activistas antihomosexuales, a través del boicot a sus productos, por ejemplo. Este temor provoca que los anunciantes retiren en ocasiones su patrocinio de ciertas series que consideran problemáticas.

¿Por qué tienen los homosexuales sus propias revistas y periódicos?

¿Cuándo aparecieron las primeras revistas publicadas por homosexuales?

¿Qué decían la prensa diaria y las revistas sobre los homosexuales en los años 50, 60 y en décadas anteriores?

Las publicaciones de gays y lesbianas ofrecen dos cosas que las publicaciones convencionales del mercado masivo no tienen. Primero, ofrecen a sus lectores gays y lesbianas todas las noticias y la información en profundidad que desean sobre los temas que les interesan y que probablemente no encontrarán en ningún otro lugar. Segundo, sirven a los anunciantes que intentan alcanzar a un mercado gay y lésbico.

Las primeras revistas de gays y lesbianas, publicadas en los años 50, eran los únicos lugares donde la población gay y lesbiana podía leer algo sobre sí misma que no incluyese titulares como: "Redada en un nido de pervertidos", "Cómo controla L.A. a sus 150.000 pervertidos", "Grandes civilizaciones bajo la plaga de los desviados" y "Se descubre una colonia de pervertidos en una investigación policial sobre asesinatos en Simpson". Titulares como estos aparecían textualmente en la prensa convencional de mediados de los 50; con todo, lo más frecuente es que tanto a los gays como las lesbianas simplemente se les ignorase.

Las historias sobre gays y lesbianas se fueron haciendo más frecuentes en la prensa convencional a lo largo de los años 60 y 70, pero la mayoría de la cobertura seguía manifestando una tendencia antihomosexual. Uno de mis ejemplos favoritos procede de un artículo sin firmar aparecido en la revista *Time* el 21 de enero de 1966. El artículo, titulado "El Homosexual en los Estados Unidos", afirma: "Para muchas mujeres con un marido ocupado o ausente, está muy solicitada la presencia de un homosexual presentable como escolta: ingenioso, lindo, pícaro y sin problemas para poder ir del brazo de él . . . La creencia, antes tan extendida, de que la homosexualidad tiene causas hereditarias o está motivada por desequilibrios hormonales se ha visto prácticamente descartada. Actualmente, se cree que su causa es psíquica y que está provocada por un miedo discapacitador al sexo opuesto".

El artículo apunta que tanto la homosexualidad masculina como la femenina son "fundamentalmente ejemplos de interrupción en el desarrollo, errores de aprendizaje, un rechazo a aceptar plenamente las responsabilidades de la vida. Ello se pone especialmente de manifiesto en esos patéticos pseudomatrimonios en que muchos homosexuales interpretan roles convencionales, llevan anillos de bodas y se llaman mutuamente 'él' y 'ella'". El articulista deja lo mejor para el final: "[La homosexualidad] es un patético sustituto de segunda clase de la realidad, una lamentable vía de escape de la vida. Como tal, merece justicia, compasión, comprensión y, a ser posible, tratamiento. Pero en modo alguno merece que la fomentemos, la glamouricemos, la racionalicemos, otorgándole el falso estatus de martirio a una minoría, ni que le apliquemos sofismas como decir que se trata de una mera diferencia en los gustos: y, sobre todo, no debe pretenderse que sea otra cosa que una enfermedad perniciosa".

En la actualidad, muchas publicaciones convencionales hacen notables esfuerzos para reproducir con fidelidad historias clave sobre gays y lesbianas, pero pese a tales esfuerzos, los periódicos y las revistas de mercado masivo no pueden ofrecer a sus lectores y anunciantes gays y lesbianas lo mismo que las publicaciones especializadas de ámbito local y nacional.

¿Hay periodistas abiertamente homosexuales?

Muchísimos, y ello ha contribuido no poco a que se haya producido una silenciosa revolución en la información sobre la población gay y lesbiana y los temas que le conciernen. Cuantos más periodistas, editores y productores han declarado abiertamente su orientación sexual, más han contribuido a que sus organizaciones informativas—desde periódicos y revistas a la televisión por ondas y por cable—informen más fielmente acerca de la población gay y lesbiana y sus temas de interés. (Véase "Dónde acudir" para información de contacto sobre la National Lesbian & Gay Journalist Association.)

¿Se publican muchos libros orientados exclusivamente a la población gay y lesbiana?

La publicación de libros escritos para la población gay y lesbiana se ha convertido en un gran negocio, porque la industria editorial ha descubierto lo que los editores independientes de libros gays y lésbicos ya sabían hace tiempo: la población gay y lesbiana lee como todo el mundo. De hecho, compran más libros que el lector medio. Para darle una idea del extraordinario crecimiento de las publicaciones homosexuales, en el año 1979 se publicaron tan sólo unos 150 libros sobre temas específicamente orientados al mercado gay y lésbico. Veinte años más tarde, el número anual de títulos nuevos para ese mercado rondaba los dos mil.

La primera librería específica para gays y lesbianas, la Oscar Wilde Memorial Bookshop, abrió sus puertas en el año 1967 en el Greenwich Village de Nueva York. En la actualidad hay docenas de tiendas como esta a lo largo y ancho del país que contienen miles de libros escritos específicamente para homosexuales, hombres y mujeres. Asimismo, numerosas librerías—independientes y pertenecientes a alguna cadena—mantienen secciones dedicadas a la población gay y lesbiana.

15 ? Los deportes

¿Por qué a los gays no les gustan los deportes?

Está bien, lo reconozco. No me gustan los deportes de competencia y no me importa lo más mínimo qué equipo de béisbol o de fútbol estadounidense ocupa el primer puesto en la clasificación. O sea que debería haber sabido que era gay tras fallar mi strike por décima vez en los campamentos de verano, ¿verdad? Pero ¿qué pasa con mi amigo gay que vuela de ciudad en ciudad para seguir a su equipo favorito de fútbol estadounidense y es un ávido atleta del triatlón? ¿Y cómo se explican los miles de gays que participan en los Gay Games (véase "¿Qué son los Gay Games"?, más adelante en este capítulo), por no mencionar los muchos atletas profesionales que son gays pero nunca han salido del *closet*?

La verdad es que muchos hombres tienen aptitudes para el deporte y les gustan los deportes; entre ellos, hay montones de gays. Y muchos hombres no tienen aptitudes para los deportes y/o no les gustan en absoluto; entre ellos, montones de heterosexuales. ¿Tienen más tendencia los gays a ser malos en los deportes y a que no les gusten que los hombres heterosexuales? Es posible, pero no podremos responder a esa pregunta con certeza si no encontramos un modo de encuestar a toda la población gay, en su mayoría invisible y escondida.

¿Todas las atletas y profesoras de educación física son lesbianas?

Uno de los estereotipos clásicos acerca de las lesbianas dice que todas son buenas atletas. Sin duda, hay atletas lesbianas y profesoras de educación física lesbianas, pero también hay muchas lesbianas como mi amiga Linda, que no podría lanzar una bola o manejar un palo de golf aunque le fuera la vida en ello. Y, naturalmente, hay muchas atletas y profesoras de educación física que son heterosexuales.

Según la Dra. Dee Mosbacher, una siquiatra que produjo un vídeo sobre la homofobia y las mujeres en el mundo de los deportes, lo importante no es cuántas lesbianas hay en el deporte, sino por qué cierta gente manipula el miedo generalizado a la homosexualidad acusando a las mujeres del mundo deportivo de ser lesbianas. "La acusación de lesbianismo", explicó la Dra. Mosbacher, "se esgrime por distintas razones. Por ejemplo, cuando se reclutan atletas femeninas en la universidad, algunos entrenadores han intentado atraer a ciertas mujeres sugiriendo que la entrenadora de una escuela rival es lesbiana. Y la acusación de lesbianismo también se utiliza para desaconsejar o evitar que se contrate a ciertas entrenadoras. El deporte femenino se ha convertido en los últimos años en un mundo cada vez más lucrativo, y muchos hombres se disputan los cargos de entrenador: de ahí que haya proliferado esta clase de acusaciones en contra de las entrenadoras".

¿Qué son los Gay Games?

Los primeros Juegos Atléticos Homosexuales Internacionales (Gay Games) se celebraron en San Francisco entre el 29 de agosto y el 5 de septiembre de 1982. Participaron más de mil y trescientos atletas, procedentes de quince países. Los Gay Games de 1994, celebrados en la ciudad de Nueva York, atrajeron a más de 1.500 atletas de cuarenta países. En 1998, los Gay Games tuvieron su sede por primera vez en Europa, en Amsterdam. Casi quince mil atletas de setenta y ocho países participaron en esa edición.

Los Gay Games se llamaron primero Gay Olympics (Olimpiadas Homosexuales), pero el Comité Olímpico de los Estados Unidos, que por decreto del Congreso ostenta la propiedad de la palabra "Olympics", puso una demanda antes de que se celebrasen los primeros Gay Games y consiguió evitar que los organizadores del acontecimiento empleasen dicha palabra. Y ello pese a que ya se habían celebrado, sin impedimentos legales, otras "olimpiadas" para todo tipo de cosas, incluyendo olimpiadas para perros, ranas y chefs de hamburgueserías.

Según uno de los portavoces del certamen, el propósito de los Gay Games es "celebrar un auténtico acontecimiento olímpico, abierto a todos los participantes, cuyo objetivo es dar lo mejor de sí mismos. La comunidad gay y lesbiana patrocina el certamen para festejar la existencia de gays y lesbianas y para fomentar nuestra autoestima, nuestro orgullo y nuestra dignidad".

El fundador de los Gay Games fue el Dr. Tom Waddell, que en el año 1968 representó a los Estados Unidos como atleta olímpico de decatlón. Waddell también contribuyó a organizar la famosa protesta de los atletas estadounidenses de raza negra en la Olimpiada de Verano de 1968 en Ciudad de México. El Dr. Waddell murió del SIDA en 1987.

¿Hay estrellas del deporte que se hayan declarado abiertamente homosexuales?

Muy pocos atletas profesionales—sean estrellas o no—han declarado públicamente su homosexualidad durante el transcurso de sus carreras o después de finalizarlas. La lista de atletas profesionales que lo han hecho es breve: entre ellos, Martina

Navratilova, la superestrella del tenis; Greg Louganis, cuádruple medallista de oro en las Olimpiadas; Rudy Galindo, campeón estadounidense de patinaje artístico en 1996; Dave Kopay, ex defensa de los 49 de San Francisco; Muffin Spencer-Devlin, golfista; Glenn Burke, ex jugador de los Atléticos de Oakland; Roberto Paris, ex Mr. América y Mr. Universo; Conchita Martínez, campeona tenística de Wimbledon; Amelie Mauresmo, prometedora estrella del tenis francesa que reveló su homosexualidad en 1999 tras su primera final en el Grand Slam; Bruce Hayes, nadador que ganó una medalla de oro en las Olimpiadas de Verano de 1984 en los 800 metros libres por relevos y siete medallas de plata en los Gay Games de 1990, e Ian Roberts, jugador australiano de balonpié que reveló su homosexualidad en el año 1994 cuando aún estaba en activo.

¿Por qué no hay más atletas abiertamente homosexuales?

Los atletas profesionales temen arriesgar sus carreras, así como el apoyo económico de los patrocinadores, en caso de que su homosexualidad salga a la luz. Y sus temores no son infundados. El ex jugador de los 49 de San Francisco Dave Kopay no pudo conseguir ningún trabajo en el fútbol estadounidense tras revelar públicamente su homosexualidad en el año 1975. Kopay esperaba poder entrenar en la universidad, pero nadie quiso contratarle para ningún cargo, por lo que se puso a trabajar en la tienda de revestimientos para suelos que su tío tenía en Hollywood.

Hay que pagar un precio por ser honesto, incluso en el caso de una gran estrella aparentemente intocable como la tenista Martina Navratilova. Además de ser objeto de las acusaciones de la ex campeona de tenis Margaret Court, quien dijo que había deshonrado el deporte dando un mal ejemplo a las jugadoras más jóvenes, Navratilova ha dicho en las entrevistas que su actitud abierta respecto a su homosexualidad ha provocado que reciba menos ofertas de promoción de productos.

16 La educación

¿Qué se enseña sobre la homosexualidad a los alumnos de escuelas primarias e institutos?

Los estudiantes aprenden mucho acerca de la homosexualidad en la escuela, casi todo de manera informal y casi todo negativo. La primera lección tiene lugar cuando un niño llama a otro maricón en la cafetería de la escuela primaria, y las lecciones prosiguen a lo largo de la segunda enseñanza, cuando un grupo de estudiantes decide atormentar a un profesor de teatro que, en su opinión, es gay.

Lo más notorio de la educación formal acerca de la homosexualidad no es lo que se dice sino lo que se deja de decir, porque, salvo contadas excepciones, no se dice casi nada. Los currículos escolares prácticamente no incluyen temáticas homosexuales. Medio siglo de historia de movimientos en pro de los derechos civiles de los homosexuales no aparece en las lecciones de estudios sociales, que sí incluyen en cambio información acerca de los derechos de las mujeres y los derechos civiles de los negros. Cuando las grandes figuras históricas y contemporáneas—escritores, artistas, políticos, etcétera—son homosexuales, no se dice nunca, o casi nunca. Los libros de texto de los institutos no dicen nada sobre gays y lesbianas. Cuando un distrito escolar tiene una política oficial sobre la enseñanza de temas gays y lésbicos, esa política suele consistir en la prohibición de mencionar a la población gay y lesbiana y sus temas en cualquier contexto positivo.

Sin embargo, hay algunas excepciones. Varios de los más importantes distritos escolares de la nación tienen políticas de protección contra el acoso y la discriminación a los estudiantes y miembros del personal, sean gays, lesbianas, bisexuales o transexuales. También ofrecen talleres de formación para el profesorado sobre cuestiones relativas a los jóvenes gays, lesbianas, bisexuales y transexuales, y en sus currículos constan las vidas y los logros de la población gay y lesbiana.

Las distintas organizaciones de educación nacionales, entre las que se cuentan las dos asociaciones estudiantiles de mayor envergadura, también han prestado su apoyo a la educación de los alumnos acerca de la población gay y lesbiana, colaborando en la formación de los maestros a la hora de hablar de la homosexualidad, y poniendo a disposición de los adolescentes homosexuales servicios de asesoramiento. En general, estos esfuerzos han progresado muy despacio en el ámbito local, donde la mayoría de las juntas escolares son políticamente conservadoras.

Con todo, casi siempre—y en la gran mayoría de las escuelas del país—, lo poco que se enseña sobre la población gay y lesbiana procede de profesores aislados en ciertas clases de los institutos, generalmente en el contexto de las asignaturas de inglés, salud o estudios sociales.

¿Hay organizaciones que trabajan para cambiar esta situación?

Sí. Desde que se puso en marcha a principios de los 90, la Gay, Lesbian & Straight Education Network (GLSEN), ha promovido el cambio de actitud en las escuelas respecto a las cuestiones de gays y lesbianas, tanto en lo que se enseña a los estudiantes acerca de la homosexualidad como en el tratamiento que reciben alumnos y alumnas gays, lesbianas, bisexuales y transexuales. La "misión" oficial de la organización consiste en "asegurar que todo miembro de una comunidad escolar sea valorado y respetado, independientemente de su orientación sexual. Creemos que una atmósfera de este tipo crea una mayor autoestima, base del éxito educacional y del crecimiento personal. Nuestros miembros pueden ser todos los individuos comprometidos, independientemente de su orientación sexual u ocupación, con el proyecto de realizar esta filosofía en toda la enseñanza". El GLSEN inició su andadura a principios de los 90 con una sola sección, y actualmente se extiende a lo largo de noventa secciones en todo los Estados Unidos, con un total de más de diez mil miembros en sus filas.

El GLSEN adopta el papel de defensor en el seno de organizaciones mayoritarias de educación, como la National Education Association (Asociación Nacional de Enseñanza) y la American Federation of Teachers (Federación Estadounídense de Profesores)—los dos mayores sindicatos de profesores a escala nacional—y la National School Board Association (Asociación del Consejo Nacional Escolar), respecto a temas que van desde la implementación de políticas no discriminatorias que mencionen de forma expresa la orientación sexual a la formación y creación de talleres para personal escolar sobre las cuestiones relativas a los jóvenes homosexuales.

Posiblemente, el aspecto más interesante de las actividades del GLSEN—como mínimo, bajo mi punto de vista—es que trabaje directamente con los estudiantes de institutos a lo largo del país en su Programa de Orgullo Estudiantil (Student Pride Program), que contribuye a "crear y mantener alianzas homo/hetero [GSA] y grupos similares de estudiantes". La primera alianza homol/hetero en un instituto dio sus primeros pasos en 1991 de la mano de Kevin Jennings, profesor de historia en la Concord Academy, una escuela secundaria privado en Concord, Massachussets. Jennings creó el grupo con el fin de ofrecer un foro de apoyo seguro para que los estudiantes homosexuales y no homosexuales pudiesen debatir abiertamente las cuestiones a las que se enfrentan los estudiantes homosexuales en el centro, con sus familias y con sus comunidades. El grupo estaba abierto a todos los estudiantes, y ninguno de ellos estaba obligado a identificar su propia orientación. Jennings había creado el GLSEN en el año 1990.

A principios del 1999, más de quinientas GSA, desde Nueva York a Utah y Alaska, estaban registradas en el Programa de Orgullo Estudiantil del GLSEN, el cual, entre otras actividades, publica un boletín informativo para las GSA y ofrece listas de correo electrónico y ayuda en línea. (Véase "Dónde acudir" para información de contacto).

¿Es verdad que Massachussets tiene una legislación estatal especial específica para estudiantes homosexuales?

Massachussets es uno de los tres estados—los otros dos son Connecticut y Wisconsin—que ha aprobado una ley para proteger a los estudiantes de la discriminación y el acoso basados en la orientación sexual. De los tres, Massachussets ha sido el más activo a la hora de facilitar los servicios necesarios para implementar su política en el ámbito local. El Department of Safe Schools for Gay Youth (Departamento de Escuelas Seguras para Jóvenes Homosexuales) estatal coordina actividades formativas de ámbito regional en todo el estado para fomentar la comprensión del personal respecto a las cuestiones que afectan a los jóvenes gays, lesbianas, bisexuales y transexuales, desde el insulto verbal y el acoso a la agresión física.

¿Las universidades imparten cursos sobre la homosexualidad?

De acuerdo con el National Gay and Lesbian Task Force (Grupo de Acción Nacional de Gays y Lesbianas), que realiza un seguimiento de este fenómeno, más de noventa universidades ofrecen como mínimo un curso sobre algún aspecto de la homosexualidad. He aquí una muestra de los títulos de algunos cursos impartidos en el país: Orientación sexual y legislación; Temas gays y lésbicos en el puesto de trabajo; Algunas cuestiones sobre sexualidad humana; estudios de literatura homosexual y bisexual, y literatura y cine homosexual.

Como mínimo dos docenas de universidades han creado programas de estudios lésbicos y gays, aunque estos programas reciben distintos nombres según la escuela: Estudios lésbicos, gays, bisexuales y transexuales; Estudios lésbicos y gays; Estudios sobre sexo/sexualidad; y Estudios "queer". Entre las instituciones que poseen programas de este tipo se cuentan el Allegheny College; la Brown University; la City University of New York; la Cornell University; el San Francisco City College; la San Francisco State University, la Stanford University; la University of California, Berkeley; la University of Iowa, Iowa City; y la University of Wisconsin, Milwaukee.

Además de la enseñanza reglada, los universitarios pueden informarse acerca de la homosexualidad durante las sesiones de orientación: allí se habla de todo tipo de temas, desde dónde se puede encontrar una buena pizza a cómo prevenir las infecciones del VIH. Los temas de interés para gays y lesbianas también aparecen en distintas asignaturas, desde la literatura inglesa a la historia.

¿Qué objeciones se suelen plantear a la enseñanza de cuestiones relativas a la homosexualidad?

Yo he oído de todo, todo tipo de objeciones al hecho de que se pueda enseñar a los estudiantes cosas sobre la población gay y lesbiana, tanto si se trata de enseñar qué ocurre cuando uno de nuestros padres es gay o lesbiana como si se trata simplemente de facilitar información sobre el SIDA. La mayoría de las veces, quien expresa estas objeciones es un padre encolerizado, a voz en grito: "¡Están intentando reclutar a nuestros hijos"!; "¡Quieren promover el estilo de vida homosexual"!; "¿Cómo pueden enseñarle a niños pequeños un comportamiento enfermizo y pervertido"?; "¡Dios creó a Adán y a Eva, no a Adán y a Esteban"! Y así sucesivamente.

Pero, como explico en el capítulo 1, "Preguntas básicas", y en el capítulo 11, "La religión", los gays y las lesbianas no reclutan a nadie, no promueven el "estilo de vida homosexual" ni son enfermos y pervertidos por naturaleza; y hay mucha gente, entre la que se cuentan algunos líderes religiosos, que piensa que Dios creó a los homosexuales igual que creó a los no homosexuales, y los ama por igual.

Todas estas objeciones me confirman la importancia de enseñar a los niños la verdad acerca de la población gay y lesbiana, porque está claro, a mi entender, que muchos padres van a transmitir a las nuevas generaciones los viejos estereotipos, los mitos arcaicos y los antiguos miedos.

¿Existen institutos especiales para gays y lesbianas adolescentes?

Hay tres institutos para estudiantes gays, lesbianas, bisexuales y transexuales: la Harvey Milk School en la ciudad de Nueva York, la Walt Whitman School en Dallas, y el Eagle Center en Los Ángeles. Se trata de institutos especiales, alternativos, para grupos pequeños de estudiantes que, por distintas razones, tienen dificultades para asistir a los institutos convencionales.

La Harvey Milk School, por ejemplo, que abrió sus puertas en el año 1985 y es la más antigua de las tres instituciones, es gestionada por el Hetrick-Martin Institute, una organización sin ánimo de lucro que ofrece asesoramiento y otros servicios a la juventud gay, lesbiana, bisexual y transexual. Está totalmente reconocida por la New York City Board of Education (Junta de Educación de Nueva York) y sus dependencias están situadas en varias salas de la sede central del instituto en el bajo Manhattan.

Las varias docenas de estudiantes que acuden a la Harvey Milk son muchachos que tenían problemas para asistir a los institutos convencionales. Se reían de ellos por la manera de actuar o de vestir; en algunos casos, sufrieron palizas o abusos. El objetivo de la Harvey Milk High School es reintegrar a esos estudiantes a las escuelas tradicionales o, si ello no es posible, ofrecerles un lugar seguro para que acepten sus vidas y consigan sus diplomas escolares.

¿Hay profesores abiertamente homosexuales?

En el ámbito universitario hay muchos, como mínimo en comparación con la cifra a finales de los años 70, cuando yo iba a la universidad y prácticamente no había ninguno. Pero en la enseñanza primaria y secundaria el número es comparativamente inferior, por la sencilla razón de que los maestros trabajan con niños: dado que aún existen importantes prejuicios—especialmente cuando se trata de homosexuales trabajando con niños—, los maestros temen por sus puestos de trabajo.

¿El profesorado homosexual influye a sus alumnos para que se conviertan en homosexuales?

¿Son los profesores gays y lesbianas modelos perjudiciales?

El profesorado homosexual no puede influir en sus estudiantes para que se conviertan en homosexuales en mayor medida que el profesorado heterosexual puede influir en sus estudiantes para que se conviertan en heterosexuales. La razón es que no se puede convertir a nadie en gay, lesbiana, bisexual o heterosexual. Los profesores abiertamente homosexuales pueden, sin embargo, constituir modelos positivos para todos los niños—homosexuales y no homosexuales—, del mismo modo que los profesores heterosexuales pueden ser modelos positivos para todos los niños.

Jim enseña en la ciudad de Nueva York y no hace ningún esfuerzo por ocultar el hecho de que es gay, como tampoco hace esfuerzo alguno por ocultar su frustración respecto a los padres que ponen objeciones a su presencia en el aula: "En primer lugar, yo no me paso todo el día hablando sobre el hecho de ser homosexual. ¿Qué creen los padres que hago, entrar en clase y anunciar acto seguido que soy gay y tengo un amante? ¡Vaya disparate! Pero si el tema surge en la conversación, no voy a mentir sobre ello. Y cuando sale en las noticias, los muchachos quieren hablar sobre el tema. Tienen preguntas. ¿Tendría que decirles que lean un libro porque no se me permite hablar del tema, porque si hablo de eso querrán ser homosexuales como yo? Esos padres necesitan que les eduquen. Mira: decir la verdad sobre los homosexuales no perjudica a nadie. Educo a los niños heterosexuales dejando que vean a un profesor que da la casualidad de que es gay y hace bien su trabajo. Y los alumnos que son gays y lesbianas se dan cuenta de que se puede ser honesto con uno mismo y tener una vida y una buena carrera".

¿Acaso Jim y otros profesores abiertamente homosexuales están incitando, simplemente con su ejemplo, a que cada vez más jóvenes gays y lesbianas salgan del *closet*? Todo indica que este es el caso. ¿Pero qué alternativa nos queda? ¿Deberíamos animar a los muchachos para que se queden en el *closet*, oculten su verdadera identidad y se hagan pasar por heterosexuales?

¿Existen bibliotecas y archivos sobre temas homosexuales?

Algunas bibliotecas diseminadas por todo el país, incluyendo la San Francisco Public Library y la New York Public Library, así como varias bibliotecas universitarias, poseen—y están creando—importantes colecciones sobre la homosexualidad.

¿Todas las universidades femeninas son lésbicas?

Le hice esta pregunta a una amiga lesbiana que recientemente fue alumna en una universidad exclusivamente femenina. Su respuesta fue: "Desgraciadamente, no. Ni siquiera me parece que el porcentaje sea desproporcionado". Sin embargo, ciertas universidades dan la impresión de tener más estudiantes gays y lesbianas porque ofrecen el tipo de comunidad de apoyo en la que los estudiantes homosexuales pueden sentir mayor libertad para salir del *closet*.

17 La política, el activismo y los derechos de los gays y las lesbianas

¿La homosexualidad es ilegal?

Ser gay o lesbiana no es delito; no existen leyes en contra de los sentimientos de atracción. Aún así, veinte estados de los Estados Unidos tienen "leyes contra la sodomía" que prohíben que gays y lesbianas adultos "ejecuten o se sometan a cualquier acto sexual que implique los órganos sexuales de una persona y la boca o el ano de otra". En cinco de esos estados, las leyes contra la sodomía se aplican únicamente a la gente del mismo sexo. Pero en los quince estados restantes que poseen leyes contra la sodomía, los actos sexuales que impliquen los órganos sexuales de una persona y la boca o el ano de la otra son ilegales tanto para homosexuales como para heterosexuales. Estas leyes se aplican en contadas ocasiones, pero cuando se aplican casi siempre se trata de relaciones sexuales entre dos hombres. Si estas leyes se aplicasen de manera uniforme y agresiva, casi toda la población adulta sexualmente activa de varios estados estaría en la cárcel.

Hasta el año 1961, todos los estados tenían leyes que prohibían la sodomía. Desde entonces, más de la mitad de los estados han ido retirando estas leyes, tanto a través de acciones legislativas como mediante decisiones en los tribunales. Pero aunque se han realizado notables progresos gracias a la presión tanto de la población homosexual como de la heterosexual a favor de la revocación de esta legislación arcaica, el Tribunal Supremo de Justicia confirmó en el año 1987 los derechos de los estados a prohibir los actos sexuales entre dos personas del mismo sexo.

Si las leyes contra la sodomía sólo se aplican en contadas ocasiones, ¿por qué lucha el activismo homosexual para anularlas?

Aunque, efectivamente, las leyes en contra de la sodomía se aplican muy pocas veces, los defensores de los derechos de los homosexuales sostienen que una legislación de este carácter fomenta la discriminación y los crímenes causados por el odio en contra de gays y lesbianas y pueden utilizarse para restringir las oportunidades laborales y profesionales de determinadas personas. Por ejemplo, antes de que el tribunal de apelaciones de Texas dictaminase en el año 1992 que la ley contra la sodomía en Texas no era constitucional, el Departamento de Policía de Dallas la utilizó para denegar el empleo a una aspirante lesbiana. Y también es cierto que en ocasiones los homosexuales han sido arrestados por mantener relaciones físicas en la intimidad de sus propios hogares.

¿Por qué consideran los gays y las lesbianas que necesitan leyes que les protejan de la discriminación?

En la pasada década aparecieron innumerables titulares de prensa del tipo: "La justicia deja intacta una medida antihomosexual"; "La cámara aprueba una medida prohibiendo que los homosexuales adopten niños en Washington"; "Perot elimina los beneficios para las parejas de los trabajadores homosexuales de reciente contratación"; "Los votantes de Maine revocan una ley sobre derechos de los homosexuales"; "El sexo con su novio le cuesta a un gay la custodia de su hijo"; "La discriminación en contra de los trabajadores homosexuales no infringe la legislación norteamericana"; "Despiden a un escritor por declarar su homosexualidad"; "No se permite el reconocimiento de los antiguos alumnos homosexuales"; "Disturbios en Vermont después de que una asociación estudiantil rechace a un homosexual"; "Un juez de Texas reduce la sentencia del asesino de 2 homosexuales"; "El juez dictamina que es lícito que los Boy Scouts impidan que un gay se convierta en líder de grupo"; "Homosexual residente en los Estados Unidos durante 19 años se enfrenta a la deportación"; "Impedimentos para que los homosexuales puedan actuar como familias de acogida"; "El tribunal niega el derecho de visita a una antigua compañera lesbiana".

Estos titulares ejemplifican por qué el activismo gay y lésbico trabaja por la igualdad de derechos en un plano federal, estatal y local. Aunque la vida de gays y lesbianas ha mejorado significativamente desde que se inició la lucha por los derechos de los homosexuales en los años 50, sigue siendo perfectamente legal en la mayor parte del país despedir a homosexuales, hombres y mujeres, de sus puestos de trabajo, desahuciarlos de sus hogares, negarles el servicio en restaurantes y hoteles y, en muchos estados, arrestarlos en sus propios dormitorios por hacer el amor con sus cónyuges.

No todo es negativo, sin embargo: actualmente, gays y lesbianas están protegidos por leyes que prohíben la discriminación en el empleo, la vivienda y el alojamiento público en diez estados y decenas de municipios. La primera ciudad que protegió los derechos de los homosexuales en el ámbito laboral, en la vivienda y el alojamiento público fue Ann Arbor, Michigan, en julio del 1972. Las grandes corporaciones, como Levi Strauss, AT&T, IBM y Disney, también han adoptado políticas que prohíben la discriminación en contra de los gays y las lesbianas a la hora de contratar y promocionar a sus empleados. Y los empleados federales también están protegidos de la discriminación basada en la orientación sexual.

¿Qué argumentos se emplean para no concederles la igualdad de derechos a los gays y las lesbianas?

Quienes se oponen a la aprobación de leyes a favor de la igualdad de derechos de gays y lesbianas a escala local, estatal y federal aducen todo tipo de razones. Algunos sostienen que los homosexuales no constituyen una clase en sí misma—como en el caso de la clasificación por razas o sexos—sino más bien un grupo de individuos caracterizados por un comportamiento enfermizo y pecaminoso, que como tal no debería estar protegido por la ley.

Recuerdo algo que oí a principios de los años 80, durante unas sesiones celebradas en el ayuntamiento de la ciudad de Nueva York a favor de la legislación en pro de los derechos de los homosexuales de dicha ciudad. Un concejal afirmó que si se concedía la igualdad de derechos a los homosexuales, la ciudad estaría fomentando la bestialidad y el abuso infantil. En la fila de asientos que había detrás de mí, un grupo de devotos religiosos gritaba "¡Quemadlos"! cada vez que un gay, una lesbiana o alguien que hablaba en su favor subía al estrado para testificar. Pensé que estos hombres, que en muchos casos llevaban ejemplares de la Biblia y tenían parientes que habían muerto en las cámaras de gas de Hitler, eran ya de por sí motivo suficiente para aprobar la protección y la igualdad de derechos para gays y lesbianas.

Otros afirman que la Constitución estadounidense ofrece a los hombres y las mujeres homosexuales, como a todo el mundo, una protección igualitaria, y por lo tanto no necesitan "derechos especiales". Estoy totalmente de acuerdo en que la población gay y lesbiana no necesita derechos especiales—nadie los ha pedido—, pero sí necesitan, sin duda, la igualdad de derechos.

La cuestión sigue siendo que en casi toda nuestra nación, gays y lesbianas no gozan de una protección igualitaria ante la ley. Pongamos, por ejemplo, que la empresa para la que trabajo decide despedirme porque soy homosexual. Están satisfechos con mi manera de trabajar y me acaban de conceder un aumento de sueldo. Pero han descubierto, a través de uno de mis compañeros de trabajo, que soy gay y la empresa no quiere empleados homosexuales. A la vez que me despiden a mí, despiden a otro empleado porque han decidido que no quieren judíos en la empresa. En la mayoría de lugares de los Estados Unidos yo no tendría recursos de ningún tipo, porque en casi todo el territorio es perfectamente legal despedir a alguien por ser gay o lesbiana. No puedo demandar a mi patrón para recuperar mi puesto de trabajo. El otro empleado, en cambio, puede poner una demanda, porque la legislación federal de derechos civiles prohíbe la discriminación basada en la religión, entre otros casos.

Lo único que quieren gays y lesbianas es gozar de la misma protección legal que se concede a la mayoría de los americanos, incluyendo la protección contra la discriminación laboral, en la vivienda y el alojamiento público. No son "derechos especiales", y la gente que fomenta este argumento de los "derechos especiales" contra los homosexuales saben que lo único que quiere la población gay y lesbiana es "igualdad de derechos". Pero este argumento de los "derechos especiales" ha demostrado ser efectivo a la hora de rechazar y revocar la legislación a favor de los derechos de los homosexuales, porque nadie quiere que un grupo de personas pueda ostentar "derechos especiales".

Uno de los argumentos que más gracia me hace de quienes afirman que gays y lesbianas piden "derechos especiales" es el que dice que los gays, en especial, tienen ya tanto éxito—al parecer, todos conducimos automóviles caros y vivimos en casas estupendas en las afueras de las ciudades—que no es posible que necesitemos aún más protección.

¿Los homosexuales también discriminan?

Gays y lesbianas discriminan igual que los heterosexuales: por motivos de raza, sexo, aspecto físico, edad o por cualquier otra razón.

Me gusta la observación que hizo Martin Block, uno de los primeros activistas gays, sobre las tendencias que mostraban los gays de su organización, la Mattachine Society, a principios de los 50: "Cada vez que alguien proponía hacer algo en público, la gente decía, 'Bueno, pero yo no quiero que aparezca ninguna "drag queen"' o 'No quiero que venga' o 'Es vergonzoso verle hacer la loca todo el día'. Con esto no quiero decir que todos estuvieran en contra de las "drag queens". Lo que digo es que no todos las aceptaban. En todo movimiento homosexual ha habido siempre cismas de algún tipo. Algunos no quieren que haya gente con el meñique recto, otros no aceptan a los que no ponen recto su meñique. Todos somos tendenciosos, en un sentido u otro. Y me complace afirmar que yo también soy absolutamente tendencioso, aunque mi tendencia es casi siempre ir en contra de la estupidez".

¿Cuándo empezó el movimiento a favor de los derechos civiles para los homosexuales?

La lucha por la igualdad de derechos de gays y lesbianas se inició en California en los años 50, con la creación de una serie de grupos, entre los que se cuenta la Mattachine Society, fundada en Los Ángeles en el año 1950, y las Daughters of Bilitis (Las hijas de Bilitis), una organización para lesbianas fundada en San Francisco en el 1955. Estos primeros grupos tenían objetivos muy modestos que reflejaban el escaso número de miembros, la modestia de sus recursos, el clima intensamente antihomosexual de su época y el miedo a ser descubiertos que atenazaba a casi todos los gays y las lesbianas.

Además de ofrecer grupos de debate donde gays y lesbianas podían encontrarse y hablar sobre los problemas que les acuciaban, estas organizaciones luchaban por el derecho de gays y lesbianas a reunirse en bares sin padecer acosos o detenciones policiales; también publicaron las primeras revistas de amplia circulación para la población gay y lesbiana.

¿No fueron los disturbios de Stonewall en la ciudad de Nueva York en 1969 el inicio del movimiento a favor de los derechos de los homosexuales?

Cuando empecé a trabajar en *Making History* (*Hacer historia*), mi libro sobre la historia de la lucha por los derechos de gays y lesbianas, pensaba, como la mayoría de homosexuales, que el movimiento a favor de los derechos de los homosexuales nació en junio de 1969 con los disturbios que tuvieron lugar después de una rutinaria redada policial en el Stonewall Inn, un bar homosexual en el Greenwich Village de la ciudad de Nueva York.

Poco después de empezar a investigar, sin embargo, descubrí que en la época de los disturbios de Stonewall ya existía un movimiento nacional activo de más de cuarenta organizaciones gays y lésbicas. Aunque los disturbios de Stonewall no fueron el punto de partida, sí que fueron, sin duda, un importante punto de inflexión en la lucha. Inyectaron grandes dosis de energía en el movimiento a favor de los derechos de gays y lesbianas e inspiraron la formación de decenas de nuevos grupos a favor de los derechos de gays y lesbianas en todo el país.

¿Por qué hablan los homosexuales del "orgullo homosexual"?

El orgullo respecto a la propia orientación sexual puede parecer algo extraño a ojos de los no homosexuales, para quienes la orientación sexual no constituye tema de reflexión. Pero como me explicó Ann Northrop, una activista que ha hablado mucho de las cuestiones relativas a los derechos de gays y lesbianas, "A los homosexuales se les enseña, desde un estadio preconsciente, a avergonzarse de sí mismos, a odiarse y a pensar que son seres humanos repugnantes, aberrantes e inmorales. En consecuencia, adquirir algo de autoestima constituye, para un gay o una lesbiana, una increíble victoria en contra de la casi insuperable oposición de la sociedad en que vivimos. Cuando alcanzamos la autoestima, aunque sea en pequeña medida, lo celebramos y nos sentimos orgullosos de haberlo conseguido. Cuando has estado toda la vida nadando a contracorriente, necesitas sentirte orgulloso".

Northrop señaló que la población heterosexual también expresa orgullo respecto a su heterosexualidad, tanto si la realizan como si no, a través de las bodas, los anillos matrimoniales o los anuncios de las bodas en la prensa. "¿Qué es una boda, sino una orgullosa celebración de heterosexualidad"?, añade.

¿Por qué los homosexuales organizan desfiles cada mes de junio?

Los desfiles y festividades anuales de gays y lesbianas, que tienen lugar en muchas ciudades de los Estados Unidos y de otros países del mundo, casi siempre durante el mes de junio, conmemoran el 28 de junio de 1969, fecha de los disturbios de Stonewall. Además de este cumpleaños compartido, cada comité local decide sus propios temas, que pueden ir desde la libertad de gays y lesbianas al orgullo gay y lésbico. Asimismo, cada uno de los miles de grupos distintos tiene sus propias razones para participar. Y los cientos de miles de personas que toman parte en los desfiles y celebraciones también tienen sus propias razones para hacerlo. Algunos participan para demostrar su fuerza política, para celebrar el orgullo gay y lésbico, para pedir la igualdad de derechos o por todas estas razones a la vez. Otros participan para expresar su apoyo a sus hijos o padres gays y lesbianas, o para celebrar la libertad del confinamiento en el *closet*. Y los hay que van, simplemente, para pasarlo bien. Una mujer joven, que ha participado en las tres últimas ediciones del desfile gay y lésbico de la ciudad de Nueva York, afirmaba que sus motivos eran los siguientes: "Es el único día del año en que puedo pasear por la calle a plena luz del día abrazada a mi amante y ser vitoreada por ello en lugar de que la gente nos escupa".

Los desfiles y celebraciones de gays y lesbianas en

nuestros días son descendientes directos de un desfile anual de protesta que tuvo lugar por vez primera el 4 de julio de 1965, frente al Independence Hall (Palacio de la Independencia) de Filadelfia. Un valiente grupo de lesbianas y gays celebró este piquete anual con carteles que pedían la igualdad de derechos para los homosexuales.

Martha Shelley, que a finales de los años 60 y principios de los 70 fue una importante líder del movimiento a favor de los derechos de los homosexuales, participó dos años seguidos en la protesta de Independence Hall. "Pensaba que era un acto que podía acabar teniendo trascendencia", rememora. "Recuerdo que yo me paseaba con mi blusita blanca y mi falda mientras los turistas nos miraban, con helados en la mano, como si el zoo acabase de abrir sus puertas".

Aunque la mayoría de los norteamericanos ya han visto por la televisión a gays y lesbianas o sus fotografías en periódicos o revistas, en la época de las primeras protestas del Independence Hall la mayoría de gente nunca había visto a ningún homosexual—que ellos supieran—de carne y hueso.

El piquete anual de Independence Hall también se celebró en el año 1969, el año de los disturbios de Stonewall. Al año siguiente, el piquete del 4 de julio en Independence Hall fue suspendido. En su lugar, unos pocos miles de manifestantes desfilaron en la ciudad de Nueva York el 28 de junio para conmemorar los disturbios de Stonewall, celebrar el orgullo homosexual y pedir la igualdad de derechos. Unos mil manifestantes también desfilaron ese mismo día en Los Ángeles.

¿El movimiento a favor de los derechos de los homosexuales tiene a su propia Rosa Parks?

Aunque sólo puede haber una Rosa Parks, la desaparecida Dra. Evelyn Hooker, sicóloga cuyas investigaciones fueron pioneras, ha sido denominada por algunas personas "la Rosa Parks del movimiento a favor de los derechos de los homosexuales".

La Dra. Hooker, que era heterosexual, llevó a cabo un audaz estudio en los años 50 comparando los perfiles sicológicos de treinta hombres homosexuales y treinta hombres heterosexuales. Las conclusiones de la Dra. Hooker fueron que, en contra de la creencia generalizada de que la homosexualidad era una enfermedad mental, no existían diferencias significativas entre ambos grupos. Sus hallazgos provocaron, en última instancia, que en el 1973 se retirase la homosexualidad de la lista de enfermedades mentales de la American Psychiatric Association. Este cambio en la clasificación fue uno de los pasos más importantes en la lucha a favor de la igualdad de derechos para gays y lesbianas.

¿Qué tipo de organizaciones políticas tienen los gays y las lesbianas?

Existe toda clase de organizaciones que trabajan por la igualdad de derechos para gays y lesbianas, desde grupos de estudiantes y comités de acción política en institutos y universidades hasta organizaciones legales y clubes políticos. Entre los grupos más destacados se cuentan los siguientes: Gay and Lesbian Alliance Against Defamation (GLAAD), Human Rights Campaign (HRC), Lambda Legal Defense and Education Fund, National Gay and Lesbian Task Force (NGLTF), y Parents, Families, and Friends of Lesbians and Gays (PFLAG). (Véase "Dónde acudir" para encontrar más organizaciones e información de contacto.)

¿Por qué algunos gays y algunas lesbianas llevan un triángulo rosado?

Un símbolo en forma de triángulo rosa invertido (con la punta hacia abajo) se utilizó por primera vez en la Segunda Guerra Mundial: los nazis lo empleaban para identificar a los homosexuales en los campos de concentración. (Los judíos tenían que llevar una estrella de David amarilla.) Durante los años 70, cuando se publicaron las informaciones relativas a la persecución y el asesinato de miles de homosexuales cometidos por los nazis, los gays y las lesbianas empezaron a llevar el símbolo del triángulo rosa invertido para identificarse públicamente como homosexuales, como símbolo de orgullo y como forma de conmemorar a quienes desaparecieron en los campos de concentración.

¿Por qué algunos gays y algunas lesbianas izan una bandera con los colores del arco iris y ponen el símbolo del arco iris en sus vehículos?

Se diría que los arco iris están en todas partes. No se trata sólo de las banderas en los porches y los adhesivos en los parachoques y las ventanas de los vehículos; el arco iris aparece en collares, anillos, camisetas, toallas, tazas de café—en cualquier lugar que uno pueda imaginar. Todo empezó con la bandera del arco iris de seis franjas, diseñada y realizada en el 1978 por Gilbert Baker, de San Francisco. Su simbología simple, sutil y colorista, que representa el orgullo gay y lésbico, ha sido adoptada en todo el mundo. En el barrio de la ciudad de Nueva York donde yo vivo, la bandera del arco iris y los adhesivos con el arco iris figuran en los escaparates de las tiendas para que la clientela gay y lesbiana sepa que allí es más que bienvenida.

¿Toda la población gay y lesbiana es liberal?

Dado que la gran mayoría de la población gay y lesbiana visible y políticamente activa es relativamente liberal, existe la falsa impresión de que todos los gays y todas las lesbianas son Demócratas y apoyan las causas liberales. Sin embargo, hay muchos gays y muchas lesbianas que se identifican como Republicanos y no son pocos los que afirman ser muy conservadores, como el desaparecido Marvin Liebman, uno de los fundadores del movimiento conservador moderno.

¿Es verdad que el FBI mantenía archivos de homosexuales?

A lo largo de los años 50, 60 y principios de los 70, los líderes del movimiento a favor de los derechos de gays y lesbianas afirmaban que el FBI controlaba de cerca sus actividades. Para algunos, se trataba de simple paranoia. Pero no es así. Según el desaparecido Randy Shilts, un periodista que investigó a fondo los memorandos internos del FBI, "El FBI llevó a cabo una vigilancia exhaustiva y, al parecer, ilegal del movimiento a favor de los derechos de los homosexuales así como de sus líderes durante más de dos décadas. La vigilancia empezó en 1953 y seguía vigente aún en 1975. Los agentes recurrían a numerosos informantes, grababan las conversaciones mantenidas en las reuniones, confeccionaban listas de los miembros de las organizaciones homosexuales, fotografiaban a los participantes en los primeros desfiles a favor de los derechos de los homosexuales e investigaban a los anunciantes de las publicaciones homosexuales".

¿Podría decirnos los nombres de algunas de las personas y organizaciones en los EE.UU. que han trabajado activamente en contra de los derechos de la población gay y lesbiana o que han difundido propaganda antihomosexual?

En los primeros puestos de mi lista se encuentran Gary Bauer, James Dobson, el reverendo Jerry Falwell, Fred Phelps, el reverendo Pat Robertson y el reverendo Lou Sheldon. En cuanto a las organizaciones, los primeros puestos de mi lista los ocupan la Christian Coalition, el Family Research Council, Focus on The Family, la Southern Baptist Convention y la Traditional Values Coalition.

18 El SIDA

¿Qué es el SIDA?

El SIDA (síndrome de inmunodeficiencia adquirida) es una enfermedad del sistema inmunitario que, si no se trata, acaba por destruir las defensas del cuerpo contra otras enfermedades. El SIDA lo causa un virus, el VIH (virus de la inmunodeficiencia humana), que puede transmitirse cuando la sangre, el semen o las secreciones vaginales que contienen el virus pasan de un cuerpo a otro mediante, por ejemplo, la relación sexual vaginal o anal sin protección o el uso de drogas intravenosas con jeringuillas compartidas.

Recuerdo lo alarmado que me sentí cuando leí el primer artículo en el *New York Times* sobre cuarenta y un gays a los que se les había diagnosticado una extraña forma de cáncer. Era el verano de 1981, y esos desconcertantes casos de cáncer eran tan sólo el principio de lo que hoy es la epidemia mundial del SIDA.

¿Los causantes del SIDA fueron los gays?

La causa del SIDA es el VIH, un virus, no la orientación sexual de nadie, y se propaga de distintas maneras, no sólo a través de un tipo determinado de acto sexual.

¿El SIDA es una enfermedad de homosexuales?

El SIDA es una enfermedad humana que no distingue entre homosexuales y heterosexuales. En los Estados Unidos, sin embargo, la epidemia se extendió primero entre la población gay de las grandes áreas urbanas. Hoy día, la mayoría de los millones de casos del SIDA que hay en el mundo afectan más, y con mucha diferencia, a la población no homosexual.

¿Las lesbianas pueden contraer el SIDA?

Las lesbianas contraen el SIDA como cualquier otra persona, aunque la transmisión de mujer a mujer del VIH en las relaciones sexuales es extremadamente rara.

¿Cómo contraen el SIDA las lesbianas en el sexo con otras mujeres?

El causante del SIDA es el VIH, un virus que se encuentra en la sangre, en el semen y en los fluidos vaginales de una persona infectada. El VIH puede penetrar las membranas mucosas que recubren la vagina, la boca y otras partes del cuerpo. Por lo tanto, si una mujer tiene el virus, lo lleva en sus fluidos vaginales. Si su pareja sexual pone en contacto esos fluidos vaginales con su vagina o su boca, puede infectarse con el VIH.

¿Si uno de los miembros de una pareja de hombres tiene el SIDA, el otro no lo contraerá también?

No puedes contraer el SIDA a través del contacto casual y cotidiano con alguien que tiene la enfermedad. Por lo tanto, a menos que los dos hombres hagan algo que pueda transmitir el virus—por ejemplo, mantener relaciones anales sin utilizar condón o bien compartir jeringuillas—, el miembro de la pareja que no esté contagiado del VIH continuará así.

¿El SIDA ha retrasado la lucha por la igualdad de derechos de gays y lesbianas?

En los primeros compases de la epidemia de SIDA, muchos activistas gays y lesbianas temían que la publicidad negativa acerca del SIDA provocase la pérdida de los derechos que tan difíciles fueron de conseguir. Pero pese a sus temores y pese a las trágicas cifras de mortalidad causada por el SIDA, incluyendo las muertes de muchos líderes del movimiento a favor de los derechos de gays y lesbianas, el SIDA ha contribuido a orientar en direcciones positivas la lucha a favor de los derechos de los homosexuales.

Durante los primeros años de la epidemia, a los afectados por el SIDA se les despedía de sus trabajos, se les desalojaba de sus hogares, se les negaba el seguro médico, lo que contribuyó a poner de relieve muchas de las cuestiones discriminatorias que los líderes del movimiento por la igualdad de derechos habían estado denunciando durante años; se hizo evidente la necesidad de una legislación que protegiese a los homosexuales de la discriminación. Asimismo, el SIDA incrementó extraordinariamente la presencia pública de gays y lesbianas, que pasaron a ocupar las páginas de información casi diariamente durante el apogeo de la crisis del SIDA, tras años de relativa poca presencia en la prensa mayoritaria. Y miles de gays y lesbianas que nunca habían participado antes en el movimiento a favor de los derechos de los homosexuales tenían una motivación para unirse a la lucha en contra del SIDA. Tras adquirir una valiosa experiencia de organización, recaudación de fondos y colaboración con instituciones públicas, muchos de ellos trabajan ahora en distintos aspectos de la lucha por los derechos de los homosexuales.

¿En qué sentido cambió el SIDA la visión que el público tenía de la población homosexual?

Durante años, los activistas en pro de los derechos de gays y lesbianas dijeron que si todos los gays y lesbianas del país se hicieran visibles durante un solo día, sería el fin de la discriminación en contra de los homosexuales, porque todos los americanos se darían cuenta de que conocen y aprecian a algún gay o alguna lesbiana. Quizá no fuese el fin definitivo de la discriminación, pero sin duda impresionaría a ciertas personas, obligándoles a reconsiderar sus creencias.

El SIDA no hizo visibles a todos los gays y a todas las lesbianas, pero con la elevada mortalidad en la población gay causada por la enfermedad en los años anteriores a la llegada de los primeros tratamientos efectivos, millones de personas—familiares, amigos, colegas y vecinos—descubrieron a través del SIDA que conocían y amaban a alguien que era homosexual, tanto si era un hermano como una celebridad querida por todos.

La epidemia del SIDA también convirtió a la población gay y lesbiana en un foco de atención, en un fenómeno sin precedentes. Esta atención posibilitó que quienes no estaban afectados de una manera directa por la epidemia del SIDA tuviesen la oportunidad de ver que los gays tenían compañeros afectuosos, amigos y en muchos casos familias que les apoyaban, y que los gays y las lesbianas eran gente compasiva, trabajadora y valiente que se organizaba para difundir información relativa a la prevención del SIDA, que cuidaba a enfermos y moribundos y presionaba para conseguir un incremento en las inversiones para la investigación del SIDA y la rápida aprobación de medicamentos experimentales.

¿Podría citarnos los nombres de algunos famosos que eran homosexuales y murieron a causa del SIDA?

Los actores Rock Hudson, Anthony Perkins y Robert Reed (Mike Brady de *The Brady Bunch* (*La tribu de los Brady*); los artistas del espectáculo Liberace y Peter Allen; el abogado Roy Cohn; el jugador de los Redskins de Washington, Jerry Smith; el diseñador Willi Smith; el fotógrafo Robert Mapplethorpe; el bailarín Rudolf Nureyev; el artista Keith Haring; el congresista Stewart McKinney; el periodista Randy Shilts; el escritor Paul Monette. La lista es interminable.

¿Por qué siguen infectándose los gays con el VIH, si ya sabemos cómo prevenir la infección?

La pregunta debería ser: ¿por qué la gente sigue infectándose con el VIH? La mayoría de gente se infecta con el VIH porque no toman las medidas necesarias para prevenir la infección. No siguen pautas de sexo seguro, o bien comparten agujas hipodérmicas durante el consumo de drogas intravenosas.

¿Por qué mantienen los gays relaciones sexuales inseguras?

Hace poco tuve una conversación con un conocido, una persona culta, de mediana edad, un auténtico entusiasta de la vida. Me contó que había tenido una relación anal sin protección con un hombre joven que acababa de conocer. Yo no daba crédito a lo que estaba oyendo; entonces me dijo que, además, "Él eyaculó dentro de mí". Sentí asombro; mejor dicho, horror. "¿Cómo es posible", le dije, "que hicieras eso"? Ese hombre, que ha leído exactamente los mismos artículos que yo y conoce a gente que murió de SIDA, me contestó lo siguiente: "Me pareció que podía hacerlo. Me fié de él. Dijo que se había hecho la prueba y le había salido negativa". Estupendo, pensé, y ahora tu cheque en blanco viaja por correo.

En los momentos álgidos de la pasión, las personas—homosexuales y no homosexuales, jóvenes y adultos—no siempre son totalmente racionales, especialmente cuando el alcohol y/o las drogas forman parte del cóctel. Así pues, incluso la gente más informada incumple a veces las pautas del sexo seguro. Sucede con mayor frecuencia entre los más jóvenes, que se suelen considerar inmortales. Pero, además de pensar que van a vivir para siempre, muchos gays jóvenes consideran que el SIDA es una enfermedad de una generación anterior, y muchos heterosexuales creen, erróneamente, que el SIDA es una enfermedad que sólo afecta a los gays. Además, en muchos casos la gente joven no conoce a nadie con SIDA o que haya muerto de SIDA, y creen que no conocen a nadie infectado con el VIH: en consecuencia, piensan que no corren ningún riesgo de infección.

Otros gays no siguen pautas de sexo seguro porque no aceptan que son homosexuales y que mantienen relaciones sexuales con otros hombres, aunque lo estén haciendo. Como no se consideran a sí mismos gays, y quizá consideran erróneamente que el SIDA es una "enfermedad de homosexuales", piensan que no corren riesgo alguno. Esto puede parecer una exageración, pero hay hombres inmersos en una total negación acerca de quiénes son y de lo que están haciendo. Este problema resulta especialmente grave en el caso de los hombres afroamericanos e hispanos, que se resisten aún más que los blancos a reconocer su homosexualidad porque sus comunidades les condenan de manera aún más estricta.

Y, finalmente, algunas personas cometen el error de pensar que, con el incremento de la eficacia en los tratamientos actuales para los afectados por el VIH, el SIDA ha dejado de ser un problema importante, y no vale la pena tomar las debidas precauciones. Pero hasta que no exista una cura efectiva, el SIDA seguirá siendo un problema grave.

Independientemente de las razones específicas que se puedan tener para no seguir pautas de sexo seguro, los gays—como las lesbianas y la población no homosexual—son seres humanos, y los humanos hacen todo tipo de cosas sabiendo el peligro que entrañan, como fumar, conducir sin el cinturón de seguridad puesto, y beber en exceso. A todo el mundo le gusta pensar, "Eso no me va a pasar a mí". Pero todos estamos expuestos.

¿En los EE.UU., dónde puedo conseguir más información sobre el SIDA y las pautas del sexo seguro?

Todos necesitamos estar informados acerca del SIDA y sobre cómo prevenir la infección con el VIH. Podemos hablar con el médico, llamar a una organización sanitaria local, o llamar a un número de información local o nacional dedicado al SIDA. El número de teléfono de la National AIDS Hotline, que funciona las veinticuatro horas del día, es 1-800-342-AIDS.

Cuando se envejece

¿Hay gente de la tercera edad entre la población de gays y lesbianas?

Naturalmente, pero cuando yo empecé a moverme por el ambiente homosexual de la ciudad de Nueva York, a mediados de los 70, tuve la impresión de que los homosexuales "viejos" tenían unos veinticinco o treinta años. Casi nunca vi a nadie mucho mayor, y desde luego nunca vi a nadie que pasara de los cincuenta.

¿Dónde se habían metido los gays y las lesbianas de mayor edad? Casi todos eran invisibles, y muchos lo siguen siendo. Los gays y las lesbianas que ahora tienen setenta u ochenta años, incluso más, crecieron en un mundo que los condenaba casi unánimemente, un mundo en el que nadie hablaba de salir del *closet*, porque se consideraba inimaginable y peligroso hablar abiertamente de la propia homosexualidad. Así pues, no debe sorprendernos que, tras toda una vida de secreto, sólo unos pocos de los millones de gays y lesbianas de edad avanzada hayan dado el gran paso.

Pero en nuestros días gays y lesbianas se sienten cada vez más cómodos y dispuestos a hablar abiertamente de sí mismos, con lo que se incrementa el número de hombres y mujeres homosexuales de edad avanzada que se dan a conocer a sus amigos, familias y vecinos.

¿Existen parejas de gays y lesbianas de edad avanzada?

Sí. Hay muchas parejas de gays y lesbianas que llevan juntos treinta, cuarenta o cincuenta y tantos años. Para mi libro sobre relaciones duraderas y felices de gays y lesbianas, entrevisté a varias parejas de avanzada edad, incluyendo a dos mujeres que pasaban de los ochenta años y que celebraban su cincuenta aniversario en el año 1998 y dos hombres que pasaban de los setenta, que empezaron su relación poco después de la Segunda Guerra Mundial.

¿Es más duro envejecer si eres gay o lesbiana?

La mayoría de gays y lesbianas de edad avanzada—hombres y mujeres de sesenta, setenta y ochenta y tantos años—están más aislados que sus homólogos heterosexuales. La mayoría se pasa la vida ocultando su orientación sexual y sus relaciones, y muchos tienen la intención de llevarse su secreto a la tumba pese a los cambios de actitud producidos en las últimas décadas.

Dos personas mayores, un gay—Paul—y una lesbiana—Lina—, a los que conozco bien, sólo han compartido su secreto con un puñado de amigos homosexuales, que en su mayoría han muerto ya. A Paul, que tiene casi noventa años, le gustaría que los feligreses de su iglesia supiesen que él es homosexual, pero teme que le desprecien si saben la verdad. "Sé que soy homosexual desde mi adolescencia, pero siempre me he sentido mal por serlo", me dijo Paul, que vive solo en un complejo de apartamentos para gente de la tercera edad en Denver. "Me gustaría decir algo, pero ¿y si no me aceptan? ¿Qué voy a hacer entonces"?.

Paul me dijo que le gustaría encontrar un compañero, "no para tener una relación fisica—yo ya no puedo a estas alturas—sino por la compañía". Me preguntó lo siguiente: "¿Te parece que es demasiado tarde para encontrar a alguien"? Teniendo en cuenta el temor que siente a revelar la verdad acerca de su orientación, no creí que fuese probable, pero le dije que siempre existe una posibilidad.

Lina, que ronda los ochenta, vive en un pequeño bungalow en las afueras de Seattle con dos perros y cuatro gatos. Sólo los dos "muchachos gays" que viven enfrente de su casa saben que es lesbiana. "Creo que saben que soy homosexual desde que se mudaron a la casa de enfrente. Aún no les he preguntado cómo lo descubrieron. Nos hemos hecho amigos en los últimos años, y ahora compartimos artículos y libros sobre la homosexualidad. La semana pasada me acompañaron al veterinario. Uno de los perros estaba enfermo. Tengo suerte de tenerles. Ellos dicen que tienen suerte de tenerme".

Para algunos gays y algunas lesbianas, la sensación de aislamiento puede ser extrema. Es posible que hayan compartido su secreto con una única persona; alguien con quien han vivido muchos años, por ejemplo. Tras la muerte de esa persona, ya no les queda nadie con quien compartir sus vidas y recuerdos, nadie con quien puedan ser completamente honestos.

Pero no todos se sienten aislados, aunque esta sea una situación común. Dos parejas que entrevisté para mi libro sobre relaciones duraderas, que rondaban los cincuenta, son muy visibles en sus comunidades respectivas (Delaware y la Florida). Aunque no es probable que se les vea de la mano por la calle, las dos parejas no se esfuerzan por ocultar sus relaciones. Poco antes de conocerlas, las dos mujeres aparecieron en el periódico local y los dos hombres comparecieron en una ceremonia pública de compromiso para doscientas parejas gays y lesbianas oficiada en su iglesia. Cuando se presentaron al grupo de asistentes, fueron recibidos con gritos de entusiasmo.

La vejez plantea todo tipo de retos para hombres y

mujeres, pero en el caso de los homosexuales se añade otra dificultad: tratar con agencias de servicios sociales e instituciones de atención sanitaria que quizá no tengan experiencia en el trato con gays y lesbianas. Aún más difícil resulta en el caso de las parejas, que pueden ser reacias a revelar la relación que mantienen con su "mejor amigo" o "compañero de piso". Basta con imaginar, por ejemplo, las dificultades que afronta una mujer que necesite encontrar una residencia para su pareja de toda la vida, aquejada de una grave pérdida de memoria, pero que no desea revelar que son algo más que compañeras de vivienda. Dado que ella y su pareja son sólo "buenas amigas"—o como mínimo eso es lo que piensan los de la residencia—, recibirán un tratamiento muy distinto al que recibiría una pareja heterosexual casada. Y a menos que ella o su pareja tengan los papeles necesarios en regla, la cónyuge sana no podrá tomar decisiones médicas y financieras en nombre de su pareja.

¿Existen organizaciones para gays y lesbianas de la tercera edad?

En la mayoría de las grandes ciudades hay organizaciones para gays y lesbianas de edad avanzada. La mayor organización, que también es la que lleva más años funcionando, es la SAGE, Senior Action in a Gay Environment (Acción de la Tercera Edad en un Entorno Gay), situada en la ciudad de Nueva York. Dicha organización trabaja principalmente con los residentes del área de Nueva York, y ofrece toda una gama de servicios para gays y lesbianas de edad avanzada, entre los cuales la visita domiciliaria, hospitalaria e institucional, el transporte hasta los centros de atención médica, talleres semanales y grupos de debate, así como fiestas mensuales. La SAGE también actúa como intermediaria entre clientes y agencias gubernamentales, caseros y hospitales. También ayuda a quienes están buscando residencias abiertas a gays y lesbianas. (Véase "Dónde acudir" para la lista.)

¿Existen residencias específicas para homosexuales?

Aunque aún no hay residencias para gays y lesbianas de la tercera edad, muchas instituciones de atención están empezando a abordar el hecho de que no todos los ciudadanos de la tercera edad son heterosexuales. Hablé con un trabajador social que trabaja con residencias de la tercera edad para concienciar al personal de las necesidades especiales de los residentes gays y lesbianas, y me dijo que la mayoría de las residencias aún tienen que recorrer un largo camino antes de poder afrontar de modo realista la cuestión de la homosexualidad.

Aunque actualmente (principios del 1999) no existen residencias para la población gay y lesbiana, la SAGE de la ciudad de Nueva York ha estado investigando activamente la viabilidad de dicho proyecto.

¿Qué piensan los nietos de sus abuelos homosexuales?

Hay quien tiene problemas para hacerse a la idea de que la abuela es lesbiana o el abuelo es gay. Y otros les quieren igual.

En una entrevista publicada en el *New York Times* hace unas semanas, una mujer de setenta y nueve años, que solicitaba ser identificada como Gerry, dijo que cuando le contó a su hija su vida secreta, su hija les dijo a sus nietos: "La abuela es homosexual". Según decía la entrevista, "Gerry dijo que los niños miraron a su madre y preguntaron 'Bueno, ¿y qué?' Gerry sonrió y dijo: 'Me hizo sentir como si sólo tuviera setenta años' ".

¿Los homosexuales cuidan de sus padres en edad avanzada?

No existen estadísticas acerca del número de gays y lesbianas que cuidan a sus padres en edad avanzada, pero muchos lo hacen.

Jim y Lane, que viven en el campo, en Carolina del Norte, son un ejemplo. Se ocuparon de la anciana madre de Lane durante los doce últimos años de su vida. Lane me dijo: "Tiene un montón de hijos—yo soy uno de los nueve—y nadie le ayuda, excepto yo". Jim y Lane hicieron todo lo posible por la madre de Lane, desde ayudarla a bañarse a llevarla al médico y controlar su medicación. Cuando su memoria empezó a fallar y no podía quedarse sola en casa, los dos hombres empezaron a llevarse a la madre de Lane a su trabajo. Jim y Lane tienen un negocio de limpieza y secado de alfombras.

Jim me dijo: "No teníamos a nadie que se pudiera quedar con ella, y tampoco teníamos dinero para pagar a alguien que la cuidara. Todo lo que hicimos fue por necesidad. Cuando no tienes suficiente dinero, haces lo que sea necesario. Te las arreglas con lo que tienes, improvisas. Nosotros teníamos una furgoneta, que Lane remodeló. Puso asientos especiales, instaló una ventana en un costado y un baño adaptado. Cada mañana ayudábamos a mamá a subir a la parte posterior de la furgoneta, y venía a Charlotte con nosotros a limpiar alfombras. También llevábamos al perro y al gato, y el gato se pasaba el día echado en el regazo de mamá. Lo hicimos durante dos años, y a mamá le encantaba. Tenía su ventanal al lado del asiento, y miraba todo lo que pasaba en la calle. Mucha gente que vivía en los apartamentos de enfrente llegó a conocerla y pasaba a visitarla en el vehículo. Cuando hacía buen tiempo, llevábamos sillas de camping, y mientras trabajábamos sacábamos las sillas y mamá se podía sentar en el patio. Le gustaba mucho, porque así podía salir de casa".

20? Más preguntas . . .

¿Qué es una persona transgenérica?

¿Qué es un transexual?

Son términos un tanto escurridizos. Después de hablar con varias personas, nadie parecía ponerse de acuerdo en su significado exacto. Finalmente, decidí acudir a una persona que trabaja con jóvenes transgenéricos o transexuales en un centro-residencia en la ciudad de Nueva York. Lo que sigue es una paráfrasis de lo que él me explicó.

Transgénero es un término que aglutina un amplio espectro de formas de "expresión genéricas", como las "drag queens" y los "drag kings" (véase la página siguiente), los bigenéricos, los travestidos, los transgenéricos y los transexuales. Se trata de individuos para quienes su identidad sexual—su conciencia como hombres o mujeres—está en conflicto con su género sexual anatómico.

Los transexuales son personas que tienen un problema de identidad sexual. Algunos transexuales, aunque no todos, se sienten como si estuviesen atrapados en un cuerpo equivocado. En otras palabras, un hombre puede sentir que debería estar en un cuerpo de mujer. Y una mujer puede sentir que debería estar en un cuerpo de hombre. Algunos transexuales pueden vivir a tiempo parcial en el sexo que han elegido para sí, vistiéndose y comportándose de un modo normalmente asociado con ese sexo, y otros deciden vivir todo el tiempo en el sexo por el que han optado. Algunos transexuales también deciden cambiar de sexo mediante una operación.

¿Qué es un travestido?

¿Todos los travestidos son homosexuales?

¿Qué es una "*drag queen*"?

¿Qué es un "*drag king*"?

La gente utiliza la palabra travestido y la expresión "drag queen" para designar todo tipo de cosas, tanto si se trata de un gay que se viste de mujer en las fiestas de los sábados por la noche como si se trata de un hombre que se viste de mujer para actuar en un escenario. A continuación transcribo mis definiciones oficiales, basadas en mis propias investigaciones.

Un travestido es alguien que se viste con ropas del sexo opuesto y que se excita sexualmente a través de este acto. La mayoría de travestidos son hombres heterosexuales, y llevan a cabo sus actividades en secreto o acompañados únicamente por otros travestidos heterosexuales.

En inglés hay dos términos para designar la actividad de quienes visten ropas del sexo opuesto en un baile de disfraces, una obra de teatro o simplemente porque les gusta: se dice que practican el "*cross-dressing*" o bien que visten en "*drag*". Cuando es un gay quien lo hace, a veces se le llama "drag queen". En el caso de una lesbiana, hablaríamos de "drag king". A un hombre que se viste de mujer para actuar profesionalmente en público se le denomina transformista.

¿Qué es un "*drag ball*"?

Mucha gente habrá tenido ocasión de contemplar un tipo específico de drag ball en el excelente documental de Jennie Livingston premiado en el año 1991, *Paris Is Burning* (París arde); merece la pena alquilarlo, si se tiene ocasión de hacerlo. En esta película, Livingston hace entrar al espectador en los "*drag balls*" de Harlem, donde hombres y mujeres homosexuales afroamericanos e hispanos se disfrazan para conseguir trofeos en distintas categorías. En la categoría "Realismo", por ejemplo, los gays intentan "pasar" por colegiales heterosexuales, ejecutivos, matones callejeros, soldados y bellas mujeres llenas de glamour.

Un tipo distinto de "drag ball" es el que se celebra en el contexto del Imperial Court System (Sistema de Cortes Imperiales), una de las mayores y más veteranas organizaciones de beneficencia para homosexuales. Las varias docenas de "cortes" del Imperial Court System repartidas a lo largo y ancho del país organizan bailes a fin de recaudar fondos para obras benéficas de ámbito local y nacional, tanto para la población homosexual como para la no homosexual. La tradición se remonta a principios de los años 60. Los asistentes a estos bailes, gays en su mayoría, se visten con todo tipo de atuendos formales. Por ejemplo, el folleto de instrucciones para el baile benéfico titulado "La noche de los mil vestidos de noche", reunión extremadamente exagerada celebrada en el Hotel Waldorf-Astoria bajo los auspicios del Imperial Court de Nueva York, dicta lo siguiente: "Es preferible acudir en traje cortesano de gala: vestidos elegantes con tiaras, condecoraciones y joyas familiares, y corbata y faldones blancos; calzones con hebillas de plata, para quienes tengan piernas aptas para ello. Se acepta la corbata negra, aunque siempre existe la posibilidad de que le confundan con un camarero. El personal militar puede llevar el uniforme de gala de su regimiento; las espadas son opcionales, y los duelos, sin embargo, están prohibidos".

¿Qué es un "*drag show*"?

Pues eso, un espectáculo "*drag*". Un espectáculo—tanto si tiene lugar en la pista de una disco gay o en un escenario de Broadway—que presenta transformistas. En general, el espectáculo incluye la imitación de una famosa actriz o cantante, o la invención de un personaje totalmente imaginario. Suele haber mucho maquillaje, grandes pelucas, tacones altísimos y lentejuelas. La actuación puede ir desde los números cómicos hablados o la interpretación en play-back de algunas canciones a un verdadero "*one-woman show*" basado en la vida del personaje célebre objeto de imitación.

¿Por qué algunos gays se visten de cuero negro?

A veces los gays y las lesbianas, igual que los heterosexuales, llevan prendas de cuero negro—pantalones, chaqueta, botas, etcétera—simplemente porque les gusta vestir de cuero negro. Puede ser una simple cuestión de modas. En otros casos, gays y lesbianas—y también heterosexuales—visten prendas y accesorios de cuero negro para indicar que practican actividades y sexo *S&M* (sadomasoquista). En este caso, las prendas de cuero negro forman parte de un uniforme reconocido por otros miembros de la "comunidad del cuero". Sin embargo, no todos los que practican el S&M visten de cuero negro.

¿Qué tratamiento reciben gays y lesbianas fuera de los Estados Unidos?

En el mundo, la situación de gays y lesbianas varía según el país y la región. En general, los países europeos tienen una actitud muy liberal respecto a la homosexualidad. Incluso en Rusia, donde las leyes contra la sodomía se emplearon desde los años 30 hasta el 1993 para enviar a los gays a los campos de trabajo en

Siberia, los gays y las lesbianas están actualmente libres de sanciones oficiales, aunque siguen siendo una minoría generalmente despreciada.

En otras partes del mundo, especialmente en Asia y el África, gays y lesbianas se enfrentan a una enorme opresión, e incluso temen por sus vidas. En Irán, por ejemplo, los actos homosexuales son ilegales tanto para hombres como para mujeres y pueden ser castigados con la muerte. En Zimbabwe, el presidente Robert Mugabe ha llevado a cabo una agresiva campaña antihomosexual, en la que ha afirmado que gays y lesbianas "son peores que los cerdos y los perros" y declaró que no tienen derechos civiles en el año 1999. En cambio, la constitución de Sudáfrica elimina la discriminación "injusta" basada en la orientación sexual, aunque la ley sigue prohibiendo que las parejas homosexuales adopten niños.

Muchos países no tienen una legislación que prohíba las relaciones homosexuales, pero ello no implica que gays y lesbianas puedan vivir sus vidas en una atmósfera exenta de prejuicios o amenazas. En la China, los homosexuales reciben a veces tratamiento por lo que, a juicio de los médicos de allí, es una enfermedad mental. Dos de los métodos más populares empleados en la China para "curar" la homosexualidad, según un artículo publicado en el *New York Times*, tratan de reducir los pensamientos eróticos aplicando dolorosas descargas eléctricas o induciendo al vómito. El aspecto positivo del caso, señala el artículo, es que aunque la homosexualidad no está bien vista en la China, es más bien porque se considera de mal gusto o indecente, y no porque sea pecaminosa. Asimismo, "la lengua china no posee insultos generalizados relativos a la orientación sexual".

Mantengo una correspondencia regular con un joven homosexual de la región central de la China, y aunque nunca le han obligado a seguir un tratamiento por su orientación sexual, me dijo que no puede vivir abiertamente su vida ni tener esperanzas de entablar una relación de pareja. Teme que, si no abandona el país, no tendrá más remedio que casarse con una mujer y fingir que es heterosexual.

¿En otros países hay tantos homosexuales como en los Estados Unidos?

En todo el mundo existen porcentajes similares respecto a las personas que sienten atracción por la gente de su mismo sexo. Las principales diferencias radican en el camino que eligen para expresar—o no expresar—esos sentimientos, y el modo en que los distintos gobiernos y culturas tratan a gays y lesbianas.

¿Los gays y las lesbianas de otros países pueden convertirse en ciudadanos de los Estados Unidos?

Hasta el año 1990, la legislación federal impedía que las personas "con personalidad psicopática o desviaciones sexuales o defectos mentales" pudiesen incluso entrar en los Estados Unidos. Esta ley se empleaba para impedir la entrada de homosexuales extranjeros, y fue ratificada en el 1967, cuando el Tribunal Supremo de Justicia de los Estados Unidos dictaminó que se podía impedir la entrada a los homosexuales en el país por su "desviación sexual".

En noviembre de 1990, el presidente George Bush firmó un proyecto de ley de reforma de la legislación sobre la inmigración que incluía la eliminación de las restricciones basadas en la orientación sexual.

¿Por qué algunos homosexuales llevan "*piercings*" y tatuajes?

Durante los años 90, los "*piercings*"—en las orejas, nariz, pezones, labios, cejas o donde sea—y los tatuajes se hicieron cada vez más populares, especialmente entre adolescentes, homosexuales y heterosexuales, y jóvenes en general.

Existen distintas razones para que la gente se haga un "*piercing*" y adorne su cuerpo con tatuajes. Algunos lo hacen por moda o como afirmación política. Otros, para seguir la corriente de sus amigos o grupos sociales. Y otros se hacen piercings y tatuajes para rebelarse contra sus padres.

Hablé una vez con un joven que se había hecho varios tatuajes, y me dijo que, al marcar su cuerpo, "Puedo expresar mi individualidad de un modo que no me lo permite el vestuario o el corte de pelo". También conversé con una chica que se mostró de acuerdo con la afirmación, y añadió que sus tatuajes y piercings mostraban su "filiación tribal". "Entre mi vestuario, mi corte de pelo, mis tatuajes y mis "*piercings*", consigo sentir que formo parte de la tribu".

¿Son más sensibles los gays que los hombres heterosexuales?

Algunos gays son sensibles y comprensivos. Lo mismo ocurre con algunos heterosexuales. ¿Pero acaso los gays son inherentemente más sensibles y comprensivos que los heterosexuales?

Durante años he estado oyendo una teoría que dice que los gays son en general más sensibles que los no homosexuales porque la experiencia de crecer como homosexual—siendo un marginado—y tener que examinar la propia vida y aceptar algo que te diferencia de los demás hace que muchos gays sean más perceptivos acerca de la vida y más sensibles que el heterosexual medio respecto a las dificultades que afectan a otras personas. Es una bonita teoría, y sin duda no carece de mérito, pero sigue habiendo montones de gays que son brutos e insensibles.

¿Por qué entre los gays hay tantos amantes de la ópera?

Es verdaderamente desproporcionado el número de gays que no pueden resistirse a la llamada de la ópera. Para mí es un misterio. Nunca he podido llegar al final de *La Bohème* sin quedarme dormido en el tercer acto. Y con *Katia Kabanova*, de Janácek, no pude aguantar ni siquiera el primer acto, y eso que había volado hasta Chicago para oír a una amiga que cantaba uno de los papeles principales. Afortunadamente, no llegó a mirar a la primera fila de butacas—nos había conseguido las mejores entradas—y así no pudo ver mis cabezadas. Bueno, estoy exagerando. Disfruté mucho viendo *Madame Butterfly* y me encantó Patience & Sarah, una ópera lésbica estrenada en el 1998 en el Lincoln Center Summer Festival de la ciudad de Nueva York.

Le pedí a uno de mis más viejos amigos, aficionado a la ópera desde los tiempos de la universidad—aunque nunca ha sido una verdadera loca de la ópera, diría él—, que me dijera qué tiene la ópera, en su opinión, para atraer tanto a los gays. Me dijo: "Los aficionados a la ópera pueden ser de cualquier sexo u orientación. Son personas que sienten una conexión profunda con el drama, la música y el espectáculo. Las locas de la ópera por otra parte, sólo se interesan por las divas de la ópera. Su vida entera gira en torno a la cantante protagonista. No les interesa lo que pueda ocurrir en el resto del escenario, con la excepción quizá de los pocos tenores atractivos de más de cinco pies de altura. Lo que adoran de las divas es su combinación de fuerza y vulnerabilidad, pero el núcleo de la obsesión de las locas de la ópera está en la idea de que la diva es más grande que la vida misma. Contemplan a alguien que representa una escala de emociones ridículamente amplia, que ellos no pueden ni imaginar transportada a sus propias vidas".

"Creo que la clásica loca de la ópera es cada vez menos un estereotipo, porque cada vez más hombres pueden llevar vidas abiertamente homosexuales. En los años 50 y 60, las locas de la ópera eran casi siempre hombres que llevaban una vida relativamente monótona y totalmente reprimida. Entonces, en la oscuridad del teatro, podían fantasear completamente y estremecerse ante el fabuloso icono de la diva de la ópera. Sé que esto suena muy duro, casi homofóbico, pero me da la impresión de que así eran las cosas para las anteriores generaciones de gays que se veían obligados a vivir vidas tan limitadas. La ópera les ofrecía una oportunidad de escapar, y ese sigue siendo uno de los motivos por el que todo tipo de personas disfruta con la ópera".

Mi amigo amante de la ópera señaló que también existe una subcategoría de las locas de la ópera: las "locas de los agudos". Son gays, me explicó, que sólo viven para sentir la emoción de los agudos que lanzan las divas, a quienes adoran por su capacidad de cantar notas como ésas.

Si alguien desea leer un libro exclusivamente dedicado a las relaciones entre los gays y la ópera y el por qué de las "locas de la ópera", yo le recomendaría *The Queen's Throat: Opera, Homosexuality, and the Mystery of Desire (La garganta de la reina: ópera, homosexualidad y el misterio del deseo)*, de Wayne Koestenbaum.

¿Por qué ciertas artistas famosas atraen a un amplio público de seguidores homosexuales?

Después de plantear esta pregunta a varias personas, homosexuales y heterosexuales, llegué a la conclusión de que sólo estaban de acuerdo en un punto: que figuras como Judy Garland, Joan Crawford, Barbra Streisand, Bette Midler, Bette Davis, Marilyn Monroe y Liza Minnelli gozaban de una gran popularidad entre un número aparentemente elevado de gays. Algunos me dieron la explicación de que los gays que son aficionados a estas mujeres se sienten atraídos por la combinación de fuerza y vulnerabilidad que han proyectado en sus obras.

En mi opinión, la mejor explicación fue la de un hombre que me escribió desde Maryland respondiendo a la petición de ayuda que lancé en la edición original de este libro. Escribió: "En el caso de Judy Garland y Marilyn Monroe, creo que muchos gays se pueden identificar con sus legendarias reputaciones de sufrimiento combinado con vulnerabilidad y mala suerte con sus parejas y la vida que llevaron. Nos identificamos con Streisand por varios motivos: da la imagen de ser poderosa, una trabajadora superviviente que afrontó y superó todo lo que tenía en contra, cuando nadie podía imaginar que una persona con su apariencia y personalidad tan rara pudiese tener éxito como artista".

"Bette Davis y Joan Crawford también eran fuertes y testarudas, pero muchos de los personajes que interpretaron en el cine podían entenderse como contrapartidas en la ficción de las vidas reales de Garland y Monroe: víctimas dolientes destinadas a perderlo todo, casi siempre vistas desde una sensibilidad muy exagerada. Y amamos a Liza en parte porque celebramos que consiguiera seguir el camino iniciado por su madre, y en parte porque sufrió similares contratiempos . . . Naturalmente, también contribuye el hecho que estas mujeres tengan un indiscutible y extraordinario talento".

¿Los homosexuales influyen en la cultura popular?

Gays y lesbianas han tenido, desde hace mucho tiempo, gran influencia en la cultura popular, desde las ropas que vestimos y los anuncios que vemos al tipo de música que bailamos y las historias que leemos.

En este sentido, me gusta citar al escritor Fran Lebowitz: "Si a lo que se suele considerar como cultura americana le quitamos todos los homosexuales y toda la influencia homosexual, nos quedaría únicamente el programa televisivo Let's Make a Deal ("Hacer negocio")".

Bibliografía

Aarons, Leroy. *Prayers for Bobby: A Mother's Coming to Terms with the Suicide of Her Gay Son.* San Francisco: Harper San Francisco, 1996.

The Alyson Almanac: The Gay and Lesbian Fact Book. Boston: Alyson Publications, 1997.

Bérubé, Allan. *Coming Out Under Fire: The History of Gay Men and Women in World War II.* Nueva York: Plume, 1991.

Berzon, Betty. *The Intimacy Dance: A Guide to Long-Term Success in Gay and Lesbian Relationships.* Nueva York: Plume, 1997.

—. Permanent Partners: *Building Gay and Lesbian Relationships That Last.* Nueva York: Plume, 1990.

—, ed. *Positively Gay: New Approaches to Gay and Lesbian Life.* Berkeley, CA: Celestial Arts, 1992.

Borhek, Mary V. *Coming Out to Parents: A Two-Way Survival Guide for Lesbians and Gay Men and Their Parents.* Nueva York: Pilgrim Press, 1993.

—. *My Son Eric: A Mother Struggles to Accept Her Gay Son and Discovers Herself.* Nueva York: Pilgrim Press, 1984.

Boswell, John. *Christianity, Social Tolerance, and Homosexuality: Gay People in Western Europe from the Beginning of the Christian Era to the Fourteenth Century.* Chicago: University of Chicago Press, 1981.

Bright, Susie. *Susie Sexpert's Lesbian Sex World.* Pittsburgh: Cleis Press, 1999.

Browning, Frank. *The Culture of Desire: Paradox and Perversity in Gay Lives Today.* Nueva York: Vintage Books, 1994.

Bruni, Frank, Elinor Burkett. *A Gospel of Shame: Children, Sexual Abuse and the Catholic Church.* Nueva York: Viking, 1993.

Burr, Chandler, Rick Kot (Editor). *A Separate Creation: The Search for the Biological Origins of Sexual Orientation.* Nueva York: Hyperion, 1997.

Buxton, Amity Pierce. *The Other Side of the Closet: The Coming-Out Crisis for Straight Spouses.* Nueva York: John Wiley & Sons, 1994.

Curry, Hayden y Denis Cljfford. *A Legal Guide for Lesbian and Gay Couples.* Berkeley, CA: Nolo Press, 1999.

D'Emilio, John. *Sexual Politics, Sexual Communities: The Making of a Homosexual Minority in the United States, 1940–1970.* Chicago: University of Chicago Press, 1998.

Faderman, Lillian. *Odd Girls and Twilight Lovers: A History of Lesbian Life in Twentieth-Century America.* Nueva York: Penguin USA, 1992.

Fairchild, Betty y Nancy Hayward. *Now That You Know: A Parent's Guide to Understanding Their Gay and Lesbian Children.* Nueva York: Harcourt Brace Jovanovich, 1998.

Fricke, Aaron. *Reflections of a Rock Lobster: A Story About Growing Up Gay.* St. Paul: Consortium Book Sales & Distribution, 1995.

Griffin, Carolyn Welch, Marian J. Wirth y Arthur G. Wirth. *Beyond Acceptance: Parents of Lesbians and Gays Talk About Their Experiences.* Nueva York: St. Martin's Press, 1997.

Heger, Heinz. *Men with the Pink Triangle: The True, Life-and-Death Story of Homosexuals in the Nazi Death Camps.* Boston: Alyson Publications, 1994.

Helminiak, Daniel A., Ph.D. *What the Bible Really Says About Homosexuality*. San Francisco: Alamo Square Press, 1994.

Herek, Gregory M. *Hate Crimes: Confronting Violence Against Lesbians and Gay Men.* Newbury Park, CA: Sage Publications, 1991.

Heron, Ann. *Two Teenagers in Twenty: Writings by Gay and Lesbian Youth.* Boston: Alyson Publications, 1995.

Hunter, Nan D., Sherryl E. Michaelson y Thomas B. Stoddard. *The Rights of Lesbians and Gay Men: The Basic ACLU Guide to Gay Person's Rights, 3ª ed.* Carbondale: Southern Illinois University Press, 1992.

Hutchings, Loraine y Lani Kaahumanu. *Bi Any Other Name: Bisexual People Speak Out.* Boston: Alyson Publications, 1991.

Koestenbaum, Wayne. *The Queen's Throat: Opera, Homosexuality, and the Mystery of Desire.* Nueva York: Vintage Books, 1994.

Kopay, David y Perry Deane Young. *The David Kopay Story.* Nueva York: Donald I. Fine, 1988.

Laumann, Edward O., Robert T. Michael (Editor), John H. Gagnon, Stuart Michaels (Editor). *The Social Organization of Sexuality: Sexual Practices in the United States.* Chicago: University of Chicago Press, 1994.

Lewin, Ellen. *Recognizing Ourselves: Ceremonies of Lesbian and Gay Commitment (Between Men-Between Women).* Nueva York: Columbia University Press, 1998.

Marcus, Eric. *Making History: The Struggle for Gay and Lesbian Equal Rights, 1945–1990.* Nueva York: Harper Collins, 1992.

—. *The Male Couple's Guide: Finding a Man, Making a Home, Building a Life.* Nueva York: Harper Collins, 1999.

—. *Together Forever: Gay and Lesbian Couples Share Their Secrets for Lasting Happiness.* Nueva York: Anchor, 1999.

Martin, April. *The Lesbian and Gay Parenting Handbook: Creating and Raising Our Families.* Nueva York: Harper Collins, 1993.

McNaught, Brian. *Gay Issues in the Workplace.* Nueva York: St. Martin's Press, 1995.

—. *Now That I'm Out, What Do I Do?* Nueva York: St. Martin's Press, 1998.

McNeill, John J. *The Church and the Homosexual.* Nueva York: Beacon Press, 1993.

Miller, Neil. *Out in the World: Gay and Lesbian Life from Buenos Aires to Bangkok.* Nueva York: Vintage Books, 1993.

Pies, Cheri. *Considering Parenthood.* San Francisco: Spinsters, 1988.

Plant, Richard. *The Pink Triangle: The Nazi War Against Homosexuals.* Nueva York: Henry Holt and Company, 1988.

Russo, Vito. *The Celluloid Closet: Homosexuality in the Movies.* Nueva York: Harper Collins, 1987.

Scanzoni, Letha Dawson y Virginia Ramey Mollenkott. *Is the Homosexual My Neighbor?: A Positive Christian Response, Ed. rev.* San Francisco: Harper San Francisco, 1994.

Schow, Ron, Wayne Schow y Marybeth Raynes. *Peculiar People: Mormons and Same-Sex Orientation.* Salt Lake: Signature Books, 1993.

Schulenburg, Joy A. *Gay Parenting: A Complete Guide for Gay Men and Lesbians with Children*. Garden City, NY: Anchor Press, 1985.

Shilts, Randy. *And the Band Played On: Politics, People, and the AIDS Epidemic.* Nueva York: Penguin USA, 1995.

—. *Conduct Unbecoming: Gays and Lesbians in the U.S. Military.* Nueva York: St. Martin's Press, 1993.

Spong, John Shelby. *Living in Sin? A Bishop Rethinks Human Sexuality.* San Francisco: Harper San Francisco, 1990.

Vacha, Keith. *Quiet Fire: Memoirs of Older Gay Men.* Trumansburg, NY: Crossing Press, 1985.

Van Gelder, Lindsy y Pamela Robin Brandt. *Are You Two . . . Together? A Gay and Lesbian Travel Guide to Europe.* Nueva York: Random House, 1991.

—. *The Girls Next Door: Into the Heart of Lesbian America*. Nueva York: Fireside, 1997.

Witt, Lynn (Editor), Sherry Thomas (Editor), Eric Marcus (Editor). *Out in All Directions: A Treasury of Gay and Lesbian America.* Nueva York: Warner Books, 1997.

Organizaciones en los Estados Unidos que proveen información general

GLAAD

150 West 26th Street, #503

New York, NY 10001

Teléfono: 212-807-1700

800-GAY-MEDIA

Fax: 212-807-1806

Portal cibernético: www.glaad.org

Correo electrónico: glaad@glaad.org

Human Rights Campaign
919 18th Street, NW
Washington, DC 20006
Teléfono: 202-628-4160
Fax: 202-347-5323
Portal cibernético: www.hrc.org
Correo electrónico: hrc@hrc.org

Lambda Legal Defense and Education Fund
120 Wall Street, #1500
New York, NY 10005-3904
Teléfono: 212-809-8585
Fax: 212-809-0055
Portal cibernético: www.lambdalegal.org
Correo electrónico: lambdalegal@lambdalegal.org

NGLTF (National Gay and Lesbian Task Force)
1700 Kalorama Road, NW
Washington, DC 20009-2624
Teléfono: 202-332-6483
Fax: 202-332-0207
TTY: 202-332-6219
Portal cibernético: www.ngltf.org
Correo electrónico: ngltf@ngltf.org

LLEGO (The National Latina/o Lesbian, Gay, Bisexual & Transgender Organization)
1612 K Street, NW, #500
Washington, DC 20006
Teléfono: 202-466-8240
Fax: 202-466-8530
Portal cibernético: www.llego.org
Correo electrónico: Llego@llego.org

PFLAG
1101 14th Street, NW, #1030
Washington, DC 20005
Teléfono: 202-638-4200
Fax: 202-638-0234
Portal cibernético: www.pflag.org
Correo electrónico: info@pflag.org

Información general en los Estados Unidos por región

California: Los Ángeles

Información para gays y lesbianas
Gay & Lesbian Community Center
Lunes a viernes: 8:30 AM–10:00 PM (8:30-22h): sábados: 9:00 AM–10:00 PM (9-22h)
1625 N. Schrader Boulevard
Los Angeles, CA 90028
Teléfono: 213-993-7400

International Gay & Lesbian Archives
P.O. Box 67679
West Hollywood, CA 90069
Teléfono: 310-845-0271

Grupos

Gay and Lesbian Latinos Unidos
1625 Hudson Street
Los Angeles, CA 90038
Teléfono: 213-780-9943

One, Inc/IGLA
P.O. Box 69679
West Hollywood, CA 90069
Teléfono: 213-735-5252

Ayuda con problemas

Línea de información sobre el sexo

Teléfono: 213-653-1123

San Diego

Información para gays y lesbianas

Lesbian & Gay Men's Community Center
3916 Normal Street
San Diego, CA 92103
Teléfono: 619-692-2077

The Lesbian and Gay Historical Society of San Diego
P.O. Box 40389
San Diego, CA 92164
Teléfono: 619-260-1522

Grupos religiosos

MCC
4333 30th Street (North Park)
Teléfono: 619-280-4333 o 619-297-0875

Florida: Miami

Ayuda con problemas

Gay Lesbian Bisexual Hotline of Greater Miami
7545 Biscayne Boulevard
Teléfono: 305-759-3661

Grupos religiosos

Dignity-Los gays católicos
Teléfono: 305-443-9509

Miami Beach

Información para gays y lesbianas

Miamigo
1234 Washington Avenue, Suite 200-202
Miami Beach, FL 33139
Teléfono: 305-532-5051
Fax: 305-532-5498
Correo electrónico: miamigomag@aol.com
Portal cibernético: www.miamigo.com

New York: New York

Información para gays y lesbianas

Gay and Lesbian Switchboard
332 Bleecker Street, Suite F-18
New York, NY 10014
Teléfono: 212-989-0999

Lesbian and Gay Community Services Center
One Little West 12th Street
New York, NY 10014 (West Village)
Teléfono: 212-620-7810
Fax: 212-924-2657
Correo electrónico: info@gaycenter.org
info@gaycenter.org
Portal cibernético: www.gaycenter.org
www.gaycenter.org

National Museum of Lesbian and Gay History
c/o Lesbian and Gay Community Services Center
208 West 13th Street
New York, NY 10011

Grupos

ACLU Lesbian and Gay Rights Project
132 West 43rd Street
New York, NY 10036
Teléfono: 212-944-9800

ACT UP New York
208 West 13th Street
New York, NY
Teléfono: 212-642-5499
Fax: 212-966-4873
Portal cibernético: www.actupny.org

Center for Lesbian and Gay Studies (CLAGS)
Graduate Center, City University of New York
33 West 42nd Street
New York, NY 10036

Coalition for Lesbian and Gay Rights
Teléfono: 212-627-1398

Información sobre la salud

aidsinfonyc.org
Correo electrónico: webman@aidsinfonyc.org
Portal cibernético: www.aidsinfonyc.org

The Body Positive
19 Fulton Street, Suite 308B
New York, NY 10038
Teléfono: 212-566-7333
Fax: 212-566-4539

Ayuda

Gay Men's Therapy Group
420 West 24th Street, Suite 1B
Teléfono: 212-243-8798

Grupos religiosos

Dignity New York
Misas dominicales en la Iglesia de Saint John en Greenwich Village
Teléfono/Fax: 212-866-8047

Metropolitan Community Church
446 West 36th Street
New York, NY 10018
Teléfono: 212-629-7440
Fax: 212-629-7441

Community Church of New York—Unitarian Universalist
40 East 35th Street
New York, NY 10016
Teléfono: 212-683-4988

Texas: El Paso

Ayuda

AIDS Information Line
Teléfono: 915-543-3575 (en español)

Organizaciones estadounidenses para jóvenes y adolescentes

COLAGE (Children of Lesbians and Gays Everywhere)
3543 18th Street, #17
San Francisco, CA 94110
Teléfono: 415-861-5437
Portal cibernético: www.colage.org
Correo electrónico: colage@colage.org

GLSEN (Gay, Lesbian & Straight Education Network)
121 West 27th Street, #804
New York, NY 10001
Teléfono: 212-727-0135
Fax: 212-727-0254
Portal cibernético: www.glsen.org
Correo electrónico: glsen@glsen.org

Student Pride
c/o GLSEN
121 West 27th Street, #804
New York, NY 10001
Teléfono: 212-727-0135
Fax: 212-727-0254
Portal cibernético: www.studentprideUSA.org
Correo electrónico: studentpride@glsen.org

NYAC
1711 Connecticut Avenue, NW, #206
Washington, DC 20009
Teléfono: 202-319-7596
Fax: 202-319-7365
Portal cibernético: www.nyacyouth.org
Correo electrónico: nyac@nyacyouth.org

Grupos religiosos

Bautistas

The Association of Welcoming & Affirming Baptists
P.O. Box 2596
Attleboro Falls, MA 02763-0894
Teléfono/Fax: 508-226-1945
Portal cibernético: www.WABaptists.org
Correo electrónico: WABaptists@aol.com

Episcopales (Anglicanos)

Integrity
P.O. Box 5255
New York, NY 10185-5255
Teléfono: 202-462-9193
Fax: 202-588-1486
Portal cibernético: www.integrityusa.org
Correo electrónico: info@integrityusa.org

Judíos

World Congress of Gay, Lesbian, and Bisexual Jewish Organizations
P.O. Box 23379
Washington, DC 20026-3379
Teléfono: 202-452-7424
Portal cibernético: www.wcgljo.org
Correo electrónico: info@wcgljo.org

Metodistas

Affirmation
United Methodists for Lesbian, Gay, Bisexual & Transgendered Concerns
P.O. Box 1021
Evanston, IL 60204
Teléfono: 847-733-9590
Portal cibernético: www.umaffirm.org
Correo electrónico: umaffirmation@yahoo.com

Mormones

Affirmation
P.O. Box 46022
Los Angeles, CA 90046-0022
Teléfono: 323-255-7251
Portal cibernético: www.affirmation.org

Musulmanes

Al-Fatiha Foundation
405 Park Avenue, Suite 1500
New York, NY 10022
Teléfono/Fax: 212-752-3188
Portal cibernético: www.al-fatiha.org
Correo electrónico: gaymuslims@yahoo.com

Católicos

Dignity/USA
1500 Mass. Ave., NW, #11
Washington, DC 20005-1894
Teléfono: 202-861-0017
Fax: 202-429-9808
Portal cibernético: www.dignityusa.org
Correo electrónico: dignity@aol.com

Unitarianos

Unitarian Universalists Office for Lesbian, Gay, Bisexual and Transgender Concerns
25 Beacon Street
Boston, MA 02108
Teléfono: 617-742-2100, ext. 475
Fax: 617-742-0321
Portal cibernético: www.uua.org/obgltc
Correo electrónico: obgltc@uua.org

Universal Fellowship of Metropolitan Community Churches
8704 Santa Monica Blvd., 2nd Fl.
West Hollywood, CA 90069-4548
Teléfono: 310-360-8640
Fax: 310-360-8680
Portal cibernético: www.ufmcc.com
Correo electrónico: info@ufmcchq.com

Portales cibernéticos

www.colage.org

www.glsen.org

www.outproud.org

www.queeramerica.com

www.studentprideusa.org

www.youth-guard.org

www.elight.org

www.YouthResource.com

Líneas telefónicas

888-THE-GLNH (888-843-4564)
Portal cibernético: www.glnh.org
Correo electrónico: glnh@glnh.org

800-347-TEEN (800-347-8336)
Indiana Youth Group Gay, Lesbian, Bisexual Youth Hotline

800-96-YOUTH (800-969-6884)
LYRIC Youth Talkline

TrevorLine Crisis Intervention for Lesbian, Gay, Bisexual, and Transgender Youth
Teléfono: 800-850-8078
Portal cibernético: www.trevorproject.com

Organizaciones e información sobre el SIDA

National AIDS Hotline
Centers for Disease Control
800-342-AIDS

STD Information Line
Centers for Disease Control
800-227-8922

COLAGE (Children of Lesbians and Gays Everywhere)
Teléfono: 415-861-5437
Portal cibernético: www.colage.org

The Family Pride Coalition
Teléfono: 619-296-0199
Portal cibernético: www.familypride.org

Correo electrónico: pride@familypride.org

GLAAD (Gay and Lesbian Alliance Against Defamation)
150 West 26th Street, #503
New York, NY 10001
Teléfono: 212-807-1700
Portal cibernético: www.glaad.org

GLSEN (Gay, Lesbian & Straight Education Network)
121 West 27th Street, #804
New York, NY 10001
Teléfono: 212-727-0135
Portal cibernético: www.glsen.org

Correo electrónico: glsen@glsen.org

HRC
Human Rights Campaign
1101 14th Street, NW, #800
Washington, DC 20005
Teléfono: 202-628-4160
Portal cibernético: www.hrc.org
Correo electrónico: info@hrc.org

Lambda Legal Defense and Education Fund
120 Wall Street, #1500
New York, NY 10005

Teléfono: 212-809-8585
Portal cibernético: www.lambdalegal.org

National AIDS Hotline
Teléfono: 800-342-AIDS

New York City Gay and Lesbian Anti-Violence Project
240 West 35th Street, #200
New York, NY 10001
Teléfono: 212-714-1141
Portal cibernético: www.avp.org

NGLTF (National Gay and Lesbian Task Force)
2320 17th Street, NW
Washington, DC 20009-2702
Teléfono: 202-332-6483
Portal cibernético: www.ngltf.org

Correo electrónico:
HYPERLINK "mailto:ngltf@ngltf.org"
ngltf@ngltf.org
NLGJA (National Lesbian & Gay Journalists Association)
1718 M Street, NW, #245
Washington, DC 20036
Teléfono: 202-588-9888
Portal cibernético: www.nlgja.org
Correo electrónico: nlgja@aol.com

NYAC (National Youth Advocacy Coalition)
171 I Connecticut Avenue, NW, #206
Washington, DC 20009
Teléfono: 202-319-7596
Portal cibernético: www.nyacyouth.org
Correo electrónico: nyac@nyacyouth.org

PFLAG (Parents, Families and Friends of Lesbians and Gays)
1101 14th Street, NW, #1030
Washington, DC 20005
Teléfono: 202-638-4200
Portal cibernético: www.pflag.org
Correo electrónico: info@pflag.org

SAGE (Senior Action in a Gay Environment)
305 7th Avenue
New York, NY 10001
Teléfono: 212-741-2247
Correo electrónico: sageusa@aol.com

SLDN (Servicemembers Legal Defense Network)
P.O. Box 65301
Washington, DC 20035
Teléfono: 202-328-3244
Portal cibernético: www.sldn.com

Correo electrónico: sldn@sldn.org
Información para gays y lesbianas

The Advocate
c/o Liberation Publication, Inc.
6922 Hollywood Boulevard, Suite 1000
Los Angeles, CA 90028-6148
Teléfono: 323-871-1225
Fax: 323-467-0173
Correo electrónico: info@advocate.com
Portal cibernético: www.advocate.com

American Educational Gender Information Service (AEGIS)
P.O. Box 33724
Decatur, GA 30033-0724
Teléfono: 770-939-0244
Fax: 770-939-1770
Correo electrónico: aegis@mindspring.com

Gay and Lesbian Medical Association
211 Church Street, Suite C
San Francisco, CA 94114
Teléfono: 415-255-4547
Correo electrónico: AGLPNAT@aol.com
Portal cibernético: members.aol.com/aglpnat/homepage.html

National Gay & Lesbian Task Force
Mon–Fri, 9-19h
1734 14th Street, NW
Washington, DC 20009
Teléfono: 202-332-6483

POZ
P.O. Box 1279
Old Chelsea Station
New York, NY 10113-1279
Teléfono: 212-242-2163
Fax: 212-675-8505
Correo electrónico: pozmag@aol.com

National Helplines

CDC National AIDS Hotline
Teléfono: 800-342-2437

Gay & Lesbian National Hotline
Teléfono: 1-888-843-4564
Fax: 415-552-0649
Correo electrónico: glnh@glnh.org
Portal cibernético: www.glnh.org

National Groups

Lesbian and Gay Immigration Rights Task Force
P.O. Box 7741
New York, NY 10116-7741
Teléfono: 212-802-7264

Dónde acudir en la América Latina y España

Argentina

Información para gays y lesbianas
Centro de documentación gay-lesbico
Paraná 157, F
Buenos Aires 1017
Teléfono: (011) 437 398 55
Fax: (011) 437 389 55

La Hora
PO Box 12, suc 27 B
Buenos Aires 1427

La Otra Guía
PO Box 78 Suc. Olivos
Buenos Aires 1636
Correo electrónico: loguia@satlink.com
NX
Av. Callao 339, Pisos 4 y 5
Buenos Aires 1022
Teléfono: (011) 437 303 66
Fax: (011) 437 503 99
Correo electrónico: nexo@nexo.org
Portal cibernético: www.nexo.org

Información sobre la salud

ACT UP Buenos Aires
PO Box 143, Suc. 2B
Buenos Aires 1402
Teléfono: (011) 437 427 53
Fax: (011) 437 427 53

Campaña Stop Sida
Calle 69, 683 La Plata 1900

Communidad de Vida
Calle 54, 712 La Plata 1900

Fundación HUESPED
Gascón 79 Buenos Aires 1181
Teléfono: (011) 498 118 28

Fundación Un Lugar
Falucho 2576, 1° Piso, Of. 5
Teléfono: (023) 492 07 77

Homo Sapiens
Av. Independencia 1101 4toA
Teléfono: (023) 494 70 25
Fax: (023) 494 70 25

Proyecto SINSIDA
Paraná 122 2so Piso
Buenos Aires 1017
Teléfono: (011) 438 245 40

Sida Vision Alternativa
Warnes 829 1er Piso
Buenos Aires 1414
Teléfono: (011) 485 567 53
Fax: (011) 477 419 21

Voluntario contra el SIDA
Pasco 1840 Rosario, Santa Fé 2000
Teléfono: (041) 485 03 08

Grupos

Grupo de Jovenes "construyendo nuestra Sexualidad"
PO Box 117, suc 2B Buenos Aires 1402

A.Co.D.Ho. (Asociación contra la discriminación homosexual)
San Martin 666 PB Córdoba 5000
Teléfono: (011) 421 47 04
Fax: (011) 421 97 28

Colectivo Amancay
PO Box 86 Veidma, Rio Negro 8500

Colectivo ARCO IRIS
Pte Roca 663, Of. 5 PO Box 208 Correo Central
Rosario, Santa Fé 2000
Teléfono: (041) 447 02 68
Fax: (041) 449 90 98

Comunidad Homosexual de Jujuy
18 de Noviembre 230, Barrio Alte Brown
San Salvador de Jujuy 4600
Teléfono: (088) 423 66 45

Grupo Bain Ben
Olaverrieta 1080 Lobos 7240

Puente-Asociación por la Defensa de Personas Discriminados
Javier de Rosa 325 Santa Fé 3000
Teléfono: (042) 460 32 38

Chile

Información para gays y lesbianas

Centro de Estudios de la Mujer
Purísma 353, Santiago (Barrio Bellavista, Recoleta)
Teléfono: (02) 777 1194

Colectivo Lésbico Feminista Ayuquelén
PO Box 70131, Correro 7, Santiago 7
Correo electrónico: Ayuquele@netline.cl

Disque Amistad
Santiago
Teléfono: (02) 700 10 10

El Otro Lado
PO Box 512 64 Correo Central Santiago-1
Teléfono: (02) 543 27 05

Follies
PO Box 34, Santiago-35
Teléfono: (02) 85 15 43
Fax: (02) 233 63 24

Lambda News
Augustinas 2085, PO Box 535 97, Correo Central Santiago (esquina Avenida Brasil, Santiago Centro)
Teléfono/Fax: (02) 687 35 95
Correo electrónico: lambnews@interactiva.cl
Portal cibernético: www.lambdanews.cl

MOVILH-Movimiento de Liberción Homosexual
Violler No. 87, PO Box 52834, Santiago (Santiago Sur)
Teléfono: (02) 634 75 75
Fax: (02) 635 913
Correo electrónico: movilh@entelchile.net

Información sobre la salud

Comisión Nacional del SIDA
Mac Iver 541
Teléfono: (02) 630 06 73

Corporación Chilena de Prevención del Sida
Teléfono: (02) 222 52 55
Correo electrónico: cilaids@cchps.mic.cl

Comisión Nacional del SIDA
Monjitas 689 (6to Piso, Santiago Centro)
Teléfono: (02) 639 40 01

Grupos

Agrupación de Homosexuales Pucará
Granaderos 2077 Arica
Teléfono: (058) 31 39 61

PAFALH (Padres, Familiares y Amigos de Lesbianas y Homosexuales)
Augustinas 2085 (Santiago Centro)
Teléfono: (02) 639 35 95

EDUK - Santiago
Teléfono: (02) 737 52 67

FRENASIDA (Frente Nacional de prevención del SIDA)
Dieciocho 120 (Santiago Sur)
Teléfono: (02) 698 11 80
(Library containing lots of information about HIV/AIDS)

GEAMN (Gente para un Amor Nuevo) - Santiago
Teléfono: (02) 635 17 60

R.E.O.S.S. (Redes de Orientación en Salud Social)
Melipilla 3432, Avenida Independencia al 3400 (Conchalí)
Teléfono: (02) 736 55 42

Ayuda

CAPVVIH (Centro de Apoyo a personas viviendo con VIH)
San Antonio 501, Dpto. 702 (Santiago Centro)
Teléfono: (02) 633 69 66

Cruz Roja Chilena
Teléfono: (02) 737 89 34 Helpline

Teléfono: SIDA (0-24 h)
Teléfono: (02) 800 20 21 Helpline

Grupos religiosos

Movimiento Marianista
Colegio Santa María de la Cordillera (Puente Alto)
Teléfono: (02) 542 09 27

Colombia

Grupos

Movimento de Liberación Sexual
c/o León Zuleta, PO Box 65 25 Medellin
Teléfono: (94) 238 26 91
Editor de "El Otro"

Proyecto Lambda
Teléfono: (91) 287 05 01

Información sobre la salud

Fundacion Eudes
Casa "El Tonel" Calle 85, No. 35-28
Santafé de Bogotá
Teléfono: (91) 256 56 29

Servicio de Salud de Bogotá
7-12h
Carrera 23, No. 22A-26
Teléfono: (91) 268 164
Tratamientos para las enfermedades venereas

Costa Rica

Información para gays y lesbianas

Asociación de Lucha por el Respecto a la Diversidad Sexual
PO Box 1766-2050, San José
Teléfono: 250 94 81

Fundación Vida
Calle 1 y 3, Avenida 1, San José
Teléfono: 221 58 19

Gente 10
PO Box 1910-2100, San José
Bimonthly Magazine

Triángulo Rosa
PO Box 366-2200, Coronado
Teléfono: 234 24 11

República Dominicana

Grupos
Colectivo Ciguay
PO Box 156-9
Santo Domingo

Información sobre la salud

Línea informativa sobre el SIDA
Lunes a viernes: 8:00 AM–6:00 PM (8–18h)
Teléfono: 541 44 00

Amigos Siempre Amigos
PO Box 22231, El Huacal, Santo Domingo
Teléfono: 759 88 32

Ecuador

Información para gays y lesbianas

G&L Guía Ecuador
PO Box 1717-1002 Quito
Teléfono: (09) 477 776
Correo electrónico: giguia@hotmail.com

Ayuda

La Línea
Teléfono: (09) 526 527

Grupos

Entre Amigos
Teléfono: 225 42 13

Mano Amigo
Teléfono: 260 72 49

Información sobre la salud

Fundasida
Teléfono: 225 42 13

España

Información para gays y lesbianas

Atrévete
c/o Chávez, Quintana 20, 28008 Madrid
Teléfono: (91) 542 54 03
Fax: (91) 542 89 28

Guía del Ocio
Muntaner, 492 baixos, Barcelona 08022
Teléfono: (93) 418 50 05 o (93) 418 28 09
Fax: (93) 417 94 71
Correo electrónico: guiaocio@idrup.ibernet.com
Portal cibernético: www.guiadelociobcn.es

INFOGAI
C/ Paloma, 12 baixos, Barcelona 08001
Teléfono: (93) 318 16 66

Fax: (93) 318 16 65
Correo electrónico: cgb@idrup.ibernet

Lambda
C/ Ample 5 Barcelona
Teléfono: (93) 412 22 72

La Guía Mensual Gay España
S.L., PO Box 20-28 08080 Barvelón
Teléfono: (93) 412 53 80
Fax: (93) 412 33 57

Línea G
Teléfono: (93) 200 80 88
Fax: (93) 200 02 08
Correo electrónico: edito@lineag.net

NOIS
Diputació, 174 entl. 1er A, Apdo. 94015
Barcelona 08080
Teléfono: (93) 454 38 05
Fax: (93) 454 38 05
Correo electrónico: nois@alehop.com

Shangay
PO Box 40 23
28080 Madrid
Teléfono: (91) 308 45 39

Compañías Internacionales

Odisea
Espíritu Santo 33
28004 Madrid
Teléfono: 523 21 54 o 617 911676
Fax: 522 74 83

Correo electrónico: odisea@ctv.es

Portal cibernético: www.revistaodisea.com

Grupos

Ben Amics-Agrupació Gai I Lesbiana

Información, Lunes a viernes: 19-21h

C/ Imprenta 1, 1°, 1A (centro) Mallorca 07001

Teléfono: 972 30 58

Correo electrónico: benamics@oem.es

Portal cibernético: www.illes.balears.net/rosamar

Casal Lambda

Café: Lunes a viernes: 17-21h, Sábados: 17-23h

C/ Ample 5, baixos, Barcelona 08002 (Metro Drassanes)

Teléfono: (93) 412 72 72

Fax: (93) 412 74 76

Portal cibernético: www.redestb.ed/Lambda

Colectivo Gays y Lesbianas de Madrid (COGAM)

Lunes a viernes: 17-21h, Café: 17-24h

Calle Fuencarral 37 (Metro Tribunal/Gran Vía) Madrid

Teléfono: (91) 522 45 17

Fax: (91) 524 02 00

Correo electrónico: cogam@ctv.es

Portal cibernético: www.cogam.org

Col.lectiu Gai de Barcelona (CGB)

Mon–Fri 19-21h

C/ Paloma 12, baixos, Barcelona 08001 (PO Box 23.016 08080; cerca de Zeus Sexshop)

Teléfono: (93) 318 16 66

Fax: (93) 318 16 65

Información sobre la salud

¡Actúa!
Mon–Fri 9-14h, 16-19h
C/ Gomis 38 baixos, Barcelona 08023
Teléfono: (93) 418 50 00
Fax: (93) 418 89 74

Asociación Ciudadana Anti-Sida de Catalunya
Lunes a viernes: 10-14h, 16-21h
Junta del Comerç 23 baixos, Barcelona 08000
Teléfono: (93) 317 0505
Fax: (93) 301 41 82

Ascociación de Lucha anti-sida de Mallorca ALAS
Lunes a viernes: 10-13h, 18-19h, Café, Viernes: 19-22h
C/ Cecilio Metelo 11, esc B, 2°, 1A Mallorca 07003
Teléfono: 971 55 66 o 971 44 88
Fax: 971 44 88
Correo electrónico: alas@aspanet.com
Portal cibernético: www.espanet.com/alas

Centro de Promoción de la Salud
Pruebas médicas—Lunes a jueves: 9.30h-10.30h
Navas de Tolosa 10 (Metro Callas-Sto. Domingo) Madrid
Teléfono: (91) 532 23 67 o (91) 532 98 02

Conselleria de Sanitat
Lunes a viernes: 9-10.30h
C/ Cecel Meteló 18, Mallorca
Teléfono: 971 6868

Departement de Sanitat
Avenguda Drassanes 17-21 Barcelona 08000 (Metro Universitat)
Teléfono: (93) 441 2997

Entender en Positivo (COGAM)
Sun 17-21h

Fuencarral 37 (Metro Tribunal/Gran Vía) Madrid
Teléfono: (91) 523 00 70

Escuela de Salud, Sida y Convivencia—FASE
Pza. Peixetería, 4, 2°, Mallorca 07001
Teléfono: 972 75 80 o 900 111 000
Correo electrónico: fase@idecnet.com
Portal cibernético: www.idecnet.com/fase

Ayuda
Teléfono Rosa 18-22h
Teléfono: 900 601 601

Grupos religiosos

Cohesión
PO Box 510 57 Madrid

Gays Cristianos de Cataluña
Lunes a sábado: 19.30-22h
PO Box 854 Barcelona 08080
Teléfono: (93) 398 16 84
Reuniones: Escudellers 53 1a 2a (Metro Drassanes)

Guatemala

Información para gays y lesbianas

Grupo C'aslen
4a Avenida 3-39 Zona 1, Ciudad Guatemala

OASIS
11 Calle 4-51, zone 1
Ciudad de Guatemala
Teléfono/Fax: 232 33 35

Honduras

Información sobre la salud

AIDS CAPS Hombres
PO Box 43 17
San Pedro Sula

Asociación Hondureña de Homosexuales y Lesbianas Contra el SIDA
PO Box 33 49 San Pedro Sula 21105

Grupos

Grupo Prisma
PO Box 45 90
Tegucigalpa

México

Información para gays y lesbianas

Infolinea Gay y Lesbiana
Teléfono: (66) 88 02 67

Mexicanos Contra el SIDA, Confederación de Organismos no Gubernamentales, A.C.
Calzada de Tlalpan 613, Col. Los Álamos
México, D.F. 03400
Teléfono: 530 27 71

Grupos

Abrazo
México 224, Colonia Azteca
San Nicolás de los Garza 44100

Alianza-Gay and Lesbian Entrepreneurs
PO Box 6-962
México, D.F. 06602
Correo electrónico: 74563.2046@compuserve.com

Círculo Cultural Gay
AP 75-237, CP México, D.F. 06760

Colectivo Sol
Avenida Universidad 1900, Edificio 2, Departamento 402
Apartado 13-320,
México, D.F. 03500
Teléfono: (5) 666 8 49
Fax: (5) 606 72 16

Grupo Encuentro de Amigos
PO Box 1-1161 Cuernavaca, Morelos 6200

¡Y Qué!
PO Box 904 Tijuana
Teléfono: (66) 80 99 63

Información sobre la salud

AMAC Bolivia 5, Centro, México, D.F.
Teléfono: (5) 772 07 78 o (5) 639 91 95

Cadena Contra el Sida A.C.
Francisco Leyva 403, Colonia Centro
Cuernavaca
Teléfono: (73) 18 45 76

Ser Humano AC
Claveria 75, México, D.F.

Grupos religiosos

Iglesia de la Comunidad Metropolitana (ICM) Renovación Cuernavaca
Miércoles a domingo, 6:00 PM-? (18h-?)
Leandro Valle 524-A
Cuernavaca, Morelos

Iglesia de la Comunidad Metropolitana (ICM)
PO Box 1-4045
Guadalajara

MCC-ICM
PO Box 7-1423, México 06700

ICM Tijuana
MCC of Tijuana services Sun 17h at Calle Tercera 1810-11
Tijuana

Ayuda

Alcohólicos Anónimos Gay
Culiacán apt. 122-Altros, Colonia Hipódromo, Condesa
México

Grupo Neuróticos Anónimos Gay
PO Box 1-4045
Guadalajara

Perú

Grupos

Germinal
Barcelona 417, Pueblo Libre, Lima
Teléfono: (01) 462 47 13

Movimiento Homosexual de Lima (MHOL)
Lunes a viernes: 9:00 AM–1:00 PM (9–13h), 4:00 PM–8:00 PM (16–20h)
Mariscal Miller 828, Jesús María
Teléfono: (01) 433 63 75
Fax: (01) 433 55 19
Escriban a: MHOL PO Box 110289, Lima 11

Información sobre la salud

Vía Libre
Teléfono: (01) 433 0003
AIDS hotline

Puerto Rico

Información para gays y lesbianas

Caribbean Heat
1505 Loiza Street, Suite 78
Santurce, PR 00911
Teléfono: 787–726 18 07

Puerto Rico Breeze
100 Calaf Suite 100
San Juan, PR 00918-1323
Teléfono: 787–282 71 84

Uruguay

Información para gays y lesbianas

Guía Triángulo Amatista
PO Box 6346, C.P. 11000

Grupos

Homosexuales Unidos
Venezuela, 1491/Magallanes

Venezuela

Información sobre la salud

ACCI—Acción Ciudadana Contra el SIDA
Teléfono: (02) 232 79 38
Fax: (02) 235 92 15
Correo electrónico: accsi@ccs.internet.ve
Portal cibernético: internet.ve/accsi

Índice